ADIÓS MUCHACHOS

SERGIO RAMÍREZ

ADIÓS MUCHACHOS
A HISTÓRIA DA REVOLUÇÃO SANDINISTA E SEUS PROTAGONISTAS

Tradução de Eric Nepomuceno

EDITORA RECORD
RIO DE JANEIRO • SÃO PAULO
2011

CIP-Brasil. Catalogação-na-fonte
Sindicato Nacional dos Editores de Livros, RJ.

R139a Ramírez, Sergio, 1942-
Adiós muchachos / Sergio Ramírez ; tradução de Eric Nepomuceno. –
Rio de Janeiro: Record, 2011.

Tradução de: Adiós muchachos
ISBN 978-85-01-08740-9

1. Ramírez, Sergio, 1942-. 2. Nicarágua – História – 1979-1990.
3. Nicarágua – História – Revolução, 1979. I. Título.

10-5814
CDD: 972.85053
CDU: 94(728.5)"1979/1990"

Copyright © Sergio Ramírez 1999

Diagramação de miolo: editoríarte

Todos os direitos reservados. Proibida a reprodução, armazenamento ou transmissão
de partes deste livro, através de quaisquer meios, sem prévia autorização por escrito.
Proibida a venda desta edição em Portugal e resto da Europa.

Este livro foi revisado segundo o novo Acordo Ortográfico
da Língua Portuguesa.

Título original em espanhol:
ADIÓS MUCHACHOS

Direitos exclusivos de publicação em língua portuguesa para o Brasil
adquiridos pela
EDITORA RECORD LTDA.
Rua Argentina 171 – Rio de Janeiro, RJ – 20921-380 – Tel.: 2585-2000
que se reserva a propriedade literária desta tradução

Impresso no Brasil

ISBN 978-85-01-08740-9

EDITORA AFILIADA

Seja um leitor preferencial Record.
Cadastre-se e receba informações sobre nossos lançamentos
e nossas promoções.

Atendimento e venda direta ao leitor:
mdireto@record.com.br ou (21) 2585-2002.

Para Dora María Téllez

A canção de gesta foi um jornal que o vento levou...

ERNESTO CARDENAL
Oráculo sobre Manágua

Sumário

Prefácio de Fernando Henrique Cardoso   11

A sombra do caudilho   21

Introdução   33

1. Confissão de parte   39
2. Viver como os santos   57
3. A idade da inocência   83
4. O cisne nas brasas   103
5. A idade da malícia   125
6. A corrente e o macaco   147
7. O destino manifesto   163
8. O provável número 13   191
9. O paraíso na terra   211
10. O ano do porco   235
11. Os rios de leite e de mel   259
12. Finalmente, no palácio!   279
13. A goela de Saturno   305

Epílogo   329

Cronologia básica   335

Prefácio

Despedida sem remorsos
FERNANDO HENRIQUE CARDOSO

Adiós muchachos é um desses livros que se leem com prazer e sofreguidão. O que é mais raro, o livro conta a história de uma das revoluções recentes que mais entusiasmaram e mais provocaram desilusões em muito curto prazo. Mas o autor, um dos principais protagonistas da luta sandinista que derrubou os Somoza, duas vezes vice-presidente da Nicarágua sob Daniel Ortega, escritor de renome internacional que se tornou crítico dos desmandos de partes significativas do sandinismo, não escreve com amargor, nem se alista entre os arrependidos da revolução. Descreve com pormenores a luta armada, dá conta das negociações internacionais em que teve participação ativa, mostra o aspecto humano que a luta revolucionária envolve, denuncia o terror das matanças, mas não guarda na alma ressentimento nem deforma as histórias de seus novos adversários — os atuais donos do poder, os sandinistas que, pelo voto, voltaram a governar — para torná-los alvos fáceis.

O livro tem, como não poderia deixar de ter, certo sabor de desilusão, mas não de arrependimento. Fez-me lembrar de quando, jovens que acreditávamos nas maravilhas do crescimento econômico da URSS, do igualitarismo de sua sociedade e na formação do "homem novo" soviético, despertamos de nossos devaneios com a publicação do relatório Kruschev denunciando os horrores do stalinismo. Em meados dos anos 1950, num belo dia paulistano, tentando compreender o que se passava, fomos ao apartamento do respeitado crítico cinematográfico e escritor Paulo Emílio Salles Gomes, que havia abandonado anos antes a crença comunista. Além de mim, creio que estavam Fernando Pedreira, na época jornalista do jornal *O Estado de S. Paulo*, o advogado trabalhista Agenor Barreto Parente e dois outros companheiros. Paulo, recém-chegado de exílio na França, calmo, solícito, com seu jeito inesquecível de passar a sensação de que compreendia e era solidário para com os mais jovens, mirou-nos e disse: "Mas só agora vocês viram isso?" Ele se desiludira com os processos de Moscou dos anos 1930 que já deveriam ter servido de alerta às gerações futuras.

Esse ciclo de embevecimento e desilusão parece ser habitual nos que abraçam as grandes causas transformadoras. O que é menos comum é o juízo crítico, realista, mas não alentador de cinismo ou de desistência da crença na necessidade de continuar lutando. É saudável continuar buscando o que dificilmente será alcançado e acreditar que o tempo da derrota e da desilusão não foi tempo perdido. É este o testemunho com que Sergio Ramírez nos brinda neste livro.

Ver refeito o percurso da luta contra os Somoza e o surgimento da chama revolucionária na pena de um grande escritor e militante provoca de novo, mesmo em mim que já passei por tantas desilusões, o sentimento de quanto é difícil mudar a ordem social e política e de quanto é necessário continuar pelejando para mudá-la. Lendo o livro pela segunda vez, a primeira no original e agora nesta tradução, fui relembrando situações latino-americanas que vi ou acompanhei de perto: o derrocamento da democracia no Brasil, depois na Argentina, a eleição de Allende e sua queda, a Venezuela tantas vezes golpeada, a invasão de Santo Domingo, as lutas na Guatemala e assim por diante. Os desmandos das oligarquias centro-americanas descritos neste livro se diferenciam pouco de outros tantos desatinos que ocorreram e ainda ocorrem na América Latina.

Por certo, os tempos são outros, já quase não se fala em "imperialismo", já não se veem as intervenções desabridas dos governos norte-americanos. Carter reencarnou em Obama e Clinton esteve longe de ser um Reagan. O mote "subdesenvolvimento", que movia a tantos dos que se opunham à antiga ordem oligárquica baseada no atraso das massas, perdeu aderência entre os mais jovens como motivação para a ação transformadora. O crescimento das economias antes chamadas periféricas, como a brasileira e a chilena, por exemplo, apagou na memória de muitos a época em que se gritava nas reuniões políticas: "socialismo ou estagnação econômica". O discurso da globalização ganhou foros de aceitação com a China à vontade no G-20 e já sonhando, quem sabe, em participar de diretório ainda mais restrito, do G-2, conciliando o Partido Comunista — numa "sociedade harmoniosa" — com o mais veloz capitalismo de estado, exportador e aliado às multinacionais, esquecida das aspirações libertárias e da formação do "homem novo". Ao mesmo tempo, a Rússia, embora atomicamente armada, encolhe-se de superpoder para uma posição de discreta participação entre os BRICs, enquanto a Europa vê sua periferia sendo atacada pelos mercados financeiros especulativos quando antes éramos nós, os esquálidos latino-americanos, que servíamos à cobiça dos ganhadores de dinheiro fácil.

Nesse contexto, que dizer da revolução como flama que incandescia os corações e levava ao heroísmo — quando não também à perversão — o que de melhor havia em vários povos?

    Não obstante, essa é a lição deste livro, as lutas não foram perdidas. É comovedor ver como Sergio Ramírez, ao fazer o balanço do que ocorreu na Nicarágua, não esconde nada do muito feio que a Revolução Sandinista fez, mas não perde a esperança nem deixa de ver que, apesar dos equívocos, novas situações políticas se formaram no país. Essas, embora sem alcançar os objetivos idealizados de criar uma sociedade baseada na propriedade coletiva — leia-se, estatal — dos meios de produção e na igualdade, tampouco naufragaram na hegemonia do "partido único", que era o pressuposto para alcançar as metas propostas. E deixaram algumas marcas positivas. Referindo-se ao comentário de um líder conservador sobre o surgimento na cultura política nicaraguense de uma "sensibilidade pelos pobres", escreve o autor: "Esta é, na verdade, uma das heranças indeléveis da revolução, muito mais do que as miragens ideológicas que na época nos deslumbraram, os excessos burocráticos e as carências do marxismo praticante, a inexperiência e as improvisações, as poses, as imitações e a retórica. Os pobres continuam sendo a marca humanista do projeto que foi se despedaçando pelo caminho, em sua viagem das catacumbas até a perda do poder e da catástrofe ética; um sentimento soterrado ou adiado, mas de alguma maneira vivo" (p. 259).

    Qual terá sido a contribuição da Teologia da Libertação para o enraizamento desse humanismo de sensibilidade popular? Provavelmente grande. Embora tivesse havido muita ingenuidade dos padres que aderiram ao sandinismo e também houvesse muita dificuldade para conciliar a missão pastoral da Igreja, a supremacia de Roma no universalismo católico — e, portanto, do papel reitor do Papa — com o emergente Poder Revolucionário, é inegável que sem a adesão de muitos curas e sem sua pregação entre as classes mais altas, seu empenho na organização popular e sua dedicação à luta, mesmo armada, teria sido outro o caminho do sandinismo.

A hierarquia católica, logo no início do governo revolucionário, se apercebera de que, embora pudesse não haver contradição entre a Igreja e os valores apregoados pelo sandinismo, era preciso alertar que "um socialismo utilizado para submeter cegamente o povo às manipulações e imposições de quem arbitrariamente detivesse o poder seria falso e espúrio" (p. 217). O choque entre a Igreja oficial e a revolução foi, portanto, mais político de que ideológico ou valorativo. A Igreja estaria disposta a aceitar até mesmo um socialismo que significasse o poder das maiorias, uma economia planificada, um projeto social que desse destino comum aos bens e recursos do país tendo em vista os interesses nacionais, a diminuição das desigualdades e das injustiças, diz o autor. Mas não aceitaria o monopólio da ideologia pelo estado, nem muito menos seria tolerante com uma "igreja popular" que se diferenciasse da "verdadeira", a de Roma.

E não terá sido por motivos muito diferentes que as diversas correntes de opinião que se juntaram no ápice da revolução, e que chegaram a se expressar no coração do poder, acabaram rompendo a unidade política. Personalidades e facções foram se desgarrando para não se submeterem ao que infelizmente se foi formando desde o início do processo transformador: a tendência da subordinação de tudo, até do governo, ao partido e, por fim, de todos no partido "a los que mandan" ou "a quién manda". A Guerra Fria, prevalecente na época, levava à quase inevitabilidade de a revolução buscar apoios em Cuba e na União Soviética, dada a intransigência norte-americana. As improvisações e equívocos na gestão econômica — mais ainda por causa do isolamento imposto ao país e pela escassez resultante — alentavam mais e mais a perda de apoios políticos internos diversificados e, como contrapartida, o enrijecimento do poder revolucionário. Não faltaram adesões à contra, isto é, à contrarrevolução armada e guiada pela CIA, que acabou por obter sustentação até mesmo entre amplas camadas de camponeses e das classes médias desiludidas, para não falar dos ricos expropriados ou temerosos disso.

As páginas sobre o período duro da guerra contra a intervenção descrevem uma situação que nada teve a ver com a outra guerra, vibrante e vitoriosa, contra o somozismo e sua ditadura, aberta ou disfarçada. Estiolara o ardor revolucionário, sobrara a prepotência dos novos donos do poder. Mas nem tudo se perdera no plano político. A epopeia da derrubada de Somoza ganhou grandeza porque com ela, como vimos, houve a identificação com os pobres, tornando-se assim radical "em seu sentido mais puro, e sob sua ânsia de justiça, capaz das maiores ingenuidades e arbitrariedades (...) O desejável e o justo precisavam desafiar a realidade; e na esfera da realidade estava a economia como parte da obsolescência a ser superada, mas também estava o tecido das relações sociais, marcadas por séculos de tradição cultural" (p. 259). As ilusões iniciais, a "inocência sem malícia" induziu os sandinistas a crer que bastava sua identificação com os pobres para assegurar o apoio das massas às mudanças sociais. Subestimaram as tradições, as rugosidades da sociedade, sua complexidade. Tinham um compromisso com as mudanças "até o final". Ninguém empunharia um fuzil para fazer meia revolução e assim seguia: ninguém faz uma mudança radical sem um poder radical, capaz de se defender e ... de ser permanente. Portanto, a revolução seria incompatível com o respeito ao voto no caso de derrota. Nessas circunstâncias de radicalização crescente, os moderados passam a ser suspeitos. Entende-se o porquê da dinâmica política: cada vez mais centralização do poder e cada vez maior descontentamento entre os que originalmente apoiaram o movimento sandinista para derrubar os Somoza e para melhorar as condições de vida do povo. A liberdade era escassa e a mesa também.

Não obstante, as dificuldades para vencer a contra, somadas à oposição inclusive do Papa, às lutas internas, ao contínuo cerco econômico e político, aos erros de condução econômica que frustraram desde a reforma agrária até o funcionamento das grandes unidades produtoras controladas pelo governo, levaram o revolucionarismo a ceder em seu ímpeto monopolizador. A sociedade dividida de alto a baixo, a pressão externa, as mudanças gorbachevianas na própria União Soviética, tudo levava à busca de outros arranjos políticos. As eleições e as regras democráticas antes admitidas como objetivos táticos (posto que o estratégico era a mudança social radical e a permanência do partido no poder para assegurá-la) acabaram por se transformar em estratégicos. As eleições de 1990 passaram a ser encaradas como objetivo essencial para pôr fim à guerra que a sociedade não suportava mais e para relegitimar o governo.

De susto em susto, a derrota eleitoral acabou sendo admitida mais tarde. A realidade se impôs: os vestidos brancos de Violeta Chamorro (que teve o marido assassinado por Somoza, se juntou no início ao sandinismo e agora disputava o governo) apelavam mais aos eleitores sequiosos de paz do que o símbolo usado por Daniel Ortega na campanha eleitoral, um galo de briga vermelho. Derrotados os sandinistas, começou o jogo democrático, ao qual Sergio

Ramírez se ajustou. Daniel Ortega, porém, teve maiores dificuldades para aceitar que o governo e a legitimidade são a parte principal do exercício do poder. Continuou a luta, através das greves, obstruções e o que mais seja, sob a convicção de que o partido e seu comandante eram os depositários da "verdadeira" vontade popular. Deu-se a partir de então a ruptura entre Daniel e Sergio. O grosso das forças sociais e da cultura política nicaraguense foi pouco a pouco absorvido pelos valores democráticos. Abriram-se novas páginas da História, graças às quais Daniel Ortega voltou mais tarde ao poder pela força do voto e não das armas.

O sonho da revolução se postergou (ou se acabou?). A experiência do partido impulsionador de todas as mudanças para favorecer os mais pobres terminou nas *piñatas* (festas nas quais as crianças destroem com bastões um pote recheado com guloseimas ou presentes), só que dessa vez tendo por alvo as propriedades públicas das quais, no final do regime, muitos dirigentes se apossaram privadamente pretextando garantirem-se de melhores condições para resistir aos tempos da democracia. Quererá isso dizer que a Revolução Sandinista não valeu a pena? Sergio Ramírez respondeu à pergunta em uma universidade americana dizendo que "apesar de todos os desencantos ela continua me dando gratificações". Quem sabe em vez de socialismo como objetivo final o que tenha restado, depois da derrubada somozista, tenha sido a democracia, a liberdade, o pluralismo e uma cultura política na qual há lugar para a "sensibilidade pelos pobres". Não é pouca coisa.

Há, entretanto, ameaças. A volta de Daniel Ortega ao governo, longe de representar uma ponte com o passado sandinista, mais parece ser a volta ao caudilhismo, ao poder pessoal e familístico, ancorado nos Conselhos do Poder Cidadão – simulacros de democracia de base que não passam de braços do partido no poder. Em vez da chama ardente do passado que ainda quando equivocada se fundamentava em uma inocência sem malícias, o que se vê agora é a astúcia de quem exerce o poder pessoal quase autoritário mascarando seus objetivos na retórica de "utopias regressivas", como eu as qualifico. Essas nada mais representam do que disfarces da falta de escrúpulos políticos que se encoberta na retórica progressista com um despudor que pode confundir os observadores superficiais. Mas não a Sergio Ramírez, cuja trajetória política nunca se desligou de profundas convicções e que não aceita o poder pessoal como o objetivo máximo da política.

A sombra do caudilho

Quando este livro foi originalmente publicado tinham se passado vinte anos do triunfo da Revolução Sandinista de 1979, um dos acontecimentos-chave da história da América Latina no século XX. Agora, concluí que esta nova edição merece um comentário inicial, já que a Frente Sandinista está de novo no poder, após a vitória de Daniel Ortega nas eleições de novembro de 2006.

A revolução ocupou uma década de esperanças e enfrentamentos, que culminou com a derrota nas urnas do mesmo Daniel Ortega, em 1990, que eu acompanhava na época como candidato a vice-presidente. Aquelas eleições foram vencidas por Violeta Chamorro, em meio às circunstâncias de uma guerra que chegava ao fim, e desde aquele momento Daniel continuou se apresentando de maneira persistente como candidato. Foi derrotado pelo caudilho do Partido Liberal, Arnoldo Alemán, em 1996, e depois por Enrique Bolaños, do mesmo Partido Liberal, em 2001. Nessa quarta oportunidade, finalmente conseguiu. Fora das fronteiras da Nicarágua, talvez seja fácil ver esse triunfo como parte da onda de esquerda que chegou a diversos países da América Latina após o fracasso do modelo neoliberal imposto ao final da Guerra Fria — final este que, aliás, coincidiu com o da Revolução Sandinista. Mas a verdade é que as coisas acabaram sendo bem diferentes no caso da Nicarágua, embora tampouco se possa estabelecer um modelo homogêneo nas experiências vividas no Brasil, na Argentina, no Uruguai, na Venezuela, na Bolívia ou no Equador.

Daniel Ortega resistiu às sucessivas derrotas ao abrigo de uma intransigente bandeira de luta em favor dos mais pobres e marginalizados, sem ceder em sua retórica, a não ser quando aconselhado pelos estrategistas de suas campanhas eleitorais a baixar o tom ou guardar silêncio, ao mesmo tempo soube ir articulando a Frente Sandinista à sua volta — mais na base de lealdades pessoais que nas lealdades ideológicas de outrora — enquanto se desfazia de seus adversários, principalmente daqueles que ameaçavam sua liderança, através de expurgos periódicos. Nada disso, porém, teria sido suficiente sem o pacto político com Arnoldo Alemán, o caudilho do Partido Liberal condenado a vinte anos de prisão por lavagem de dinheiro em 2003, graças aos atos ilícitos cometidos durante a sua presidência.

Esse pacto, que exigiu reformas profundas na Constituição, introduzidas em 2000 e depois em 2005, foi concebido para promover uma divisão do poder e o controle sem fissuras das entidades do Estado. Facilitou a submissão dos tribunais de justiça à vontade pessoal dos dois principais interessados, Alemán e o próprio Daniel, da mesma forma que a submissão do sistema eleitoral e do Tribunal de Contas, e facilitou também o clientelismo político, basta mencionar o exemplo da Corte Suprema de Justiça, ampliada para 17 membros, um número escandaloso num país pobre, que mal chega aos cinco milhões de habitantes, com o único objetivo de repartir cargos entre os fiéis incondicionais.

Os pactos políticos entre caudilhos não são nenhuma novidade na história da Nicarágua. Por razões parecidas, o general Anastasio Somoza García, fundador da dinastia, assinou em 1950, em nome do Partido Liberal, o "pacto dos generais" com o general Emiliano Chamorro, que assinou em nome do Partido Conservador. Além da divisão de cargos e bancadas parlamentares, aquele pacto amparou uma reforma constitucional que permitiu a Somoza apresentar-se como candidato à reeleição em 1956, quando foi morto a tiros pelo jovem poeta Rigoberto López Pérez.

Com o pacto de 2000, Daniel Ortega conseguiu uma reforma da Constituição pela qual o número de votos suficientes para ganhar no primeiro turno foi reduzido a 35%: ganhou as eleições de 2006 com 38%, contra uma oposição induzida à fragmentação. Em troca, permitiu que os tribunais de justiça tirassem Alemán da penitenciária, declarando-o *valetudinário*, ou seja, inválido por decrepitude senil, uma medida insólita que só pode ser explicada pela submissão dos juízes; e assim, recebeu primeiro a casa como cárcere, depois a cidade de Manágua como cárcere, e finalmente o país como cárcere, o que permite que ele viaje por todo canto em campanha de proselitismo.

Enquanto isso, Daniel Ortega conseguiu o apoio incondicional do cardeal Miguel Obando y Bravo, antigo inimigo da revolução e símbolo da direita, agora membro de seu governo, o mesmo governo que se aliou com os antigos chefes da Resistência Nicaraguense, os *contras* que combateram o sandinismo nos anos 1980, dirigidos e financiados pela CIA. Um dos membros da direção dos *contras* que operava em Miami, Jaime Morales Carazo, foi escolhido por Daniel Ortega para ser seu candidato a vice-presidente.

Há quem veja essas alianças como uma exibição de habilidade política, ou como a aplicação mais fria de uma visão pragmática. Eu tenho razões suficientes para vê-las como a consequência da renúncia aos princípios, que pesaram tanto na épica da revolução, substituídos por uma ambição de poder pessoal que se despoja de qualquer consideração ética. Um poder que já não serve a nenhum projeto transcendental, e se parece com qualquer outro poder tradicional na história do país.

Dentro dessa confusa dualidade, em que o discurso inflamado de esquerda se encontra com concessões de fundo à direita mais intransigente, a ponto de se identificar com ela, a proibição do aborto terapêutico, mesmo em caso de salvar a vida da mãe, ratificada recentemente nas reformas do código penal, vem a ser um exemplo cruel e doloroso. O aborto terapêutico era permitido pela legislação nicaraguense desde meados do século XIX, antes mesmo da revolução liberal de 1893, e hoje se converteu em delito punido com anos de prisão sob o patriocínio de Daniel Ortega, como prova de sua conversão ao catolicismo praticante — mas não ao catolicismo da teologia da libertação dos anos 1980, e sim ao catolicismo regressivo do cardeal Obando, que naquela época perseguia os sacerdotes comprometidos com a revolução.

Apesar de tudo, fora das fronteiras da Nicarágua, pode surgir a pergunta: existe continuidade entre o atual governo de Daniel Ortega e a revolução dos anos 1980 do século passado, da qual nós dois — ele e eu — fomos protagonistas? Eu respondo que não, e, para mim, a releitura deste livro diante da realidade atual confirma o que digo.

A revolução foi um fenômeno histórico transcendente, que no momento de seu triunfo envolveu a nação inteira em sua voragem, e teve duas dimensões: uma, idealista; e a outra, de poder. A primeira se fundamentava num punhado de princípios éticos e ideológicos defendidos com ardor juvenil, e a segunda na articulação de um aparelho político e militar que serviria para sustentar o projeto das transformações políticas, econômicas e sociais, que levaria várias gerações até se desenvolver e se consolidar.

A Frente Sandinista, que teve outra vez Daniel Ortega como candidato nas eleições de 2006, é, em espírito e natureza, muito distante daquela que conquistou o poder através das armas em 1979. É outra, diferente da Frente Sandinista que ao longo de toda uma década empenhou-se numa luta feroz para impor um programa popular, e que, apesar dos erros, das falsas concepções e dos múltiplos tropeços, estava inspirada por uma mística que teve essa profunda sustentação ética que agora é substituída pela ambição do poder pessoal.

A volta dessa outra Frente Sandinista ao governo, ou melhor, a volta de Daniel Ortega, ao lado de sua esposa Rosario Murillo, não significou a restauração daqueles princípios, que na verdade se apagam cada vez mais, e tampouco o projeto de poder é o mesmo, porque sua articulação responde a propósitos que há tempos deixaram de ser revolucionários. Portanto, num e noutro sentido as diferenças são abismais.

De uma perspectiva retórica, porém, o discurso de Daniel Ortega não variou. É um discurso tingido de radicalismo exacerbado, de concepções fundamentalistas e monótonas sobre o imperialismo norte-americano, o colonialismo e o neocolonialismo europeu, a luta de classes vista pelo prisma dos velhos manuais soviéticos. Foram concepções muito comuns nos anos 1980, fruto do espírito juvenil de rebeldia da revolução, mas existia uma conexão muito viva entre as palavras e os fatos, por mais desacertados que às vezes esses fatos tenham chegado a ser, porque a paixão era inimiga do cálculo e da hipocrisia, que são vícios da idade. Hoje, quanto mais altos os voos da retórica, menor a eficácia do discurso, que se dissolve no ar estancado, sem consequências visíveis.

As palavras correspondiam aos fatos porque, como se relata nas páginas deste livro, a primeira coisa que não havia nas fileiras sandinistas era grandes capitalistas, que então podiam ser demonizados com toda justiça porque a fidelidade aos princípios levava ao desprezo dos bens materiais como regra de conduta. Agora a realidade afasta os fatos das palavras, porque a Frente Sandinista de hoje tem em suas fileiras um bom número de grandes capitalistas, ricos de verdade, a ponto de desdizer as palavras agressivas de um discurso que, ao olhar para o passado, faz com que essas palavras caiam como frutos mortos, ou seja, desprovidas daquela substância que antes sobrava nelas — credibilidade.

E o demônio da hipocrisia não deixa de espalhar seu cheiro de enxofre no palco. Apesar das diatribes contra os Estados Unidos, e apesar de o Fundo Monetário Internacional ser o "instrumento privilegiado do imperialismo", o governo de Daniel Ortega assina com o organismo acordos pelos quais se obriga a cumprir a disciplina monetária e a manter o mesmo programa de ajustes que foram firmados pelos governos anteriores, de direita. E, da mesma forma, enquanto ataca de maneira altissonante o Tratado de Livre Comércio com os Estados Unidos, firmado pelo governo anterior, de Enrique Bolaños, cumpre estritamente a sua aplicação. A mão esquerda nunca sabe o que faz a mão direita, ou talvez saiba muito bem.

Não creio que convenha ao meu país romper com o Fundo Monetário Internacional, nem denunciar o Tratado de Livre Comércio com os Estados Unidos, nem creio que convenha regressar ao confisco de empresários. Mas tampouco creio que convenha o clima artificial de hostilidade e desconfiança que a retórica viciosa de Daniel Ortega cria para dentro e para fora, num país prostrado pela enfermidade crônica da pobreza, que não se cura com palavras. O que reclamo é coerência entre as palavras e os fatos.

Os tempos mudaram e o meio ambiente político mudou na Nicarágua e no mundo. Muitos dos velhos aliados da Frente Sandinista morreram, ou desapareceram, ou se desencantaram. A paisagem alterou-se abruptamente, mas em termos emocionais e ideológicos Daniel Ortega continua vendo o mesmo retrato parado de antes, por mais que se revista de pragmatismo. E, se olhar para a frente, será com alguma luneta emprestada pelo presidente Hugo Chávez, da Venezuela, que se reveste diante de seus olhos como o novo paradigma do velho terceiro mundo. Uma luneta, aliás, que deixa as mãos impregnadas de petróleo.

Assim, seu discurso se torna um discurso virado para o ontem, da mesma forma que suas propostas, cheias disso que hoje é chamado de utopias regressivas. Seu afã mental é o de resgatar um mundo que já não existe, o da Guerra Fria e suas velhas alianças e velhos enquadramentos, o fantasma em farrapos do terceiro mundo como concepção geopolítica, o decrépito clube dos Não Alinhados, como se a saudade fosse suficiente para alguém se valer nesse ambiente que mudou de maneira radical nas últimas duas décadas.

O outro exemplo notável dessa alienação é a persistência com que resiste ao sentido da democracia, que demanda o respeito e o fortalecimento das instituições, que na verdade ele colocou a seu serviço pessoal, quando a efetividade dessas instituições supõe a alternância no exercício do poder, mais do que o continuísmo. É uma opção pelo autoritarismo, da qual se convenceu nesses anos todos na oposição, enquanto acumulava poder em suas jogadas com Arnoldo Alemán. Uma escolha que revela velhas aderências ideológicas e também revela seu verdadeiro sentido de poder — o de um caudilho.

Essa vocação regressiva levou Daniel Ortega a criar os Conselhos do Poder Cidadão, anunciados como instrumentos de uma democracia direta ou participativa, e destinados a corrigir o funcionamento da democracia representativa ou formal, que diante de seus olhos tem pouco prestígio porque se choca, outra vez, com o velho fantasma da democracia proletária, sempre fazendo soar suas correntes. Nesse aspecto, o modelo de referência mais recente é o do Poder Cidadão instaurado na Venezuela com Hugo Chávez, porém recorda ainda mais o Poder Popular de Cuba, ou aqueles Comitês de Defesa Sandinista que se instauraram na Nicarágua nos anos 1980, seguindo o modelo cubano; seja como for, os Conselhos do Poder Cidadão têm muito pouco a ver com a realidade atual da Nicarágua e com a maneira com que se comporta a sociedade, relutante em relação a qualquer modelo de organização fechado e excludente.

E o curioso ou estranho de se observar é que essas estruturas paralelas do Poder Cidadão não apenas foram instauradas de fato, à margem da lei, como também procuram substituir instâncias legítimas que a Frente Sandinista, de uma forma ou de outra, tem sob controle, entre as quais grande parte das câmaras de vereadores. Mais poder, porém, tem a nostalgia pelo paraíso perdido. Organizados de comarca em comarca, de bairro em bairro, de quarteirão em quarteirão, os Conselhos do Poder Cidadão, à cuja cabeça está Rosario Murillo, esposa de Daniel Ortega, desembocam para o alto, no que é chamado de "gabinete nacional". Trata-se de uma instância suprema de poder, tirada da cartola de um mago, e onde os delegados populares dos Conselhos do Poder Cidadão sentam-se ao lado dos ministros — igualzinho à Venezuela, onde também são chamados de "ministros do poder popular" ou "do poder cidadão".

Os Conselhos, para baixo, têm faculdades decisórias e fiscalizadoras sobre uma enorme quantidade de assuntos políticos e administrativos, que vão desde autorizar créditos do programa "usura zero" a aprovar os nomes dos beneficiários do programa "fome zero", que doa vacas, porcos, aves e ferramentas de lavoura para famílias de camponeses. Também podem exigir a remoção de funcionários públicos de qualquer nível, e já foi anunciada oficialmente a intenção de que venham a ter funções "voluntárias" de vigilância nos territórios, complementares às da polícia.

Esses comitês estão longe de ser entidades pluralistas, com livre acesso a diferentes setores da população. Os cidadãos que os integram são todos militantes ou simpatizantes do partido de governo, e quem os controla são os próprios secretários políticos ou os comissários locais desse mesmo partido. Uma rede tecida com os mesmos fios e com os mesmos nós, que poderia parecer desnecessária mas não é, porque assegura controle, e assim assegura poder a longo prazo.

Portanto, alguém poderia alegar que existe, sim, uma linha de conexão entre o projeto revolucionário dos anos 1980 e o de hoje, e que essa conexão seria o projeto de continuidade no poder. Existe, porém, uma diferença fundamental. Embora seja verdade que a mensagem da direção sandinista daquela época era explícita com relação ao caráter messiânico da revolução, o que implicava a eterna permanência do partido no poder, não se tratava de um projeto ao redor de uma pessoa, e menos ainda de uma pessoa e de sua mulher. O lema subentendido era o do velho leninismo orgânico, que rezava que "os homens passam, o partido permanece".

Aquele partido messiânico, com uma direção coletiva na qual Daniel Ortega era um *primus inter pares*, e com estrutura e disciplina de inspiração leninista, não existe mais. Foi substituído pela vontade única e pessoal do próprio Daniel e de sua esposa, Rosario Murillo. Outra vez, como ao longo da história da América Latina, a família volta a ser a forma na qual é moldado um partido político, do qual se molda o Estado. Como se vê, muito distante, mas muito distante mesmo, do que foi, com relação a ideais e instrumentos, o velho projeto revolucionário que ficou entre as brumas do século passado. E enquanto isso, desafiando o tempo, torna a aparecer a sombra do caudilho.

Hoje, Daniel Ortega mostra uma inequívoca vontade de permanência no poder, certamente convencido de que seu projeto pessoal, interrompido em 1990, é outra vez uma questão de longo prazo. E, para isso, está se armando de instrumentos de longo prazo, exatamente os mesmos que um caudilho necessita, como tantas outras vezes aconteceu na história da Nicarágua e da América Latina. Os Conselhos do Poder Cidadão são uma ponta de lança, mas, se ele pretende ficar no poder, como parece, necessitará também de uma reforma constitucional que permita a reeleição sucessiva, ou que permita, em último caso, a eleição de sua esposa, que agora aparece como cogovernante, para efeitos reais e protocolares.

Para quem foi eleito com 38% dos votos, enquanto do outro lado existia uma maioria polarizada contrária a ele, a procura do consenso deveria ser um ato de necessária sensatez. Mas as ações de Daniel tendem, todas elas, a afastar o consenso e a polarizar outra vez a sociedade. A primeira dessas ações destinadas a polarizar o país é sua intenção de continuar no poder, porque a reeleição e os governos familiares foram o mais nefasto dos vícios da política nicaraguense, e sempre com consequências trágicas. Foi a causa, nada mais, nada menos, da própria Revolução Sandinista que derrotou a família Somoza.

No reino das ilusões passadas, onde verdejava a ideia da revolução para sempre, o consenso não era considerado necessário. Mas, hoje, uma visão obstinada como a de Daniel Ortega não faz outra coisa a não ser desconhecer a paisagem, ou nessa paisagem enxergar uma outra, que já não existe. Na paisagem de hoje a sociedade reclama o direito à pluralidade e à dissidência, à livre expressão de pensamento próprio, à diversidade de fontes de informação, à transparência dos atos de governo, à prestação de contas, à existência de organizações sociais e partidos que não respondam a um interesse único. Reclama tudo aquilo que forma o tecido da democracia.

Essa paisagem é o resultado de muitos anos de luta e de experiências, e assinala o avanço democrático, marcado pela mesma pluralidade em que hoje se move uma multidão de interesses e de opiniões que não podem chegar a um consenso a não ser na diversidade. Portanto, a pretensão de uma forma única de conduta política, ditada pelo poder, tem escassas possibilidades de vigorar enquanto a sociedade continuar contando com seus instrumentos atuais — meios de comunicação independentes, organizações da sociedade civil, partidos políticos, um empresariado formado por diversos segmentos e de tamanho variado, sendo os pequenos empresários os mais numerosos.

Além do mais, uma das heranças institucionais mais visíveis da revolução é a existência de um Exército Nacional e de uma Polícia Nacional, que funcionam ao amparo da Constituição Política como entidades modernas e profissionais. O prestígio que têm na Nicarágua foi ganho exatamente porque se declararam alheios a qualquer submissão, seja de um partido, de uma família ou de uma oligarquia, sem "duplo discurso" algum, conforme declarou o chefe do Exército. Isso também é parte da nova paisagem, e toma do caudilhismo uma de suas peças tradicionais e fundamentais: o apoio incondicional das Forças Armadas e de Segurança.

Outra vez, então, a história da Nicarágua entra numa encruzilhada decisiva. Será preciso usar todos os recursos da consciência democrática para nos resguardarmos de qualquer projeto de autoritarismo. Uma luta tenaz deverá ser travada para preservar o caráter constitucional das Forças Armadas e de Segurança, para resgatar a independência do sistema judicial, para impedir o continuísmo, as reeleições ou a sucessão familiar. Ou seja: para manter as instituições longe da sombra do caudilho.

SERGIO RAMÍREZ
Masatepe, setembro de 2007.

Introdução

> Tudo ficou no tempo,
> tudo se queimou ao longe...
>
> JOAQUÍN PASOS
> *Canção de guerra das coisas*

Em 1999 cumprem-se vinte anos do triunfo da Revolução Sandinista, que já faz parte do passado. Mas até hoje ela se ergue feito maré agitada ao pé da minha janela, me atordoa e me estremece. Desde aquele momento, nada para mim foi o mesmo de antes. E diante da idade madura me encontro cheio de recordações que sempre regressam com essa maré, dizendo que, se tivesse nascido um pouco antes ou um pouco depois naquele século de quimeras, eu a teria perdido. E como quem desperta de um sonho ruim, comprovo que não a perdi. Ela está lá, com toda a majestade, em toda sua glória e miséria, com suas angústias, na minha mente, e com suas alegrias. Como eu a vivi, e não como me contaram que foi.

Já bastante velho, Bernal Díaz del Castillo escreveu em seu retiro de Santiago de Guatemala suas lembranças de soldado, porque alguém quis contar-lhe a sua própria vida. Francisco López de Gómara, que nunca tinha sido protagonista das façanhas da conquista do México, havia acabado de publicar a sua *Historia general de las Indias*, escrita em Valladolid; e então Díaz del Castillo, por amor-próprio, pôs-se a compor a sua *Historia verdadera de la conquista de la Nueva España*.

Não empunhei armas na revolução, jamais usei uniforme militar, nem me encontro à beira do esquecimento por estar demasiado velho; e ninguém está disputando comigo em outros livros os fatos vividos. Neste fim de século de sonhos estraçalhados, a revolução ficou sem cronista, depois de ter tido tantos nos anos em que estremecia o mundo. Eu mesmo conservo na minha biblioteca mais de quinhentos livros escritos naqueles anos, em todos os idiomas. E, ao contrário de Bernal, é justamente pelo excesso de esquecimento que escrevo este livro.

Um esquecimento injusto. Nas retrospectivas do século XX feitas hoje, falta a Revolução Sandinista. Ou porque secou e, no final das contas, não mudou a história como nós acreditávamos que fosse mudar, ou porque hoje parece, para muitos, que não valeu a pena e foi um esforço que resultou numa grande frustração e num formidável desencanto. Ou porque foi malversada. Mas, afinal, valeu a pena?

A Revolução Sandinista foi a utopia compartilhada. E, assim como marcou uma geração de nicaraguenses que a tornou possível e a sustentou com armas, também houve uma geração no mundo que encontrou nessa revolução uma razão para viver e para crer, e lutou para defendê-la em muitas trincheiras na hora da guerra da contrarrevolução, a hora dos *contras*, e na do bloqueio imposto pelos Estados Unidos. Uma geração que lutou na Europa, no Canadá, em toda a América Latina e nos próprios Estados Unidos, promovendo comitês de solidariedade, arrecadando dinheiro, remédios, material escolar, implementos agrícolas, escrevendo nos jornais, fazendo abaixo-assinados, pressionando os parlamentares, organizando marchas e passeatas.

Gente de todos os lados veio para a Nicarágua fazer de tudo, numa operação de solidariedade que só tem paralelo com a que foi despertada pela causa da República durante os anos da Guerra Civil Espanhola. E houve norte-americanos, franceses, belgas, que entregaram sua vida, assassinados pela *contra* enquanto se dedicavam a construir escolas, fazer a colheita, curar, ensinar, nos confins da Nicarágua rural em guerra. A Revolução Sandinista alterou os parâmetros das relações internacionais durante a Guerra Fria, e ao se converter em tema prioritário da política exterior dos Estados Unidos, durante a presidência imperial de Ronald Reagan, criou essa imensa solidariedade mundial que ajudava a defender Davi contra Golias.

Num fim de século pouco heroico, vale a pena recordar que a Revolução Sandinista foi a culminação de uma época de rebeldias e o triunfo de um conjunto de crenças e sentimentos compartilhados por uma geração que abominou o imperialismo e teve fé no socialismo e nos movimentos de libertação nacional, em Ben Bella, Lumumba, Ho Chi Minh, no Che Guevara, em Fidel Castro; uma geração que presenciou o triunfo da Revolução Cubana e o fim do colonialismo na África e na Indochina, e que protestou pelas ruas contra a guerra do Vietnã; a geração que leu *Os condenados da terra*, de Frantz Fanon, e *A verdade sobre Cuba*, de C. Wright Mills, e ao mesmo tempo leu os escritores do *boom* latino-americano, todos de esquerda naquela época; a geração dos cabelos compridos e das sandálias, de Woodstock e dos Beatles; a da rebelião nas ruas de Paris em maio de 1968, e da matança na praça de Tlatelolco, na Cidade do México; a que viu

Salvador Allende resistir no Palácio de la Moneda e chorou pelas mãos cortadas do compositor Victor Jara no Estádio Nacional em Santiago do Chile, e que encontrou enfim na Nicarágua uma revanche após os sonhos perdidos no Chile, e, mais atrás ainda, após os sonhos perdidos da República espanhola, recebidos como herança. Era a esquerda. Uma época que foi, também, uma épica.

E, ao longo de toda uma década, a revolução transformou os sentimentos dentro da própria Nicarágua, e mudou a forma de ver o mundo e o próprio país, porque criou uma ambição de identidade; alterou os valores, a conduta dos indivíduos, as relações sociais, os laços familiares, os costumes; criou uma nova ética de solidariedade e desprendimento, uma nova cultura diária; mudou ainda a linguagem e os hábitos de vestir, e abriu, principalmente para os jovens, um espaço colossal de participação, dando um sentido histórico à ruptura de uma geração com o passado.

Mas muitos daqueles que lutaram primeiro para conquistar o poder, e depois para defendê-lo, os jovens da geração da revolução, se viram duplamente frustrados no final, não pela derrota nas eleições — que poderia ter se transformado num mal reparável, já que afinal perder pertence aos parâmetros da democracia —, mas porque a derrota eleitoral trouxe com ela o desmoronamento dos princípios éticos que alicerçaram a revolução. E no coração de muitos daqueles jovens, que começaram a ver a si mesmos como a geração perdida, nasceram o desencanto, o ceticismo e o ressentimento. O mundo mudava no final dos anos 1980, o aparato de ideais afundava, as quimeras eram destroçadas. Mas na Nicarágua o que saltava em pedaços era o primeiro modelo real de mudança que o país tinha vivido em sua história, sua primeira possibilidade de futuro à vista.

Porque não havia sido apenas a revolução que, a partir do poder, tratava de criar uma nova ordem com decretos e medidas, mas a revolução que se dava dentro das pessoas, uma vez que os diques tinham se rompido e uma nova forma de viver e sentir se fazia possível. Foi um fenômeno de alcance instantâneo, uma força transformadora que suplantou a todos, preencheu espaços que durante séculos permaneceram vazios e criou a ilusão do futuro, a ideia de que tudo, sem exceção, passava a ser possível, realizável, com desprezo absoluto pelo passado. Uma maré, um relâmpago.

Para muitos, dentro e fora da Nicarágua, a revolução fica hoje entre as nostalgias da vida passada e as velhas recordações, e é evocada da mesma forma que se evocam os amores perdidos; mas deixou de ser uma razão de viver. Às vezes, em casas de amigos no exterior, no meio de uma noitada entre tragos, soa, como uma homenagem que me fazem, a música daqueles tempos, as canções de Carlos Mejía Godoy que ouço com tristeza opressiva, com o sentimento de alguma coisa que busquei e não consegui encontrar, mas que continua pendente na minha vida, e enquanto o tempo avança temo que talvez já não encontre nunca mais.

A revolução não trouxe a justiça ansiada para os oprimidos, não conseguiu criar riqueza e desenvolvimento; mas deixou como seu melhor fruto a democracia, selada em 1990 com o reconhecimento da derrota eleitoral, e que como paradoxo da história é a sua herança mais visível, embora não a proposta mais entusiasta; e outros frutos que continuam lá, despercebidos, debaixo do aluvião da debacle que enterrou também sonhos éticos, sonhos que, não tenho dúvida, tornarão, cedo ou tarde, a encarnar em outra geração que terá aprendido com os erros, as debilidades e as falsificações do passado.

Eu estive lá. E, como Dickens no primeiro parágrafo de *Um conto de duas cidades*, continuo acreditando que "foi o melhor dos tempos, foi o pior dos tempos; foi tempo de sabedoria, foi tempo de loucura; foi uma época de fé, foi uma época de incredulidade; foi uma temporada de fulgor, foi uma temporada de trevas; foi a primavera da esperança, foi o inverno da desesperança".

1. Confissão de parte

Sergio, meu filho mais velho, e suas irmãs María e Dorel nasceram em San José da Costa Rica, no remanso da América Central de cemitérios clandestinos dos anos 1960, quando minha mulher Tulita e eu vivemos ali nosso exílio virtual desde recém-casados. Depois fomos todos para Berlim, durante dois esplêndidos anos, graças a uma bolsa de escritor que me permitiu, além do mais, ver todo o cinema expressionista alemão no Cine Arsenal, o Brecht completo no Berliner Ensemble, do lado de lá do Muro, passar longas tardes diante dos quadros de Lucas Cranach na pinacoteca do Museu de Dahlem, e desfrutar matinês com entradas de graça nos concertos da Filarmônica de Von Karajan. Foram anos também de passeatas debaixo de neve por toda a Kurfustendamm até a Nollendorfsplatz, para protestar contra a Junta Militar de Augusto Pinochet ou contra os coronéis gregos, ou para celebrar a Revolução dos Cravos em Portugal; e afinal voltamos para a Costa Rica, sem outro objetivo pela frente a não ser a derrubada da ditadura de Somoza.

Sergio está enfim escrevendo sua tese, que trata de aspectos do mercado para produtos lácteos dietéticos, e quando este livro for publicado já terá se formado administrador de empresas. Hoje, por exemplo, saiu bem de madrugada para Camoapa, uma das regiões de gado no país, atarefado com suas pesquisas. Continua solteiro, mas eu conheço seus segredos amorosos, porque enfim, e depois de muitas idas e vindas, somos bons amigos e confiamos um no outro. Sua ambição agora é se especializar em análise de sistemas, talvez na Universidade de Comillas, em Madri, ou na de Maryland; não entendo direito essa ciência, mas, segundo ele explica, tem grande importância no mundo moderno e serve para organizar as pessoas e os abastecimentos com base no alto cálculo matemático, igual aos exércitos, mas aplicado às empresas.

Ele nasceu em 1965. Da mesma forma que suas duas irmãs, viveu os desconcertos de uma vida estrangeira e errante, porque tinham um país deles mas que não conheciam, filhos que eram do exílio, e quando fomos para Berlim sentiam falta de San José, e, já em Berlim, falando entre eles apenas em alemão, não queriam deixar seus novos amigos do bairro de Wilmersdorf. Mas no regresso a San José tudo piorou para eles, quando me entreguei por completo à luta contra Somoza, e mais ainda quando voltei para Manágua em 1978, apesar de haver uma ordem de prisão da ditadura — coisa que meus filhos jamais souberam — e de estar ameaçado de morte por *El Chiguín*, o primogênito de Somoza. Minha partida deixou meus filhos e minha mulher mergulhados na pior das esperas, porque na Nicarágua tudo estava pintado de morte, que era a cor da paisagem na qual as pessoas se moviam.

Como andei exumando recordações, encontrei uma pasta com as cartas que meus filhos mandavam de San José para mim, que estava em Manágua, contando sua rotina de criança; as de Sergio escritas em folhas quadriculadas arrancadas dos cadernos escolares, as de María e as de Dorel em papéis com desenhos impressos em tom pastel, que certamente deviam ter trazido de Berlim: joaninhas, margaridas e cogumelos silvestres alternando-se entre as palavras *gluck viel gluck* (sorte, muita sorte). Cartas que, lidas longe, num esconderijo, me pareciam conter fatos extraordinários, como continuam a parecer agora, porque não têm nenhuma pátina, nada que o tempo tenha matado, e tremem sempre em minhas mãos como peixes vivos fora do aquário que tinha sido nossa vida até aquele momento.

Depois regressei a San José, e durante a insurreição final nossa casa no bairro de Los Yoses se tornou centro de conspiração, armazém de mantimentos, tesouraria, quartel, escritório de relações públicas e refúgio, e para eles aqueles meses foram de chegar da escola e encontrar gente que entrava e saía como se estivesse num grande mercado; a sala e os corredores lotados de caixotes de remédios e de fileiras de uniformes e de botas, até que, com o triunfo da revolução já chegando, me viram outra vez partir certa noite sem saber se ia voltar a vê-los, e por fim vieram todos se instalar em Manágua, no final de 1979, estranhos, estranhados, aterrissando em seu país ignorado, alheio e tão incerto, onde tudo se inventava, se alterava e se improvisava, e o futuro era uma faixa colorida no céu distante, entrando na casa de cômodos vazios onde a partir daquele momento haveríamos de viver, Sergio sempre retraído e calado, ao contrário de María, que de saída aderiu ao entusiasmo geral e aos 13 anos começou a experimentar seus dons de líder, e Dorel, de apenas 9, contente porque agora sim estaríamos todos juntos, o que acabou não acontecendo, porque já estava escrito que ficariam novamente sem mim, entregue aos horários sem fim da revolução.

Veio a Cruzada Nacional de Alfabetização e os três quiseram se alistar, mas Dorel ainda não tinha idade. Existe uma fotografia dela, de longas tranças, ao lado de Fidel Castro quando ele veio à nossa casa na noite de 19 de julho de 1980, primeiro aniversário da revolução; ele está falando com ela e ela tem uma cara muito triste, de dor, e poucas horas depois tivemos de levá-la ao hospital para ser operada de apendicite; Sergio e María não estavam: haviam partido nos contingentes buliçosos, vestidos com suas camisas de algodão cinza e carregados com suas mochilas de brigadista, rumo aos casarios e às comarcas no fundo mais fundo da Nicarágua camponesa, a Nicarágua das montanhas que eles ignoravam, e não apenas eles: que a outra Nicarágua inteira, a das cidades, ignorava.

E assim Sergio alfabetizou em Múan, perto do rio Rama, nos rumos da costa do Caribe, e morou no rancho de adobe e sapé de dom Pedro e dona María, que foram também seus alunos, um lugar aonde só dava para chegar a pé ou em lombo de mula: dom Pedro era um patriarca obedecido por todos os seus irmãos, sobrinhos, primos, e compadres e afilhados espalhados pela comarca, e que não falharam à sua ordem de chegar todas as tardes para as aulas nos fundos da sua casa, onde Sergio tinha instalado um quadro-negro perto do fogão de lenha que ficava no quintal.

E María ensinou na comarca de Los García, perto do povoado de Santa Lucía, em Boaco: dona Ofelia, a dona da casa e chefe de outra grande família; seu marido, também dom Pedro, que já muito velho queria aprender e se dedicava a apontar os lápis desde cedo, enfileirava seus cadernos para que a menina de 14 anos que era minha filha o ensinasse diante do quadro-negro, mas estava muito velho, muito surdo e muito cego aquele dom Pedro, e não pôde com as letras; e dona Ofelia foi chamada por María, durante anos, de mamãe, sua outra mãe. Um dia, ela os levou da montanha para conhecer o mar que nunca tinham visto, ela e seus nove filhos ouvindo com medo o romper das ondas numa praia do oceano Pacífico, tremendo de medo com os pés dentro d'água, sua outra mãe num tempo em que se podia falar de amores novos como algo natural numa idade de inocência que foi como um feitiço, um conjuro, uma quimera que logo começou a se desfazer. As notícias que chegavam a Sergio do outro dom Pedro na hora da guerra eram cada vez mais esporádicas, em sua comarca não haveria de permanecer ninguém, uns sequestrados pela *contra*, outros alçados a favor dos contrarrevolucionários, e deste dom Pedro, o de Múan, o aluno do meu filho, jamais soubemos de que lado havia ficado, ele e toda a sua parentela.

Depois foram os três, Sergio, María e Dorel, cortar café nas fazendas de Matagalpa e Jinotega com as brigadas da Juventude Sandinista, da qual faziam parte, com o país já em guerra. E Sergio também serviu de tradutor voluntário a grupos de alemães que vinham para a Nicarágua ajudar na colheita, um desses grupos encabeçado pelo prefeito de Bremen-Haven, Henning Schörf, um gigante que, quando passava, todo mundo saía na porta para ver. E María deixou o Colégio Alemão porque a Juventude Sandinista precisava dela como organizadora de um colégio noturno do bairro de Acahualinca, na beira do lago de Manágua, onde as pessoas vivem ao lado das bocas de esgoto e dos depósitos de lixo, e foi um conflito com a minha mulher, que não entendia como é que alguém podia servir a uma revolução renunciando a uma educação bilíngue; aos 15 anos María integrou-se ao batalhão de mulheres "Erlinda López", que tinha seu quartel no bairro de San Judans, e era lá que fazia plantão várias noites por semana, furiosa quando eu queria mandar um dos meus seguranças vigiá-la, "eu já não sou nenhuma criança, pai", e pior, quando foi mobilizada por um tempo curto, com a guerra mais intensa, para Planes de Bilán, nas montanhas de Jinotega, e me deixou uma carta de despedida que tenho aqui diante dos meus olhos, me dizendo que ia para cumprir seu dever "em algum lugar da Nicarágua", disposta a dar seu sangue se fosse preciso; cartas como essa eu escondia dos olhos da minha mulher, mas acabou que o Exército Popular Sandinista declarou que a guerra era um assunto para homens, e as mulheres foram mandadas para a retaguarda; e, mesmo assim, María voltou com leishmaniose num tornozelo, uma enfermidade conhecida como lepra da montanha, transmitida pela urina de um inseto, o percevejo, e que chega a ulcerar a carne até expor o osso.

E Tulita, que também iria, por conta própria, cortar algodão durante dois meses na fazenda Punta Ñata, na península de Cosiguina, como chefe de disciplina de uma brigada de professores e alunos da Universidade Centro-americana, dos jesuítas; se ela quisesse, poderia escrever um livro sobre essa temporada, quando saíam para as plantações de madrugada, o sol de fogo despencando em cima delas nas fileiras do algodoal, e regressavam exaustas lá pelo fim da tarde, para pesar os sacos de algodão nas enormes balanças; e as rondas de vigilância pelas noites, para que os rapazes não entrassem nos galpões das mulheres, pois afinal se tratava de um contingente de uma universidade católica, e então os casais iam se encontrar nos algodoais, ou nos penhascos onde o mar arrebenta lá embaixo em altas espumas e de onde se avistam, do outro lado do golfo, as luzes dos povoados de El Salvador, e o casamento festivo, certa noite, de um casal de homens que queria se casar, um de véu de tela de mosquiteiro e coroa de flores silvestres, e problema deles, pronto, e todos se negando a comer outra coisa que não fosse a comida dos camponeses cortadores de algodão, feijões cozidos, misturados em sobras de arroz, uma *tortilla* dura, porque aquela era a hora não apenas de lutar pelos outros, mas também de viver como esses outros viviam.

    Hoje, Sergio vai todos os dias ao ginásio Hércules, faz musculação, assina revistas de *body building* e é um homenzarrão de mais de 1,85 metro e 100 quilos de peso, mas, aos 18, idade em que decidiu abandonar os estudos do primeiro ano de engenharia civil e ir para a guerra, era um palito de bigode suave, delgado feito um bambu e muito parecido em sua compleição com meu pai, magro até morrer. Foi uma decisão muito pessoal, ninguém o teria levado à força ao serviço militar obrigatório se eu interviesse, e não tenho dúvidas de que para ele era, além do mais, uma forma de cumprir comigo, um respeito, já que eu estava na cúpula do poder, e ninguém poderia dizer que eu predicava a defesa da revolução e deixava em bom abrigo meu filho; porque todos nós, na minha casa, estávamos no mesmo barco, por mais que não discutíssemos muito: oportunidades de sentarmos para conversar era uma coisa que quase não existia, mergulhados todos até a medula numa empreitada que acreditávamos ser, antes de mais nada, ética.

    Isso tudo aconteceu durante os dias da campanha eleitoral de 1984, e existe uma foto de Daniel Ortega e minha, candidatos a presidente e vice-presidente, tirada em Manágua no dia 26 de julho, num ato público na praça do mercado "Roberto Huembes", quando foi feita a despedida do contingente "Julio Buitrago" da Juventude Sandinista, no qual estava o meu filho. Nessa foto estamos apoiados na beira do palanque, rindo. Rindo porque estamparam na cara de um dos recrutas, na algaravia lá embaixo, um bolo coberto de creme, como nas *gags* de Buster Keaton, e a foto saiu tão boa, o riso é tão natural, que acabou sendo utilizada para os cartazes da campanha. Eu estou rindo, e ninguém que visse essa foto, nem mesmo agora, diria que, apesar do riso que não parece forçado, eu estava coberto por um estado de tristeza desses que são como um sufoco, um afogamento, um estado de imersão em águas turvas onde não se consegue nem dar braçadas, onde não se consegue fazer nada a não ser ficar imóvel esperando para ver o que virá, a inércia da fatalidade na qual flutuamos à deriva.

Naquela noite em que os recrutas iam embora, e quando soou na rua a buzina do caminhão, Sergio já estava na porta, aonde Tulita e eu corremos para nos despedir dele, magro, mais magro no uniforme verde-oliva, o incipiente bigode na cara afilada debaixo do gorro de pano, erguendo do chão a grande mochila onde a mãe tinha enfiado às escondidas coisas de comer, um xarope para tosse, uma pomada para frieiras, um folheto de orações e um escapulário costurado dentro do bolso das camisas da farda, e ela disse a ele, não me esqueço: "Você já sabe o que fazer, porte-se com valentia", e vai ver disse isso só para dizer alguma coisa que a impedisse de chorar. Sergio subiu na carroceria do caminhão, onde os companheiros o apressaram com gritos alegres como se estivessem saindo para uma excursão, e nós ficamos na rua desolada até que o motor do caminhão que se perdia na noite de Manágua deixou de ser ouvido, e então voltamos em silêncio para a cama, que a partir daquele momento se tornou tão hostil ao sono.

Sergio, que falava tão pouco. Tinha longos períodos melancólicos, e, além disso, eu não era um pai comum, mas um pai que vivia sempre ocupado, tão ocupado que uma vez minha mulher, com grave ironia, pediu a Juanita Bermúdez, minha assistente, que a pusesse na minha agenda de despachos diários e apareceu em meu gabinete com uma lista de assuntos domésticos, de casal, que queria conversar comigo, e outra mulher que não fosse ela com certeza teria me abandonado há tempos, tão desapegada do poder e de suas pompas que continuava dirigindo pelas ruas de Manágua, rumo ao mercado, seu Volvo comprado em 1975 e que só se rendeu há pouco tempo; o mesmo Volvo que tinha levado provisões de San José da Costa Rica até a fronteira com a Nicarágua, para abastecer a Frente Sul, e que tinha trazido outras do Panamá; o automóvel no qual eu tinha apanhado ferida, em Liberia, Idania Fernández, já golpeado pelos anos e por tantas andanças forçadas, ele que cheirava sempre a compras de mercado, a cebola, principalmente; e Sergio, pois, que falava pouco e era tão melancólico, chegou numa daquelas tardes, antes da sua partida, até a rede onde eu lia papéis do governo, no corredor de casa, para me perguntar, apavorado de timidez, por que o candidato a presidente naquela eleição não era eu, e para perguntas assim eu não tinha nenhuma resposta, a não ser as evasivas ou uma simulação de resposta: aqui cada um tem o seu papel na revolução, et cetera, talvez dada de maneira brusca para que não houvesse possibilidade de mais perguntas como essa, ou de mais diálogo com um filho que era meu único filho e crescia longe de meus cuidados, alheio, do mesmo jeito que a mãe, às tramoias do poder.

E então um dia Tulita descobriu que Sergio estava numa escola de treinamento em Mulukukú, onde começa a região de selvas do Caribe central, perto do nascimento do rio Grande de Matagalpa, e a cada semana ia com outras mães visitar os filhos recrutas em excursões improváveis, porque às vezes encontravam a estrada fechada, pois os *contras* andavam por ali, ou havia combates que eram ouvidos ecoando sobre as copas das árvores, explosões de morteiros, o pipocar das metralhadoras, o golpe no vento das hélices dos helicópteros levando feridos, e depois de muito insistir as deixavam passar por sua própria conta e risco, e voltavam moídas até os ossos, mas felizes por terem visto seus filhos, por terem tocado neles, por terem podido vigiá-los enquanto comiam o que elas haviam levado, a única guerra com a presença das mães no campo de batalha, coisa nunca vista, e na volta uma contando às outras a aventura da viagem, entre risadas acovardadas. Até o dia em que Tulita regressou trazendo de volta o que havia levado para o filho: Sergio não estava mais lá.

Tinha terminado o período de preparação militar, e foi mandado para a Segunda Companhia do Batalhão de Luta Irregular (BLI) "Santos López", que estava atuando, naqueles meados de 1985, em Santa Clara, departamento de Nueva Segovia, perto da fronteira com Honduras, um batalhão que como todos os outros comprometidos na guerra era minado pelas baixas fatais, pelo número de feridos e, principalmente, pelas deserções, e que tinha de ser permanentemente reforçado. De seus 110 integrantes originais, a Segunda Companhia tinha sido reduzida a 35, Sergio recorda agora. E no amanhecer do dia seguinte à sua chegada a Santa Clara os recrutas foram postos nos caminhões militares para sair em perseguição de uma força de tarefa da *contra* que acabava de emboscar um contingente do próprio batalhão "Santos López" no caminho de Susucayán, e Sergio recorda, na luz do amanhecer, o cadáver de um dos motoristas do comboio dependurado para fora da cabine do caminhão e um *contra* morto, muito perto, o metal de seu fuzil M-14 ainda quente, e o sangue fresco em todo aquele trecho da estrada, sobre as folhas amassadas sobre a relva.

De lá Sergio veio nos meses seguintes, serra abaixo, combate após combate, por Quilalí, Cerro Blanco, El

Ojoche, La Rica, até San Sebastián de Yalí, um território que fervia de *contras* na mais crua das guerras. E suas cartas, exumadas também de minhas gavetas do passado, e que agora estão aqui na minha frente, na verdade eram boletins de guerra que ele me mandava, a tralha toda que pesava 20 quilos e que ele precisava carregar na marcha, uma fita grossa de balas da PKM, uma granada de morteiro de 82 milímetros, ou uma granada de lança-foguete PG-7B, ou, então, fazendo parte de uma esquadra de apoio para carregar uma AG-17, metralhadora de calibre pesado e de vários canos, que chamavam de aranha, contava da má qualidade das botas, ou falava das vacas compradas dos camponeses para serem carneadas, uma dieta que era de carne o tempo inteiro, e sardinha em lata, comida búlgara fria e ensopados soviéticos com batata que eram aquecidos na própria lata, as posições tomadas na hora do combate num flanco da montanha, as distâncias de tiro, os gritos do inimigo do outro lado da canhada: *piricuacos!*, que era a maneira hondurenha de chamá-los de bobalhões, e a cadência do fogo, a duração dos tiroteios, o operador de rádio chamando os helicópteros da artilharia de apoio, e os nomes, um por um, dos companheiros de esquadra, os nomes e apelidos dos chefes, o capitão Frank Luis López, chefe do Batalhão, Totolate, chefe da Companhia, e de novo marchar e combater.

Numa dessas noites em que ficamos conversando no meu estúdio, eu, com o computador ainda ligado, digo a Sergio que vou contar neste livro toda a história da sua participação na guerra, e ele me diz que não quer parecer herói ou coisa parecida, porque não foi nada disso; houve outros amigos mais arrojados que ele, como Álvaro Fiallos, filho de Álvaro Fiallos, vice-ministro da Reforma Agrária, que além do mais participou em muito mais combates, e Sergio, que eu me lembre, só esteve na guerra durante alguns meses, por causa de seu problema num joelho.

Naquele tempo, lendo essas cartas de caligrafia primorosa, tão precisas, escritas em papel quadriculado, com diagramas e desenhos, nas quais não havia juízos ou comentários, várias vezes deixei que a tentação de trazê-lo de volta se apoderasse de mim: a próxima carta poderia não chegar, ou ele poderia estar gravemente ferido, como tinha acontecido com Félix Vigil, filho de Miguel Ernesto Vigil, ministro de Habitação, que sobreviveu a um tiro na cabeça e carrega até hoje uma placa de platina no crânio, ou pior, como aconteceu com Roberto Sarria, filho de El Pollo Sarria, ator de teatro, e de Silvia Icaza, amigos meus e de minha mulher desde os tempos em que vivíamos em León, e que foi morto em seu primeiro combate.

Roberto, quase um menino, foi mandado com Sergio da escola de treinamento em Mulukukú para reforçar o batalhão "Santos López" em Santa Clara; foi designado para a Terceira Companhia, que saiu para uma operação naquela mesma madrugada, e só dois dias depois Sergio ficou sabendo que ele tinha sido morto em El Ojoche. Roberto tinha ficado paralisado, de pé, no meio do combate, sem a precaução de se proteger, e Bernardo Arguello, outro dos amigos íntimos de Sergio, filho do presidente da Corte Suprema de Justiça, Roberto Arguello Hurtado, se lançou para resgatá-lo debaixo das balas, mas ele já estava morto, e então Bernardo arrastou o cadáver para fora da linha de fogo a fim de envolvê-lo em seu capote de chuva, e foi repreendido pelo chefe por causa daquela ousadia imprudente, Bernardo, que anos depois morreu afogado no balneário de Poneloya tratando de resgatar uns visitantes belgas arrastados pela correnteza marinha, que salvou, mas dessa vez ele não se salvou; e a morte de Bernardo fez com que Sergio ficasse ainda mais melancólico.

Já tinham matado Álvaro Avilés, outro dos amigos mais queridos de Sergio, alistado no batalhão "Sócrates Sandino", seu companheiro do Colégio Centroamérica, filho do doutor Álvaro Avilés, um ginecologista de muito prestígio, e de Graciela Cebasco, sua esposa peruana, que eram do nosso bairro. Foi morto no dia 21 de abril de 1986, mesmo dia do aniversário de Sergio, que nunca mais tornou a celebrar a data. E depois, quando Sergio já não estava mais naquele batalhão, seus companheiros de pelotão acabaram sendo mortos num assalto aos quartéis do alto-comando da *contra*, em 1986, em La Lodosa, território de Honduras: 27 mortos e um único sobrevivente, Leiva Tablada, também aluno do Colégio Centroamérica.

Uma tentação, aquela minha — trazê-lo de volta —, que era tão fácil de satisfazer; afinal, como um governante conseguiria dedicar-se, tranquilo, às suas tarefas na revolução, se tinha de viver pensando que a qualquer momento podia receber de regresso o filho morto?; bastava um telefonema pedindo que ele fosse mandado de volta para casa, vários dos integrantes da cúpula não achariam nada demais, vários não tinham deixado seus próprios filhos irem para a guerra, aliás seria um alívio para eles. E eu engolindo sempre aquela tentação como se fosse um pedaço de pão duro, difícil de mastigar.

E Sergio às vezes vinha, quando estava de licença, sem avisar; eu chegava em casa à noite, e a luz do quarto dele estava acesa, abria a porta e o encontrava sentado na cama, sem camisa, desarrumando a mochila que estava no chão ao lado do fuzil Aka, sempre magro e cada vez mais moreno, a plaquinha de metal com a identificação, seu número de soldado, dependurada no pescoço; e, sem avisar, desaparecia.

Até que não aguentou mais o joelho, a inflamação, a dor nas marchas carregando a carga toda; ele tinha operado o joelho em Cuba, em 1983, com o doutor Alvarez Cambra, por causa de uma osteocondrite dissecante, sofreu um derrame articular e foi levado ao Hospital de Campanha de Apanás; deu baixa, certamente um milagre dos que Tulita pedia todos os dias a São Benito de Palermo; foi então designado para as estações de radar, primeiro em Peña Blanca, na cordilheira Isabelia, depois em Cosiguina e finalmente em El Crucero, já perto de Manágua, tarefa que o aborrecia terrivelmente; e quando acabaram os seus dois anos de serviço militar ele foi com uma bolsa estudar na Alemanha Oriental, primeiro em Zwickau, na Saxônia, onde fez o preparatório, depois em Dresden, onde começou de novo engenharia civil e finalmente em Berlim, onde mudou para a Hochschule fur Ekonomie, que era então chamada de mosteiro vermelho e servia para preparar os técnicos da economia planificada, curso que ele também abandonou; jamais se adaptou, não deixava de sentir-se alheio, estranho, apesar de falar alemão como se fosse seu idioma nativo.

Tulita formou-se em sociologia na Universidade Centroamericana, onde lecionou durante um tempo; María foi eleita deputada na Assembleia Nacional em 1990, e se formou em psicologia; agora faz um mestrado em administração de empresas no Instituto Centroamericano de Administração de Empresas, o INCAE, uma instituição que funciona em Manágua e tem convênio com a Universidade de Harvard. Dorel se formou em arquitetura na Universidade Iberoamericana da Cidade do México e tem um escritório em Manágua.

No começo da campanha eleitoral de 1996, quando fui candidato a presidente pelo Movimento Renovador Sandinista, partido que fundamos em 1995 depois da minha ruptura final com a Frente Sandinista de Libertação Nacional, Dorel pediu para falar comigo a sós e fomos nos sentar uma tarde na Casa del Café, no mesmo bairro de Pancasán onde moro. Durante um tempão fiquei ouvindo sua apaixonada lista de queixas, a última delas aquela campanha eleitoral em que eu tinha ficado lutando ao lado de uns poucos, cheio de dívidas, sem a menor chance de ganhar e, outra vez — era a mais pesada de suas acusações —, longe da família, de sua mãe, de seus irmãos, dela própria e, agora, dos netos. Era como se meus filhos jamais tivessem conseguido me recuperar. E como se aproximava a hora do lançamento da minha candidatura, que abriria a campanha, ela me avisou que não estaria no palanque comigo. Estava farta, queria que tivéssemos uma vida diferente, a vida das pessoas comuns, normais, dessa gente que se encontra aos domingos, que não são dias gastos pelo pai em casarios distantes, levando — como eu fazia naquela época — uma mensagem que ninguém, ou quase ninguém, ia escutar. Todos eles — minha mulher, meus filhos — sempre quiseram me ver na literatura. Por que não me dedicava, de uma vez por todas, a escrever?

  Era, na verdade, uma luta sem esperanças, aquela minha, lutando na beirada de uma polarização feroz que outra vez dividia o país, e onde não haveria votos a favor, mas contra: votos contra Daniel Ortega para que os sandinistas não voltassem ao poder, e votos contra Arnoldo Alemán, para que os somozistas não voltassem ao poder. No meu caso, as pessoas não faziam muita diferença entre mim e Daniel, em suas mentes permaneciam as imagens da gigantesca campanha de 1990, quando nós dois, na mesma chapa, aparecemos sem trégua nos *spots* de televisão, quando foram distribuídas centenas de milhares de camisetas com as nossas caras e estávamos em todos os lados, nos anúncios de beira de estrada e nos cartazes que cobriam os muros; e as pessoas se perguntavam, além do mais, por que eu não tinha dado o passo de sair da Frente Sandinista quando ainda estávamos no poder, e essa era uma coisa que não tinha resposta fácil. Os antissandinistas tampouco encontravam razão para votar em mim, e entre os sandinistas a imagem de opção de poder se deslocava cada vez mais para Daniel, graças ao critério do voto útil.

Naquela tarde com Dorel, eu não me encrespei como tinha feito antes, quando discutindo com minha mulher ou com meus filhos quis ter sempre razão a qualquer custo, inclusive da própria razão, como quando neguei a Sergio autorização para que fosse estudar na Alemanha Ocidental com uma bolsa de estudos que havia ganhado graças às suas notas altas no Colégio Alemão, porque não queria carregar ainda mais nas tintas de minha coloração social-democrata diante dos mais rígidos da cúpula da Frente Sandinista. Naquela tarde com Dorel, aceitei seus argumentos e me declarei culpado.

Não quis explicar à minha filha que aquela campanha, a última da minha vida, teria de ser feita como se eu fosse ganhar, arrancando energia e coragem de onde fosse possível, e assim foi feito, mais de oitocentos quilômetros percorridos a pé, meu companheiro de chapa Leonel Arguelo, um jovem médico sanitarista, e eu, de porta em porta, feito vendedores ambulantes. Eu tinha de fazer aquela campanha porque havia me comprometido comigo mesmo e com pessoas que acreditaram na nossa mensagem e trabalhavam por ela país afora, com as unhas, pagando suas passagens em camionetes rurais para percorrer as comarcas, visitando os bairros em bicicletas, pintando as faixas de campanha, gente pobre, em sua maioria mal paga ou desempregada, sem esperar nada em troca, e que continuou até o fim, embora, é claro, muitos tenham desertado sem nem dizer adeus.

No dia do ato de lançamento da minha candidatura, no ginásio do Colégio La Salle, eu não esperava por Dorel, pois tinha sido avisado por ela, e também não esperava Sergio. Mas ele subiu os degraus para ficar ao meu lado, e ao lado de María e Tulita, minha mulher, embora ela tampouco abençoasse aquela derradeira aventura, mas havíamos estado juntos em todas — deixar meu posto universitário na Costa Rica para correr os riscos de uma vida de escritor em Berlim, voltar para me meter numa conspiração revolucionária quando havia poucos participantes, e em seguida os dois anos sem sossego da insurreição e mais os dez anos de abandono que ela havia passado enquanto eu ficava até a meia-noite na Casa de Governo, a derrota de 1990 que tinha visto como sua liberação definitiva depois de chorá-la comigo, minha inesperada vida parlamentar, que era como voltar ao túnel; e a ruptura amarga com a Frente Sandinista, quando meu amigo Roberto Arguello Hurtado me visitou em nossa casa e me disse, como quem descreve os sintomas invariáveis de uma enfermidade conhecida:

— Agora vão procurar você menos, agora você vai ter menos amigos.

Tratados a partir de então como inimigos mortais pelo aparelho de poder que ainda sobrevivia, um Saturno que me erguia do solo para me jogar na goela, disposto a me devorar, e não só a mim, mas também María, que era ultrajada a toda hora pela Rádio Ya, a rádio de Daniel Ortega, como a forma mais eficiente de acertar contas comigo; María, que mais uma vez tinha estado ao meu lado, na hora de fundar um novo partido: era sua maneira de me expressar carinho, da mesma forma que a de Dorel era me negar apoio.

Mas afinal Dorel também apareceu, quebrando seu juramento. De longe a avistei na plateia, e subiu no palanque com seus filhos, Elianne e Carlos Fer, e Camila, a filha de María, e assim foi feito de novo o retrato da família, uma última foto de campanha e uma foto nossa debaixo da chuva de serpentinas e entre os balões alaranjados soltos no teto, e as bandeiras, e os gritos, e a música. Uma história que começa onde termina.

2. Viver como os santos

Ernesto Castillo, que todos sempre chamamos de Tito, estava alguns anos na minha frente na Faculdade de Direito de León, e quando se formou tinha uma posição familiar que oferecia a ele oportunidades no mundo financeiro e dos negócios imobiliários, que estavam no auge em Manágua e que significavam a garantia de uma clientela invejável.

Tito vinha das famílias oligárquicas de Granada, era neto do afamado médico Juan José Martínez, que tinha se formado na Sorbonne aos 20 anos e foi o primeiro a trazer um microscópio para a Nicarágua, e bisneto de um judeu alemão chamado Jacob Teufel, também bisavô de Ernesto Cardenal. Em 1857, vendo que ia ser fuzilado depois de ter sido capturado em combate quando pertencia à falange de Ilibusteiros de William Walker, esse Jacob Teufel não apenas pediu clemência ao general Tomás Martínez como também solicitou que ele fosse o seu padrinho de batismo, pois queria converter-se à fé católica, graças essas que lhe foram concedidas; e por gratidão ao seu benfeitor, Jacob adotou o sobrenome Martínez.

Tito era sócio da firma de advogados mais importante de Manágua, a Castillo, Carrión, Cruz, Hueck & Manzanares, quando, no final dos anos 1970, abandonou o escritório, coerente com sua conversão ao cristianismo de compromisso com os pobres, e a partir de então trabalhou nos escritórios populares de advocacia da Universidade Centroamericana dos jesuítas, ele e sua numerosa família comprometidos com uma vida austera da qual jamais se afastaram. Foi procurador-geral de Justiça depois do triunfo da revolução, e coube a ele expropriar as riquezas da família Somoza e de seus apaniguados, e tirar de muitas outras mãos bens de origem indevida, com determinação imperturbável da qual não escaparam nem mesmo membros de sua própria família. Havia quem, em segredo, em vez de chamá-lo de Tito Castillo o chamasse de Quito Castillo, de tanto que ele tirou daquela gente.

Cuta Castillo, sua mulher, que na verdade se chama Rosa, devia ter uns 14 anos quando casou com ele, porque me lembro dela como sendo quase uma menina de meias três-quartos quando apareceu para acompanhá-lo, já no papel de esposa, na sua formatura em León. Os dois se assemelham em discrição e nos silêncios, mas o mais retraído é Tito, quase até a mudez absoluta, que aliás todos os seus filhos herdaram.

No final dos anos 1960 eles abriram em Manágua a livraria Clube de Leitores, com verdadeiro espírito subversivo e, claro, hostilizados pelas autoridades da alfândega, que retinham as encomendas de livros. Acabaram fechando. Então se exilaram em San José, onde abriram outra livraria; e lá estavam os dois quando Tito se incorporou ao Grupo dos Doze, e em sua casa de San Rafael Escazú, uma velha casa de madeira que tinha corredores com balaustradas adornadas com vasos de gerânios, salas sombrias com piso de linóleo e aposentos úmidos, não só eram armazenadas armas, como havia treinamento militar durante as noites no quintal arborizado, e num armazém anexo foram instalados, nos meses finais da luta, os estúdios da Rádio Sandino, que transmitia em ondas curtas para a Nicarágua.

Seu filho mais velho se chamava Ernesto como o pai, e lembro dele sentado num sofá na casa de San Rafael de Escazú, sempre cheia de exilados barulhentos e de combatentes iniciantes, gelado de timidez. Recebeu treinamento em Cuba, e em meados de 1978 partiu por rotas clandestinas para se incorporar às filas sandinistas em León, quase ao mesmo tempo em que os membros do Grupo dos Doze regressamos a Manágua. Tito, seu pai, recebeu naqueles dias não recordo se uma ou várias mensagens dele em fita cassete, como se usava naquela época, tempos muito confusos e de correrias em que precisávamos mudar frequentemente de um esconderijo a outro, e quando gravar era mais fácil que escrever; e recordo Tito ao longe, sentado na cama do dormitório emprestado, gravando uma resposta para o filho em outro cassete que talvez nem tenha chegado às suas mãos, porque na ofensiva de setembro de 1978 ele foi morto com um tiro na cabeça. Ficou a descoberto durante um combate de rua, entusiasmado porque o disparo de seu lança-foguetes havia alcançado um blindado, e um franco-atirador caçou-o do telhado.

Tenho diante de meus olhos uma carta que Tulita, minha mulher, me mandou quando eu estava em Manágua, dedicada inteiramente a Cuta Castillo: "Uma lágrima, diz ela, não pode haver nesta casa, agora não, ela diz que chorará o seu filho no dia em que a Nicarágua for livre." E o melhor escudo de Cuta era a última gravação que o filho tinha mandado, no dia 30 de agosto, dia de Santa Rosa e de seu aniversário, com uma voz tranquila e cheia de alegria, como se estivesse no colégio interno, feliz por estar entregue a uma causa justa e decidido a dar a vida por essa causa, mas consciente de seu destino: "Não tenho medo, sei que vou roçar a morte e não tenho medo. Vocês e um povo inteiro me acompanham."

Ernesto, o filho, que também era poeta, me faz evocar, com seus poemas de catacumbas, o tom elegíaco que Ronsard pôs em seu soneto a Helena; só que, roçando a morte, já não pode pedir à noiva que cortem juntos as rosas da vida. Antes, havia dito num epigrama:

Porque vivo
quando te vejo
Por favor
Não me deixes morrer.

Agora, só conseguia advertir:

O tempo fará de meus ossos pó,
todos me esquecerão, mas tu
às vezes sentirás desejo de chorar;
um véu de tristeza cairá sobre ti
e minha lembrança surgirá em teus olhos.

Ernesto, morto aos 21 anos, havia vivido como os santos, de acordo com a regra de Leonel Rugama. Foi enterrado numa fossa comum no pátio traseiro do Hospital San Vicente de León, com outros combatentes anônimos, e quando depois do triunfo alguém propôs transferir seus restos para o panteão familiar em Granada, Cuta Castillo se negou. Era melhor que ele continuasse ao lado de seus companheiros.

Leonel Rugama, aquele da regra de viver como os santos, foi um poeta místico e um poeta guerrilheiro, o poeta das catacumbas. Nasceu na comarca de Estelí, filho de um agricultor e de uma professora do campo; entrou no Seminário Nacional aos onze anos, decidido a ser sacerdote, abandonou-o pouco antes de receber a tonsura, e chegou a

León para se matricular na universidade em 1969, já com um pé nas catacumbas. Além de enxadrista dedicado e sério professor de matemática, era um leitor compulsivo de tudo que caía em suas mãos, de *Os caminhos da liberdade*, de Sartre, *O mito de Sísifo*, de Camus, *Gog*, de Papini, *O homem que ri*, de Victor Hugo, e *O fim da idade moderna*, de Romano Guardini, a *Filatelia para todos, A arte de vender de porta em porta, O xadrez em dez lições* e *Como construir um corpo atlético*. Em um de seus cadernos, com data de 1967, há uma lista de 180 livros que assinalava como já lidos. Foi naquela época que ele abandonou o seminário. Lia sempre, enquanto se vestia, em uma mão o livro diante de seus olhos e a outra abotoando a batina, enquanto se dirigia em fila até a capela, quando ia para a sala de aula, quando ia ao banheiro.

  Tinha, além disso, uma memória desconjuntada, que lhe permitia recordar os números das placas de todos os veículos que passavam, e a mania dos jogos de palavras que vivia inventando sem parar, como *corruptor de provas* ou *lentes de contato sexual*. Meu irmão Rogelio, que morreu em 1992, e com quem Leonel se entregava a competições enlouquecidas desses jogos de palavras e compartilhava noites varadas até o amanhecer bebendo rum, com seu senso de humor e suas constantes ironias, quando eu morava na Costa Rica, certa tarde em que visitava a universidade, me entregou um maço de seus poemas, que me pareceram desalinhados, como se ainda fossem rascunhos que precisavam ser trabalhados, e não dei a eles maior importância. Só me pareceram belos quando Leonel foi morto, e então entendi que o sentido que a vida adquire depois da morte agrega muito ao esplendor das palavras.

  Aquele seminarista pobretão, de óculos que pareciam grandes demais para seu rosto moreno, vestido sempre com a mesma camisa de tecido sintético quando, de férias em Estelí, deixava a batina e se dedicava a longas tertúlias nos bancos do parque central, ou a ensinar matemática a estudantes retardatários diante de um quadro-negro no corredor da sua casa, não tinha a estampa do guerrilheiro heroico. Mas, em janeiro de 1970, aos 20 anos, morreu lutando ao lado de outros dois rapazes de idades parecidas contra centenas de soldados da Guarda Nacional que atacaram a casa de segurança da Frente Sandinista de Libertação Nacional no bairro de El Edén, vizinha ao cemitério oriental de Manágua, onde estavam refugiados: uma humilde casa térrea pintada de azul-claro que antes tinha sido uma pensão, e onde ainda se vê na parede o letreiro desbotado "Hospedaje Marriot", como se a mão de Leonel tivesse se mostrado irônica outra vez.

Quando começou o tiroteio, ao meio-dia em ponto, a casa foi cercada pelo primeiro contingente de agentes de segurança, e depois começaram a chegar os soldados, trotando em colunas de quatro, com os tanques Sherman na frente das colunas; caminhões eram estacionados nas esquinas com um chiado de pneus, e deles desciam mais soldados, e lá no alto aviões faziam meia-volta para cair em picada metralhando o teto até mandar pelos ares as lâminas de zinco; depois apareceu um helicóptero, os canhões dos tanques abriam rombos nas paredes com ecos que eram ouvidos ao longe, enquanto os disparos que vinham das janelas da casa sitiada eram pobres, espaçados; e após horas de ataque incessante houve um breve silêncio, eles foram chamados através de um megafone para que se rendessem, e a voz de Leonel respondeu com um grito que se faria lendário: "Que se renda a tua mãe!" Então soaram outra vez os fuzis, e mais disparos das metralhadoras de tripé plantadas no chão e que troavam numa cadência furiosa, e mais disparos de canhão, até que lá pelas quatro da tarde já não houve resposta, e, quando os cadáveres foram tirados da casa em escombros e envolta em fumaça, as pessoas que tinham vigiado o ataque de longe apareceram nas portas dos armazéns e botequins, dos bilhares e dos bares, e foram se aproximando, perplexas, e viram os cadáveres daqueles três rapazes serem jogados na carroceria do caminhão como se fossem fardos de alguma coisa.

  Seis meses antes, no dia 15 de julho de 1969, do outro lado de Manágua, no bairro Las Delicias del Volga, a Guarda Nacional tinha assaltado outra casa de segurança onde estava refugiado o chefe da nascente resistência urbana da Frente Sandinista, Julio Buitrago, também muito moço. Houve um deslocamento de centenas de soldados e disparos de blindados, e aviões de artilharia, e as pessoas tinham visto tudo em suas casas, porque Somoza mandou que fosse filmado e seu canal de televisão transmitiu o ataque em horário nobre. Foi uma bobagem que ele tratou de não repetir, e agora, quando as rádios tinham começado a transmitir ao vivo aquele outro combate tão desigual, ordenou que fossem caladas.

  Dias mais tarde, Leonel haveria de ir até os escombros da casa onde Julio Buitrago tinha morrido lutando, e em seu poema *Las casas quedaron llenas de humo* descreve os buracos feitos pelos tiros do tanque Sherman nas paredes, a marca dos tiros das metralhadoras Mazden e Browning e dos fuzis Garand, e a fumaça e o silêncio quando tudo havia terminado, como se estivesse vendo o filme da sua própria morte.

  "A morte não é nada menos que a vida", havia escrito para a sua mãe numa carta de seus últimos meses. E é noutro de seus poemas coloquiais que ele declara que na luta clandestina era necessário viver como os santos, uma vida como a dos primeiros cristãos. Essa vida das catacumbas era um exercício permanente de purificação; significava uma renúncia total não só à família, aos estudos, aos namoros, mas a todos os bens materiais e à própria ambição de tê-los, por poucos que fossem. Viver na pobreza, em humildade, compartilhando tudo, e viver sobretudo correndo risco, viver com a morte.

Sobreviver até o final da luta era uma recompensa não merecida, e a morte era apenas uma forma de dar o exemplo para aqueles que algum dia colheriam o triunfo numa data do futuro muito improvável; o triunfo que não poderia ser alcançado sem a constância dos exemplos repetidos, uma corrente de condutas puras e de sacrifícios que não tinha um fio visível. A morte como um procedimento, um trâmite, uma tarefa a ser cumprida, conforme o próprio Leonel também explicava.

Sandino tinha dito em 1933 ao jornalista basco Ramón de Belausteguigoitia, já bem próximo de seu próprio fim, que a vida não é um momento passageiro, mas a eternidade através das múltiplas facetas do transitório; e também que havia ensinado aos seus homens que é apenas uma ligeira dor, um trânsito. E Leonel escreve em seu caderno de anotações uma citação de Saint-Exupéry: "Não existe mais a morte quando a gente a encontra"; e copia também Ortega y Gasset: "A vida é o fato cósmico do altruísmo, e existe apenas como perpétua emigração do eu rumo ao outro."

A entrada nas catacumbas nascia de uma escolha entre a vida e a morte. Era uma mística sem fissuras. Entrava-se sob o juramento de *Pátria livre ou morrer* com um sentido de trânsito, de algo provisório com respeito à própria vida, e para isso se requeria uma convicção quase religiosa. O sacrifício tornava possível abrir as portas do paraíso, mas um paraíso para os outros. Não se chegava a divisar, nem ao longe, a terra prometida. Mas era preciso viver como os santos.

Em seu poema *Como los santos*, Leonel convoca todos os operários, camponeses, arrieiros, peões, carroceiros, sapateiros, barbeiros, vivandeiras, cozinheiras, verdureiras, cocheiros, carniceiros, cegos, mudos, tísicos, aleijados, malandros, estafetas, mendigos, desempregados, larápios, vagabundos, engraxates, presidiários, putas, bêbados, para escutar sua pregação:

> *nas catacumbas*
> *pelas tardes, quando há menos trabalho,*
> *pinto nas paredes das catacumbas*
> *as imagens dos santos*
> *dos santos que morreram matando a fome*
> *e pela manhã imito os santos*
> *agora quero falar dos santos*

Entre esses santos estão Sandino e Che Guevara. É um novo santoral. Sandino foi um dos forjadores dessa tradição do sacrifício, e seu melhor pilar de referência; na hora de organizar a resistência contra a ocupação estrangeira em 1927, em defesa da soberania, pôs esses valores de renúncia e entrega acima de tudo, e mais acima ainda a convicção de que a morte era um prêmio e não um castigo, o tudo ou o nada, como expressa em sua frase definitiva, eu quero pátria livre ou morrer, e como ficou expresso ao longo de todos os seus escritos, com a convicção de que não sobreviveria: e se morremos não importa, a nossa causa continuará vivendo, outros nos seguirão. Depois da sua morte na Bolívia, em 1967, a efígie do Che ficaria nas paredes das catacumbas ao lado da efígie de Sandino. E dali em diante, ao ingressar nas fileiras clandestinas da Frente Sandinista de Libertação Nacional, se juraria, em nome dos dois, o compromisso de morte pela causa dos oprimidos.

Esse compromisso definitivo era assumido primeiro no próprio coração do iniciado. "É preciso exercer a força de dentro para fora, para romper o recipiente que nos contém, e podermos nos liberar. Essa é a revolução primária", diria Leonel Rugama num dos textos que escreveu naquele tempo, *El estudiante y la revolución*. E o único futuro, o futuro aceito junto com aquele compromisso, só os iniciados conseguiam ver nas páginas do jornal de Somoza, *Novedades*, quando eram publicadas as fotografias dos companheiros crivados de balas, estendidos em charcos de sangue no lugar onde haviam caído, ou nas gavetas do necrotério. Um compromisso tão natural que me faz recordar a história dos dois rapazes que, vivendo na clandestinidade, caminhavam ao longo da linha do trem chupando laranjas:

— Se a Guarda Nacional aparecesse agora e nos matasse — disse um deles —, quando fizessem a nossa autópsia diriam: "Esses dois estavam chupando laranja."

Tampouco se procurava a posteridade como uma recompensa. Leonel sobreviveu, hoje que os parâmetros éticos da revolução já não existem, porque era um poeta, e sua vida e sua entrega são lembradas ligadas à sua poesia. Os dois rapazes da sua idade que morreram lutando com ele ao extremo do heroísmo, Mauricio Hernández Baldizón e Róger Núñez Dávila, foram esquecidos, e já tinham começado a ser esquecidos antes, somados no esquecimento à imensa lista de heróis, mártires e mortos que adubou a luta ao longo de duas décadas, e à lista dos milhares de caídos na guerra de agressão que sobreveio depois da tomada do poder, recrutas do serviço militar, milicianos, brigadistas, reservistas, camponeses das cooperativas.

E os nomes de todos esses jovens de diferentes épocas e etapas da luta foram sendo apagados do lugar que tinham nas fachadas das escolas, dos edifícios públicos, dos hospitais, clínicas, mercados, e tirados dos bairros, parques e ruas, porque os esquecimentos do tempo e as fraquezas da memória, e o desamparo ético deixaram livre hoje em dia a mão oficial e vingativa, que querendo restaurar os valores do passado se lança contra os mortos que quiseram mudar esse próprio passado.

E enquanto escrevo essas recordações me pergunto: quem foi Armando Joya, que até pouco tempo atrás batizava a Biblioteca do Banco Central? E César Augusto Silva, que é como se chamou um dia o antigo Country Club, transformado depois em centro cerimonial do governo revolucionário, e que agora está em ruínas? E Lenín Fonseca, que é como foi batizado um hospital de Manágua? E Cristian Pérez? Antes, a Colônia Cristian Pérez era chamada de Colônia Salvadorita, a esposa do velho Somoza, e pode ser até que já tenham lhe devolvido seu antigo nome. Cristian foi assassinado em maio de 1979 num ataque feroz da Guarda Nacional à casa do empresário Alfonso González Pasos, em Jiloá, que também foi morto junto com todos que estavam lá: seu filho, um sobrinho e a empregada doméstica e o filho dela, porque naquela altura Somoza queria semear terror entre todos que davam refúgio aos guerrilheiros.

Andando pelos bairros de Manágua, de León, de Matagalpa e de Estelí, ainda vemos em alguma esquina túmulos com uma placa que recorda um desses nomes dos combatentes da insurreição, ou uma humilde estátua de cimento em algum parque, um busto meio tosco, uma fotografia que se apaga atrás de um vidro entre grinaldas secas na lápide de um cemitério. Se tivessem sobrevivido, andariam agora pelos 40 anos de idade; e os que começaram a luta e morreram disparando sozinhos nas casas de segurança teriam 50 anos ou mais. Uma história velha.

Outros sumiram como se tivessem sido mortos pelo triunfo da revolução, heróis que sobreviveram à vida das catacumbas, gênios militares improvisados nas trincheiras de insurreição. Não tiveram ofício útil no poder que ajudaram a conquistar, e em sua maioria se viram relegados, outros foram nomeados para cargos decorativos, e muitos caíram no alcoolismo, como o comandante Francisco Rivera (*El Zorro*), que encabeçando suas colunas guerrilheiras, cada vez mais numerosas, tomou três vezes a cidade de Estelí, até conseguir a sua libertação definitiva.

Durante a etapa final da luta contra a ditadura vivia-se em familiaridade com os mortos, era preciso abrir-lhes à força um espaço na vida cotidiana. Cada vez que eu ficava sabendo da morte em combate de algum companheiro, ou de alguém assassinado na prisão, me invadia uma sensação de angústia temerosa, um abatimento, em vez de me sentir impulsionado para continuar avançando pelo exemplo de quem tinha caído, como se fosse eu que estivesse tomando do outro o direito de viver. Havia um cheiro de formol no ar. A morte tinha não apenas alguma coisa de mito, mas também de rito, de companhia, de advertência, uma atmosfera irreal na qual se podia entrar a qualquer momento, um sonho interrompido por uma campainha, um soluço ao outro lado da linha do telefone, como na madrugada de novembro de 1976, em que fui acordado pelo telefonema de Gioconda Belli, que já estava exilada em San José, me dizendo, sem conseguir conter as lágrimas, que tinham matado Eduardo Contreras, cujo rosto ensanguentado eu estava justamente vendo em meu sonho.

O culto aos mortos não foi uma ordem que tenha sido dada jamais pela hierarquia revolucionária, mas a consequência de uma convicção íntima alimentada no exemplo — com raízes na tradição católica e ao mesmo tempo na indígena — que os rigores da luta clandestina chegaram a exaltar. Cristo, que chama para o sacrifício, para comer seu corpo, e Mixtanteotl, o deus nahua dos mortos, que exige sacrifícios vivos. A morte nunca deixava de ser o caminho da purificação absoluta, a expiação de toda e qualquer mancha, sobretudo porque representava o sacrifício deliberado, querido, procurado, bode expiatório e cordeiro degolado, e é por isso mesmo que a revolução pôs a morte no topo de seus faustos, a comemoração da morte como festividade propiciatória. E os mortos, transfigurados pelo sacrifício, passaram a integrar o santoral; cada santo, cada mártir celebrado na data da sua morte, da sua queda. E, nos atos na praça, começou a aparecer uma cadeira vazia, a de espaldar mais alto no palco de honra, e que era a cadeira de Carlos Fonseca Amador, o chefe ausente, mas sempre presente, da revolução.

Que nenhum mérito pudesse ser comparado entre os vivos com o próprio mérito da morte foi a filosofia que no momento do triunfo da revolução assumiu um peso ético esmagador. Os únicos heróis eram os mortos, os caídos, e a eles devíamos tudo, eles tinham sido os melhores, e tudo que se referisse aos vivos deveria ser reprimido como vaidade mundana. Os gritos de 'presente!, presente!, presente!' se referiam aos mortos, à memória da sua entrega, mas eram também um grito de compromisso e de vitória. A tumba era o altar. As mães enlutadas ocupavam a primeira fila em todos os atos públicos, carregando no regaço as fotos ampliadas de seus filhos sacrificados, ou retratos de formatura, ou das carteiras de trabalho, ou recortadas de um grupo numa festa, num passeio, todos jovens, mortos na plenitude da sua existência para serem os heróis que jamais envelhecerão.

A obrigação dos vivos era ajustar sua conduta à dos mortos, recordar que estávamos no poder porque eles tinham se sacrificado, porque haviam assumido a morte como tarefa. Era preciso recordar isso sempre, como escreveu Ernesto Cardenal num poema:

Quando você for aplaudido ao entrar na tribuna,
pense nos que morreram.
Quando forem buscar você ao chegar no aeroporto
da cidade grande,
pense nos que morreram.
Quando for a sua vez de falar ao microfone, ou quando
você for focalizado pela televisão,
pense nos que morreram.
Olhe para eles, sem camisa, arrastados,
sangrando, encapuzados, arrebentados,
desfeitos em pias, na máquina de dar choque, o
olho arrancado, degolados, crivados de balas,
jogados na beira da estrada,
em covas que eles mesmos cavaram,
em valas comuns,
ou simplesmente sobre a terra, adubo de plantas
da montanha:
você os representa,
eles, os que morreram
delegaram em você.

A junção que se dá na luta sandinista entre marxismo e cristianismo se explica melhor pelas suas raízes na história e pela prática do que por qualquer proposta teórica. Leonel Rugama, que desde menino quis ser padre, vinha de baixo, como de baixo vinha Francisco Rivera (*El Zorro*), filho de um sapateiro e uma lavadeira que, influenciado pelo exemplo de Filemón Rivera, seu irmão mais velho morto na montanha, desde menino quis ser guerrilheiro; e influenciado pelos dirigentes sindicais das oficinas de sapateiro, irreverentes e inimigos dos padres, era ateu. Mas nenhum dos dois, o seminarista e o ateu, se afastou da conduta de humildade, entrega e disposição ao sacrifício.

E quando as filas clandestinas começaram a receber os filhos das famílias muito ricas, educados nos colégios católicos e nas universidades norte-americanas, foi porque eles tinham passado por uma espécie de noviciado que os aproximava das condições de vida mais dura dos pobres, e os introduzia igualmente na ideia da transitoriedade diante da morte. *El Zorro* não precisava descer da sua cama capenga para assumir a luta de classes. Mas os que vinham de cima precisavam.

Na época em que Edgard Lang, filho de um dos mais prósperos empresários de Manágua, começou seu noviciado nas comunidades eclesiásticas de base dirigidas pelo padre capuchinho Uriel Molina (e que foram uma escola de compromisso revolucionário desde o começo dos anos 1960), a primeira coisa que fez, para apreensão dos pais, foi abandonar sua cama e passar a dormir no chão, provando sua dureza todas as noites. Cama dura, travesseiro de pedra, cilício, jejum. Depois abandonaria a casa. Na carta de despedida que deixou para os pais quando passou para a clandestinidade, disse a eles: "Sei que nos últimos tempos vocês devem ter notado em mim uma conduta meio estranha."

Era mesmo uma conduta estranha, uma mudança radical de costumes, hábitos, comodidades, de estilo de vida, de sentimentos e de percepção do mundo. Antes de aprender a atirar aprendia-se uma conduta ética, que partia do amor pelos que não tinham nada, em termos cristãos, e se aceitava o compromisso de renunciar a tudo para se entregar a uma luta mortal destinada a substituir o poder dos de cima pelo poder dos de baixo, em termos marxistas. Partindo de uma perspectiva marxista, tratava-se da luta de classes e de assumir uma nova identidade de classe; da perspectiva cristã, tratava-se de pôr em prática a solidariedade até a última de suas consequências, que era o sacrifício. Edgard Lang, que nunca mais voltou para a mansão de seus pais, morreu em León, em abril de 1979, junto com todos os seus companheiros, na matança de Lomas de Veracruz.

Desprendimento da vida, dos bens. Havia o exemplo dos que tinham morrido solitários, enfrentando um exército inteiro, e dos que jamais haviam tocado um centavo alheio, seguindo a tradição dos franciscanos pobres do século XII, como Jorge Navarro, meu companheiro de classe na universidade, que depois se juntou à guerrilha de Raití e Bocay, onde foi morto em 1963, mas que antes, durante a sua vida clandestina, não esqueceu jamais seu voto de pobreza e de castidade com o dinheiro. Carregando, certa vez, um saco de dinheiro que devia guardar, produto de um assalto a banco executado por uma esquadra da Frente Sandinista, não quis tirar duas córdobas, que é o que custaria a viagem de táxi, e preferiu fazer a pé o longo caminho que tinha pela frente.

No cenário da Nicarágua daqueles anos, o comportamento dentro das catacumbas era, além do mais, exatamente o contrário do modo de vida somozista, corrupto e obsceno na exibição de luxos e riqueza. Desse contraste radical nascia um valor ético incomparável, mas que muito poucos percebiam. As pessoas comuns respeitavam com tristeza aqueles rapazes quando morriam lutando sozinhos, sem que isso significasse adesão alguma aos seus ideais. Em *Novedades*, o jornal de Somoza, e mesmo em *La Prensa*, o jornal de oposição a Somoza, eles eram chamados de extremistas; para os grandes empresários e para os políticos conservadores, eram inadaptados e ressentidos sociais; aos olhos de suas próprias famílias, eram vagabundos descarrilados, exemplos perigosos para os da sua idade; e para os velhos hierarcas do partido comunista, eram aventureiros pequeno-burgueses.

Para medir os excessos impudicos do sistema somozista bastava ver as festas de aniversário da amante de Somoza, Dinorah Sampson, animadas por *mariachis* trazidos do México, ela na porta da sua mansão recebendo o beija-mão, adornada por um penteado de três andares, como bolo de noiva; ou as festas de um *kitsch* mais refinado da primeira-dama oficial, Hope Portocarrero, magra como uma modelo envelhecida da *Vogue*, que na inauguração do terminal do aeroporto internacional mandou trazer de Miami, num jatinho, até os tomates, as alfaces e o aipo do bufê de gala servido nas salas de espera aos convidados vestidos com impecável rigor, uma festa estragada pelo seu próprio marido quando mandou arrancar, cheio de fúria e de vodca, o relógio que, entre outros horários, marcava a hora da União Soviética.

Com mais cautela, as famílias das classes altas copiavam esse estilo, mas o suficiente para que fossem alvo de censura de seus próprios filhos, que ao rejeitar o sistema rejeitavam também o mundo onde haviam sido criados e partiam rumo às catacumbas depois de terem feito seu ato de contrição. O padre Uriel Molina conta que um desses pais de família pediu para vê-lo, quando seu filho já tinha ido morar entre os pobres do bairro de Riguero. Uriel recebeu-o em sua casa paroquial e ofereceu-lhe uma taça de conhaque, como uma lisonja aos gostos de seu visitante.

— Não, padre — respondeu ele —, não vou beber com o senhor. Não vamos nos enganar. O senhor e eu somos inimigos de classe. O que o senhor quer é que meu filho destrua a sua própria classe.

Quando a revolução triunfou, ser um bom militante significava estar disposto a acatar o código de conduta estabelecido pelos mortos; mas, na hierarquia do partido, esse código passou a ser interpretado pelos vivos. Foi quando a santidade começou a ser burocratizada.

Eram os primeiros ensaios para converter o movimento guerrilheiro num partido revolucionário, sob normas de conduta estritas e inflexíveis, que rapidamente se mostraram ineficazes. Os valores que existiram em todo esplendor quando se lutava por eles e através deles, no próprio processo de vivê-los e fazê-los, se dispersavam no tumulto da vida, na busca individual da felicidade, na necessidade de liberdade depois de longos anos de catacumbas, no riso e na irreverência que reinavam nos bastidores, nas debilidades mundanas, na mudança abrupta de costumes sexuais e, sobretudo, nas lutas pelo poder, com suas regras milenares. E alguns, à imagem e semelhança de Tartufo, souberam transformar em arte a capacidade de aparentar santidade.

Mas muito no princípio a filosofia das catacumbas alcançou seu melhor esplendor com a Cruzada Nacional de Alfabetização, que atuou como instrumento para transmitir aquele código de conduta de uma geração a outra. Descer da cama para dormir no chão se tornou uma forma de se identificar com os demais, e tomar substância nos demais, coisa que a cruzada multiplicou; viver como os camponeses foi uma experiência formidável para 60 mil jovens e adolescentes, muitos deles quase crianças, que partiram para ensinar nos lugares mais remotos, onde nunca haviam sequer sonhado em ir, e compartilhar o país alheio, o outro país, no qual entraram em tumulto, o país estranho, o país rural que a revolução procurava redimir sob uma inspiração humanista, espontânea, explosiva, contagiosa, que teve muito pouco de cor ideológica.

Nunca antes nem depois essa energia ética que vinha sendo acumulada na alma de alguns poucos durante os anos mais duros da solidão clandestina encarnou como naquela etapa num novo espírito transformador, uma energia que era também um vínculo com algo que estava além de qualquer proposta teórica ou de luta de classes. Foi como um fruto que amadurecia em toda a sua glória, e do qual todos podiam comer.

E foram aqueles alfabetizadores os que depois se alistaram de saída na guerra que se seguiu ao surgimento dos *contras*, como defensores de uma causa que ainda conseguia receber energia do passado heroico. Mas, paradoxalmente, uma filosofia que obtinha sua energia na morte começou a perder essa energia por excesso de morte, e a possibilidade de defesa da revolução enfim se esgotou quando não havia mais jovens disponíveis nem para a guerra nem para o sacrifício.

A outra grande herança ética das catacumbas para a revolução triunfante foi a regra do não ter, que se transformou também numa forma justa de não agregar diferenças e ajudou a manter os equilíbrios do poder. Muitos dos que tinham herdado algo ou eram donos de alguma coisa tiveram que entregar ao Estado, como nas ordens religiosas. Meu irmão Rogelio e eu convencemos minha mãe para que passasse a uma cooperativa camponesa de Masatepe a fazenda San Luis, herança de meu avô, Teófilo Mercado; ela só pediu que o velho capataz fosse incluído entre os beneficiados.

Tudo que estava nas mãos dos dirigentes era do Estado. Residências, casas de veraneio, veículos, móveis; e os gastos de serviço, as festas domésticas, as férias, com aqueles salários nominais que não davam para nada, eram por conta do Estado. Mas, justamente amparando-se nessa forma ladina de não ter, a direção começou a trincar o código de Jorge Navarro, que estava baseado na renúncia e na vida modéstia. O poder foi o inimigo daquela regra e criou contrastes ofensivos num país imensamente pobre, onde até mesmo a classe média se via golpeada pelos rigores da guerra, com rendimentos diminuídos pela inflação, salários instáveis, filas e desabastecimento.

As casas dos dirigentes tinham de ser amplas, porque nelas também se trabalhava e se recebiam visitantes oficiais; e rodeadas de muros por questões de segurança, e não poucas tinham piscinas, saunas, salões de bilhar, academias, quadras de esporte, porque os dirigentes não podiam frequentar os lugares públicos como todo mundo; o tamanho da escolta militar, que exigia instalações e veículos, era parte do prestígio, e os próprios veículos dos dirigentes tinham de ser novos e de boa marca, por questões de segurança nos deslocamentos, e também por prestígio. Depois inventaram as lojas diplomáticas, onde só se podia comprar em dólares, e às quais tinha acesso a alta hierarquia do partido e do governo; como paliativo, no Natal eram entregues cupons de compra aos funcionários menores.

Olof Palme visitou a Nicarágua uma única vez em 1983, pouco antes da sua morte, e o recebemos com todas as honras. Ao descer do avião, com um terno de linho cor de marfim, muito amarfanhado pelas longas horas de viagem, passou a tropa em revista, ao lado de Daniel, mantendo debaixo do braço o jornal que certamente estava lendo; e sempre me pareceu que se escondia do protocolo como quem se esconde de algo muito incômodo e banal. De regresso a Estocolmo, depois de três dias entre nós, ele nos mandou uma mensagem muito curta: "Cuidem-se, vocês estão se afastando do povo."

Não se afastar do povo, se manter na ética. Bruno Kreisky, que como chanceler federal da Áustria com certeza quis nos oferecer mais apoio do que era possível, me contou em 1983, enquanto assinava em seu austero gabinete da Wallhausplatz, em Viena, um crédito de 3 milhões de dólares para a Nicarágua, que Lawrence Eagleburger, subsecretário de Estado, enviado especial de Reagan, havia passado por ali poucos dias antes, ansioso por mostrar-lhe um maço de documentos secretos que comprovavam nosso alinhamento com os soviéticos.

— Eu falei para ele que não tenho curiosidade de ler papéis alheios, e que podia levá-los de volta — me disse, e levantou a cabeça para me olhar de frente. — Tenham certeza de que, enquanto vocês mantiverem seus princípios morais, estarei ao seu lado.

Kreisky me recebeu pela última vez em seu apartamento em Grinzing, mais austero que seu gabinete, e não sei por que tenho agora a sensação de que havia pouca luz, ou essa sensação me vem do fato de ele estar ficando cego, ou porque foi entardecendo sem que percebêssemos enquanto ele me contava as histórias do fim da guerra mundial, e contava o que a neutralidade, um presente do céu num inferno de conflitos hegemônicos, tinha significado para a Áustria. E ouvi sua voz, pouco antes da sua morte, quando me telefonou de Mallorca para a casa de nosso embaixador Iván Mejía, para me cumprimentar pelo prêmio Kreisky de Direitos Humanos que eu acabava de receber em Viena.

— Como deve ser difícil para vocês serem a esperança de todos os outros! — me disse como despedida.

Na madrugada do dia 26 de fevereiro de 1990, quando Daniel Ortega reconheceu a derrota eleitoral no discurso mais memorável de sua vida, disse que tínhamos nascido pobres e que voltaríamos pobres para a rua. Todos choraram no final desse discurso, até os cinegrafistas das cadeias norte-americanas de televisão. Era como Jorge Navarro, meu antigo colega de universidade que fez voto de pobreza e que agora voltava às ruas, sem um peso no bolso para pegar um táxi.

Porém, a operação que haveria de demolir todo aquele código de regras estritas começou pouco depois, sob o amparo de uma justificativa essencialmente política, que foi a primeira carga explosiva colocada na base do muro de contenção: o sandinismo não podia sair do governo sem meios materiais, porque significaria o seu aniquilamento. A Frente Sandinista de Libertação Nacional precisava de bens, de renda, e era preciso tomá-los do Estado antes que se completassem os três meses da transição.

Aconteceu então uma transferência apressada e caótica de edifícios, empresas, fazendas, participações acionárias, tudo para mãos de terceiros que ficariam com a custódia desses bens para depois passá-los para a Frente Sandinista, que no fim acabou recebendo quase nada. Muitas novas e grandes fortunas, muitas delas tão odiosas como as que — por rejeição — inspiraram o código de conduta das catacumbas, nasceram de tudo que ficou pelo caminho. E quando foram firmados os acordos econômicos com o novo governo, em agosto de 1991, a troco de permitir o plano de ajuste monetário e a privatização de empresas do Estado, a Frente Sandinista conseguiu que a quarta parte dessas empresas passasse a ser propriedade dos sindicatos sandinistas. Mas foram os dirigentes desses sindicatos que acabaram ficando com tudo, e também entraram na lista dos novos ricos.

Tudo isso acabou sendo a *piñata*, uma expressão que inscrevemos no mundo, para nossa desgraça, junto com a palavra *contra*, as duas que melhor sobreviveram ao sandinismo. A *piñata* é uma brincadeira infantil, comum no México e na América Central: nos aniversários das crianças, um pote de barro é dependurado numa corda, e a criançada tenta, com os olhos vendados, arrebentá-lo a pauladas. Quando o pote se quebra, espalha o que havia em seu interior — balas, guloseimas — e cada criança trata de apanhar o máximo que puder. Foi o que aconteceu na Nicarágua. Já expressões como *muchachos* e *compañero*, ou *compa*, *compita*, se perderam. A *piñata* não teve nada a ver com o que seria a justa transferência de milhares de residências e terrenos do Estado, através das leis 85 e 86, às famílias que nelas moravam como inquilinos por anos e anos, e de fazendas a beneficiários da reforma agrária que ainda não tinham seus títulos em ordem; leis tão justas que estabeleciam indenização para seus antigos donos.

Numa tarde de solidão na Casa de Governo, no mês de março de 1990, quando estávamos cuidando da transição, Daniel entrou no meu gabinete do quarto andar, como tinha feito tantas vezes ao longo daqueles dez anos, e começamos uma longa conversa sobre a propriedade. No rascunho da Lei 85, que eu tinha em cima da minha mesa, ficava estabelecido que as residências maiores de 100 metros quadrados também seriam transferidas aos seus ocupantes. Eram as nossas. O ex-presidente Carter, que atuava como mediador com o governo entrante de Violeta Chamorro, havia proposto que essas casas nos fossem vendidas por um valor módico, e assim tinha ficado estabelecido naquele rascunho.

Naquela tarde nós dois estávamos de acordo que o melhor a fazer era deixar aquelas casas fora da Lei 85. Era melhor ir embora sem nada, era a coisa mais pura a ser feita. Mas numa reunião da Direção Nacional da Frente Sandinista, pouco depois, a proposta acabou sendo derrotada. Não se tratava apenas de nós, foi o argumento usado, mas de dezenas de quadros principais que iriam para a rua sem ter um teto. Tampouco era conveniente, em termos políticos, criar insegurança nesses quadros, quando estávamos entrando em uma nova situação em relação ao poder. E, ao manter aquela transferência na Lei 85, todos, sem exceção, deveríamos acatá-la.

Jamais senti em Daniel nenhuma preocupação com bens materiais. E se ele aceitou aquela decisão, e a pôs em prática, foi principalmente porque se convenceu com o argumento da insegurança em que ficariam os quadros sandinistas. Tudo que contribuísse para debilitar a adesão dos militantes à Frente Sandinista naquela nova situação deveria, efetivamente, ser anulado.

Naquela tarde falamos também do sentido filosófico que a propriedade sempre havia tido para o sandinismo. Sandino tinha dito a Belausteguigoitia, na conversa de 1933: "Acham, por aí, que vou me transformar em latifundiário! Não, nada disso: eu jamais terei propriedades. Não tenho nada. Esta casa onde moro é da minha mulher. Alguns dizem que isso é ser néscio, mas não tenho nenhuma razão para ser diferente do que sou." E coincidimos, então, na ideia que se transformou em profecia: estabelecer o ter e o não ter dentro do sandinismo seria como pôr aos pés de seus muros uma carga de dinamite. Porque o pressuposto ético tinha sido sempre o não ter, esse era o verdadeiro vínculo de segurança, o que nos havia dado coesão apesar do cerco implacável dos Estados Unidos, de todo o desgaste da guerra de agressão, das lutas pelo poder e por levar adiante as mudanças, que o projeto de revolução havia sofrido no caminho.

Mil vezes pior que a derrota eleitoral foi a *piñata*. Essa operação de demolição, que afundou, em primeiro lugar, uma opção de conduta diante da vida, ainda não terminou. Porque aqueles que longe das catacumbas agora defendem uma cota de poder político dentro do sistema que de novo se reconstitui como era antes acham que é cada vez mais difícil renunciar ao poder econômico ou deixar de multiplicá-lo. Essa foi a verdadeira perda da santidade.

3. A idade da inocência

Ao meio-dia de 20 de julho de 1979 as colunas guerrilheiras entraram em triunfo na Praça da República de Manágua. Numa desordem formidável, os combatentes chegavam a pé, em caminhões militares, em ônibus requisitados, subidos no lombo de tanques decrépitos arrebatados das tropas da ditadura, e se misturavam com a multidão que estava lá esperando por eles para celebrarem juntos a grande festa de suas vidas. O presidente-títere Urcuyo Maliaños havia fugido seguindo os passos do último Somoza, que levou para o desterro as ossadas do pai e do irmão, e a Guarda Nacional, filha da intervenção militar norte-americana, tinha se esfumado, com os últimos oficiais assaltando, pistola na mão, os aviões da Cruz Vermelha, e os últimos soldados que sobravam nos quartéis do Batalhão Presidencial em Loma de Tiscapa deixando um rastro de uniformes, cartucheiras, cantis e fuzis.

Os cinco membros da Junta de Governo, que substituíamos Somoza, entramos por uma lateral da praça em cima de um caminhão de bombeiros que fazia soar até o atordoamento sua sirene, enquanto os guerrilheiros transformados em nossa escolta improvisada disparavam para o alto, dos estribos do caminhão, rajadas nutridas de seus fuzis Galil — orgulhosos de sua conquista, pois eram fuzis israelitas da guarda pessoal de Somoza —, e os disparos se multiplicavam por todos os cantos da praça como se os tiros que tinham sobrado quisessem ser esgotados de uma vez; soavam os sinos rachados da velha catedral meio destroçada pelo terremoto de 1972, e gritos de alegria, cascatas de aplausos, coros de palavras de ordem, lágrimas que banhavam os rostos e risos como resplendores nos rostos banhados de lágrimas, uma música de marimba que vinha dos alto-falantes de uma caminhonete de propaganda de rua que não conseguia abrir passagem no meio das bandeiras, faixas, as sombrinhas coloridas, cachos de gente trepada nas árvores do vizinho Parque Central, nos beirais, nas torres da catedral, nos tetos do Palácio Nacional.

E o que eu recordava enquanto avançávamos naquele mar de cabeças era o silêncio de minutos antes, quando o caminhão dos bombeiros rodava lentamente pelas ruas desertas, vindo lá do parque de Piedrecitas, na estrada sul, um silêncio sobrenatural debaixo do distante céu luminoso, como se o mundo tivesse se esvaziado para sempre de ruídos e de ar, porque as folhas dos louros da Índia onde revoavam os açuns cantadores e as mangueiras de espesso verdor nas calçadas não se moviam, as casas vazias com as portas abertas como se fosse depois de uma fuga repentina, a fuga de todo mundo rumo à praça.

No final da celebração entramos no Palácio Nacional porque William Bonder, de quem falarei daqui a pouco, ainda empenhado em seu papel de negociador, insistia que o arcebispo de Manágua, monsenhor Miguel Obando y Bravo, deveria passar o poder para a Junta de Governo; e então encontrei, no vestíbulo, Regis Debray, numa roupa de safári cáqui, desbotada, auréolas de suor debaixo das axilas. Eu só o conhecia por fotografias, e numa delas eu o recordava sentado no banco da sala de um tribunal militar na Bolívia, entre seus guardiães. Sorridente, cofiou os longos bigodes, pronto para me dizer alguma coisa. Mas eu me antecipei. Eu me lembrava de um artigo dele de poucos meses antes, não recordo se no *Le Monde*, afirmando que as revoluções armadas já não eram mais possíveis:

— Viu só? — perguntei. — Conseguimos. Foi possível.

Conseguimos, tínhamos chegado, o mundo ia ser virado do avesso, o sonho de Sandino estava sendo realizado, acabava a submissão aos ianques, acabava a exploração, os bens dos Somoza seriam do povo, a terra dos camponeses, as crianças seriam vacinadas, todo mundo aprenderia a ler, os quartéis se transformariam em escolas, começava uma revolução sem fim, a retórica se encaixava com a realidade porque as palavras eram unha e carne com a verdade dos desejos, sem que nada pudesse servir de intermediário.

Depois, numa crônica dos acontecimentos daquele dia, Debray escreveu que a característica mais notável dos chefes guerrilheiros era a magreza, contrária à gordura vulgar dos somozistas derrotados. Magros pelos rigores da guerra, pelas penúrias dos combates cotidianos, pelas marchas forçadas, pelos dias sem comer nem migalhas. Magros, puro osso, barbados e com o odor de velhos suores grudado nos uniformes verde-oliva, comendo pouco e sem dormir, e, apesar dos desvelos, dormir pareceria, dali em diante, um pecado capital; somente na vigília não perderíamos nada do que estava acontecendo, acontecimentos demais para que a mente conseguisse assentá-los, e no final das contas o que ficava eram sensações, ansiedade, desejo, uma visão de futuro que era tão múltipla que não conseguia nada a não ser nos tirar o sono.

E os protagonistas da revolução eram, além do mais, muito jovens, os rapazes, garotos menores de idade liderando centenas de combatentes tão jovens como eles. A libertação de León só tinha sido alcançada após combates duros, rua a rua, debaixo do bombardeio dos aviões e no meio do incêndio de quarteirões inteiros; e Dora María Téllez, que tinha apenas 22 anos, comandando uma tropa de adolescentes havia conseguido arrancar a Guarda Nacional de todos os seus redutos, até fazer o general Gonzalo Everstz, o terrível *Vulcano*, fugir do Quartel Departamental protegido entre crianças e mulheres que fez de reféns para chegar ao Fortim de Acosasco, de onde também seria expulso; e o comandante Francisco Rivera, *El Zorro*, herói da libertação de Estelí, não tinha nem 25 anos.

Numa foto feita ao acaso naquele dia eu apareço abraçado a vários guerrilheiros, entre eles o comandante Elías Noguera, braço direito de *El Zorro*, com seu chapéu de *ranger* sobre os cachos escuros, a fita de prender o chapéu amarrada debaixo do queixo. Ele está magro e eu também estou magro e cabeludo, um cabelo de semanas sem cortar, o largo cinturão segurando meu jeans. Somada ao grupo, sorridente, também abraçada a nós, está uma mulher do povo, muito pobre, os cabelos abundantes revoltos em grenhas, em sua blusa uma bandeirinha improvisada, dois pedaços de pano arrancados sabe-se lá de que vestidos velhos e costurados para formar a bandeira sandinista, a bandeira que Sandino havia erguido pela primeira vez nas montanhas das Segóvias ao começar sua guerra contra a intervenção estrangeira em 1927; e ao olhar agora o rosto daquela mulher, no contraste da foto em preto e branco, vejo que tem a majestade que só a história dá aos rostos, e que parecem tanto mais contemporâneos quanto mais se afastam.

Depois da cerimônia de juramento no Salão Azul do Palácio Nacional, nós, os cinco membros da Junta de

Governo, mais os nove integrantes da Direção Nacional da Frente Sandinista, tivemos que aparecer várias vezes nas janelas, para saudar a multidão que, da praça, exigia a nossa presença. A situação não deixava de ser estranha, porque a maioria de nós éramos perfeitos desconhecidos para aquela multidão que nos saudava, e além disso éramos muitos, num país onde sempre havia pesado o nome de um só caudilho: Zelaya, Chamorro, Moncada, Sandino, Somoza.

Os membros da Junta de Governo éramos Violeta Chamorro, Alfonso Robelo, Moisés Hassan, Daniel Ortega e eu. Dos cinco, a mais conhecida era Violeta Chamorro, viúva de Pedro Joaquín Chamorro, assassinado em janeiro do ano anterior numa rua de Manágua por matadores de aluguel da ditadura, e talvez eu, um pouco, como líder do Grupo dos Doze. Alfonso Robelo era um empresário da indústria do óleo, até pouco antes presidente do Conselho Superior da Iniciativa Privada (COSIP), a cúpula da empresa privada; Moisés Hassan, de uma família de imigrantes palestinos e doutor em matemática pela Universidade da Carolina do Norte, tinha combatido nos bairros orientais com as forças guerrilheiras e representava as organizações populares agrupadas no MPU, o Movimento do Povo Unido.

Daniel Ortega era ao mesmo tempo membro da Direção Nacional da Frente Sandinista de nove comandantes e o único da Junta de Governo que usava uniforme. Havia passado grande parte da juventude preso na Cárcere Modelo de Tipitapa — num poema escrito naqueles anos recordava que nunca viu as minissaias que estavam na moda naquele tempo em Manágua —, e sua fotografia jamais havia saído em nenhum jornal, a não ser naqueles dias da sua longínqua captura em 1968, quando tinham aberto a sua testa a golpes de cabo de fuzil e deixado uma cicatriz. Ele havia sido acusado de ser parte da conspiração para matar o sargento Gonzalo Lacayo, um torturador do Departamento de Segurança Nacional — o DSN de Somoza —, gordo e sádico feito o sargento que Ernest Borgnine interpreta em *A um passo da eternidade*, e que todo mundo temia e odiava; Lacayo estava indo a pé visitar sua amante num bairro de Manágua, quando foi chamado pelo nome por alguém que estava num veículo em movimento, e quando se virou choveu fogo em cima dele; "ninguém conseguiu tirar do rosto das pessoas o sorriso com que amanheceram", me dizia o escritor Mario Cajina Veja, meu amigo, numa carta que me mandou para a Costa Rica no dia seguinte.

Os nicaraguenses não apenas viam pela primeira vez o rosto dos membros da Direção Nacional da Frente Sandinista, como também pela primeira vez ouviam alguns de seus nomes; e, entre os próprios dirigentes, vários estavam se conhecendo ali, por causa da clandestinidade e da falta de comunicação, e porque até pouco antes pertenciam a tendências diferentes, com comandos militares próprios e hostis entre si. De todos, sem dúvida o mais conhecido era Tomás Borge, pois sua foto de prisioneiro, reduzido a pele e osso, havia aparecido no jornal *La Prensa* algemado a uma cama do Hospital Militar após uma greve de fome de longas semanas demandando um tratamento justo na prisão.

Apesar da proeminência pelo fato de ser membro da Junta de Governo, Daniel Ortega não era, entre os nove comandantes, a figura mais notável ou decisiva, e quando se impôs foi como resultado do jogo de equilíbrios e também dos malabarismos de seu irmão Humberto; com o tempo e após um processo trabalhoso veio a ser escolhido líder, porque era a figura mais segura, por ser também menos visível, a se opor às aspirações de Tomás Borge, o mais carismático dos nove, e que no fim, já resignado, aceitou ser o seu segundo.

Éramos todos tão desconhecidos, até mesmo entre os combatentes, que nos dias seguintes precisamos nos deslocar por Manágua através de barreiras de guerrilheiros, que obedeciam a chefes muito diferentes, exibindo credenciais com nossos retratos feitos numa Polaroide encontrada nos escritórios do Banco Central. Naquele edifício da velha Manágua, destroçado pelo terremoto e do qual só haviam se salvado os quatro primeiros andares, instalou-se a Junta de Governo, depois que alguém descobriu o paradeiro do molho de chaves que abria todas as portas.

O herói mais visível naqueles dias de festa era Edén Pastora, o Comandante Zero, que havia dirigido, menos de um ano antes, o assalto ao Palácio Nacional, uma operação que levou as pessoas nas ruas ao delírio e deixou em escombros a fama de fortaleza da ditadura, e foi o anúncio de seu fim.

Eduardo Contreras, o primeiro Comandante Zero do assalto à casa de Chema Castillo, em 1974, tinha preservado sua identidade atrás de uma máscara de esquiador, em apego à regra canônica de que a história não era feita pelos rostos mas pelo povo anônimo, e os demais membros daquele comando também ocultaram seus rostos. Cada um se identificava com um número e o chefe era o Zero, como símbolo de que o chefe não era nada. Ao mesmo tempo, a introdução do zero naquela nomenclatura militar tirava valor de qualquer um dos outros números consecutivos que designavam os integrantes do comando, todos iguais, sem que a cifra representasse nenhuma categoria: era simplesmente um modo de se identificar e ser chamado.

Edén Pastora, pelo contrário, desde o princípio da operação do Palácio Nacional não tinha conseguido resistir ao impulso de deixar seu rosto descoberto, e assim apareceu ao subir no avião em que se foi com seus companheiros de comando e os prisioneiros libertados. Sua foto deu a volta ao mundo, e esse deslize jamais foi perdoado.

Naquele dia de triunfo na praça, quando saíamos do Palácio Nacional para voltar ao hotel Camino Real, onde estávamos alojados, lembro de Edén de pé num jipe aberto, seguido por uma multidão como um santo em procissão. Apesar de seu carisma, não era membro da Direção Nacional da Frente Sandinista, que a partir daquele momento se ergueria como um instrumento mítico do novo poder, uma divindade paternal alimentada pelo lema de obediência comum: "Direção Nacional, ordene!" Eram os nove Comandantes da Revolução, um poder colegiado, novo na história do país. Pouco depois tinham seus uniformes verde-oliva, todos do mesmo corte e do mesmo tecido, confeccionados pelo alfaiate de Fidel Castro em Havana, as insígnias nas golas desenhadas por Celia Sánchez, a companheira de Fidel, uma estrela solitária no centro de uma coroa de louros bordada em vermelho e negro.

Esse coletivo novo, essa novidade, onde eu só entrei depois da derrota eleitoral de 1990, quando seu poder já tinha sido diminuído, representou em seu momento um desafio aos velhos estilos de mandar na Nicarágua; e como um paradoxo, entre tantos da revolução, acabou reforçando esses velhos estilos. Suas decisões, muitas delas chave na situação de guerra em que vivíamos, longamente meditadas e discutidas durante longas horas, representavam o fruto de uma espécie de sabedoria coletiva e do equilíbrio; mas esse estilo de debate a fundo não se estendeu jamais ao resto das estruturas da Frente Sandinista, nem ao sistema político que tentávamos implantar. E no fim das contas, mesmo sendo coletiva, essa autoridade, algumas vezes magnânima e outras arbitrária, não conseguiu se livrar do velho signo autoritário, e a Direção Nacional da Frente Sandinista acabou sendo um caudilho com nove cabeças em vez de uma só.

Para os chefes da luta que não encontraram lugar dentro do número mágico dos nove membros da Direção Nacional criou-se uma categoria seguinte, a de comandantes guerrilheiros, entre os quais ficou Edén Pastora, e a eles foi dado o símbolo de um paralelepípedo bordado nas golas; os paralelepípedos arrancados das ruas para erguer barricadas nas cidades rebeladas passaram a ser também o logotipo do jornal *Barricada*, que nasceu naqueles dias, impresso na rotativa do *Novedades*, da família Somoza.

Antes de ocuparmos a Casa de Governo, na mesma noite do dia 20 de julho tínhamos tomado juramento dos membros do gabinete revolucionário numa cerimônia no hotel Camino Real. Todos nós acampávamos em seus quartos, porque a maioria do governo tinha chegado a Manágua no dia anterior, todos vindos da Costa Rica a bordo do *Quetzalcóatl II*, o avião mandado por José López Portillo, presidente do México. No próprio hotel tinham sido improvisados os escritórios onde eram redigidos e corrigidos os decretos, e pelos corredores perambulava um enxame de jornalistas, diplomatas, guerrilheiros de verdade e outros muitos improvisados, e familiares dos comandantes e dos novos funcionários, que chegavam de visita como quem chega a um alegre internato; recordo alguns desses familiares vestindo uma camisa vermelha e calça preta, em fidelidade aos novos tempos.

Naquela noite entramos sem cerimônia num estreito salão com janelões que davam para a piscina, ofuscados pelas lâmpadas de televisão, eu levando na mão o texto do Estatuto de Garantias Fundamentais aprovado pela Junta de Governo, que li em público. O decreto nomeando os ministros foi lido por Daniel Ortega. Era um governo plural como nunca antes se vira na Nicarágua, mas que haveria de durar poucos meses, porque em dezembro decidimos pela hegemonia sandinista e criamos um pesado aparato que deixou de fora a grande maioria dos nossos aliados.

Aqueles primeiros dias de credencial na camisa e escoltas improvisadas, que de repente nos deixavam sozinhos porque decidiam abandonar o fuzil e ir embora para casa — choferes de furgão uns, funcionários de farmácia outros, ou cobradores de ônibus, ou torneiros, ou aprendizes de pedreiro, ou simplesmente desempregados que tinham tomado armas —, foram dias de um estado de graça que nos despojava do peso terreno e nos dava força e leveza suficientes para aguentar sem comer nada, metidos naquela Casa de Governo de escritórios nus e móveis bancários, frios feito gelo, com um elevador desses de hospital, porque nele cabia uma maca, uma verdadeira prisão que mostrava pelas janelas, nas escassas tréguas das reuniões sem fim, o lago de chumbo e o perfil azulado da península de Chiltepe, que entra nas águas do lago, ao fundo dos terrenos baldios e das ruínas do terremoto; reuniões de agendas sem nenhuma coerência, caóticas sessões de gabinete sentados ao redor de uma imensurável mesa de carvalho onde também aconteciam as audiências, e onde eram recebidos os embaixadores que chegavam para apresentar cartas credenciais no meio de um cerimonial improvisado pelo chefe de protocolo, que era Herty Lewites, vestido de verde-oliva, com uma estranha metralhadora à bandoleira, que parecia tirada de um filme do Flash Gordon.

Herty, um conspirador nato condenado a prisão nos Estados Unidos por tráfico de armas, tinha se dedicado nos últimos anos de luta à propaganda, fazendo ele mesmo as fotos que, segundo o ângulo escolhido, multiplicavam o número de guerrilheiros, que na época eram poucos, e das armas, que eram menos ainda; um livre-pensador capaz de rir da própria mãe, que dirá das hierarquias, e cujas iniciativas e formas de atuar — que na linguagem da moda eram chamadas de "estilos liberais" — se chocavam com os rígidos moldes que começavam a se estabelecer.

Seu pai, Israel Lewites, era um judeu polonês que, fugindo do holocausto, foi parar em Nova York, de onde decidiu viajar para a Nicarágua escolhendo às cegas um lugar no globo terrestre que pôs para girar; instalou-se em Jinotepe, onde casou e onde Herty e seus irmãos nasceram — um deles, Israel, morreu no assalto ao quartel de Masaya na ofensiva sandinista de outubro de 1977 —, e de lá viajava pelas cidades vizinhas carregando sua mala com mercadorias que, em Masatepe, nos dias da minha infância, anunciava num pregão pelas ruas:

— Colchas mágicas! Deitam dois e acordam três!

Abriu depois a fábrica de chocolates Bambi, e quando começava a prosperar aconteceu, em novembro de 1960, o assalto aos quartéis de Jinotepe e Diriamba, uma ação dirigida pelos irmãos Edmundo e Fernando (*El Negro*) Chamorro, cuja ousadia sacudiu o país e da qual Herty participou. Seu pai, que não se metia em política, chegou até o quartel de Jinotepe, já ocupado pelos rebeldes, para perguntar se o seu filho tinha morrido, e foi recebido pelo próprio Herty, criticando sua covardia por não ter se somado à rebelião; ficou então por ali, dando conselhos para assegurar a defesa do quartel, exibindo uma experiência que não tinha, e quando a Guarda Nacional recuperou suas posições na base de disparos de tanque, pai e filho tiveram que se refugiar, disfarçados de mulher — com perucas, salto altos e bocas pintadas de vermelho carmesim —, na Embaixada do Brasil em Manágua. Ficaram exilados durante anos no Rio de Janeiro, onde Herty ganhava a vida como representante de traficantes de esmeraldas nos hotéis de Copacabana, e a fábrica de chocolates foi leiloada pelo banco credor.

Um dos embaixadores apresentados por Herty Lewites naqueles dias de julho de 1979 foi o do Iraque. Ele chegou à cerimônia vestido com uma capa negra, com detalhes vermelhos. Tinha que regressar ao México, onde morava, naquele mesmo dia, e horas depois fomos avisados que os improvisados guardas da migração o haviam detido no aeroporto pela simples razão de que aquela capa fazia dele um suspeito em potencial. E também o embaixador de Taiwan. Havia dois membros da Junta na Casa de Governo, Moisés Hassan e eu. E nenhum de nós queria receber as credenciais desse embaixador. Era ridículo. Afinal, Taiwan apoiou Somoza até o fim. Então Herty nos forçou com artimanhas, e fomos os dois para uma cerimônia de poucas palavras e muita frieza, até que o embaixador, que tinha ficado em silêncio o tempo inteiro, tirou do bolso um cheque de seu governo: uma doação para a reconstrução. Passei o cheque para Moisés, para que lesse a quantia. Eram 100 mil dólares. O ambiente, então, se encheu de sorrisos, e Herty saiu correndo atrás de garçons para improvisarmos um brinde.

Eu ficava até a meia-noite recebendo os novos prefeitos, eleitos em assembleias populares, que chegavam dos lugares mais remotos trazendo listas de petições de iluminação pública, água potável, pavimentação de ruas, escolas, clínicas, quadras de esporte, que somadas e executadas seriam o fim do atraso de séculos; e delegações que traziam notícias de filões de ouro perdidos na montanha e de rios onde as pepitas brilhavam à flor da água como escamas, e que traziam, embrulhadas em lenços, pedras úmidas de óleo encontradas em paragens onde o petróleo brotava em borbulhas, e me deixavam, por escrito, testemunhos daqueles portentos: "Num lugar que chamam de Las Canoas, na cabeceira da quebrada, sai um produto oleoso que ao entrar em contato com a água se torna furta-cor, por favor investiguem isso, e um pouco mais ao leste há uma montanha que chamam de Mesa Galana, esse morro é rico e possui ouro em suas entranhas, favor confirmar isso."

E tesouros que os Somoza tinham deixado escondidos. Um deles, eu achei. Descendo ao porão das instalações do Canal 6 de televisão, propriedade da família, ao lado da lagoa de Tiscapa, encontrei o butim amealhado por dona Salvadora de Somoza, a viúva anciã do velho Tacho, o fundador da dinastia. Eram fileiras e fileiras de gavetas que continham presentes embrulhados, certamente de aniversários dela ou de seu casamento, e que jamais tinham sido abertos: bandejas de alpaca, porta-retratos, jarrões chineses, aparelhos de porcelana e jogos de talheres; álbuns de retratos de família, seus arquivos de cartas, as rígidas contas das compras de tecidos e lantejoulas feitas em Washington por sua filha Lilliam, casada com o eterno embaixador da Nicarágua, Guilhermo Sevilla Sacasa, e seu missal. Seu missal da cerimônia diária na igreja do Perpétuo Socorro: entre suas páginas, onde havia estampas também piedosas e avisos recordatórios de missas fúnebres, apareceu uma coleção de cartões-postais, desses em sépia, com mulheres de nudez adiposa e cabelo recortado conforme a moda dos anos 1920, além de homens forçudos como lutadores de circo, exibindo bigodes frondosos e falos descomunais.

Dona Salvadora, filha do sábio Luis H. Debayle, que com o velho Tacho foram, os três, personagens de meu romance *Margarita, está linda la mar*, estava em Washington, onde havia buscado refúgio junto à filha e ao genro, no dia do triunfo da revolução; e, quando um grupo de estudantes nicaraguenses entrou com grande alvoroço para ocupar a residência oficial, ela apareceu no segundo andar, no alto da escadaria, para gritar:

— Fora daqui, *cachurecos*!

Era assim — *cachurecos* — que os liberais chamavam os conservadores, e ela, com meio século de poder, não imaginava que os Somoza tivessem outros inimigos. Quando a Junta de Governo se reuniu com o presidente Jimmy Carter, em setembro de 1979, eu quis conhecer aquela mansão da Connecticut Avenue, que meses depois pegou fogo, e achei que era igual à da família Addams, com suas escadarias repuxadas, suas pesadas molduras nos tetos, seus lustres de cristal envoltos em capas de pano barato, seus cômodos úmidos de mofo e suas cortinas de veludo fechadas; e, finalmente, a sala de jantar de móveis fúnebres, onde ainda estava num cavalete um quadro-negro com os lugares designados aos comensais do último jantar de gala oferecidas por Sevilla Sacasa.

Em muitas daquelas manhãs eu entrava num velho helicóptero Siskorski, que aterrissava entre os fios elétricos no estacionamento da Casa de Governo, para viajar até os lugares mais remotos e comparecer a cerimônias de juramento de autoridades municipais, comícios em mercados, assembleias de agricultores, homenagens a mártires em estádios de beisebol que incluíam discursos infindáveis e terminavam sempre com uma missa campal. O helicóptero não tinha porta, que tinha sido tirada pela Guarda Nacional para poder descarregar barris de 300 quilos, cheios de explosivos, sobre os bairros rebelados de Manágua, e no vão aberto, por onde o vento entrava com força, tinham armado uma metralhadora calibre cinquenta, cuja base de sustentação continuava soldada à fuselagem. Em poucas semanas as hélices pararam enquanto voava em missão militar até a fronteira norte, e o helicóptero despencou perto de Somotillo, mas todos os passageiros sobreviveram.

Nessas viagens eu tinha que resolver conflitos, como uma espécie de ouvidor de um poder central que mal começava a se definir e no qual ainda sobreviviam os baronatos guerrilheiros que, com seus próprios carimbos e papéis timbrados, impunham quedas nos preços dos artigos básicos, impediam a saída de produtos pelas estradas para que as comunidades de onde eles vinham não ficassem desabastecidas, reduziam as horas da jornada rural de trabalho, celebravam julgamentos populares e mantinham suas próprias prisões.

Foi uma ironia formidável que, da majestade do governo revolucionário, não tenhamos demorado a imitar aquelas medidas que, num primeiro momento, víamos com compreensão piedosa e nos provocava riso, porque eram parte do universo de inocência onde as leis da oferta e da procura tinham perdido todo seu poder, derrotadas por um sentimento primitivo de justiça. A Junta de Governo também chegou a aprovar um decreto que reduzia à metade a jornada de trabalho no campo, e outro em que se impunha teto aos preços; e ordenou a apreensão, nas estradas, de produtos camponeses que iam para Manágua, a menos que tivessem sido vendidos às agências estatais, tudo em nome de um bem comum de mecanismos impossíveis.

Na Casa de Governo havia assessores panamenhos ajudando a organizar a administração — um dia, apareceu Marcel Salamín me trazendo uma máquina elétrica, presente do general Omar Torrijos, junto com caixas de lápis, cadernetas e objetos de escritório comprados nas lojas dos turcos no Panamá —, e também assessores mexicanos, entre eles um representante do PRI, que tinha linha direta com Gustavo Carvajal, na época presidente do partido; no começo de 1979, durante um jantar no restaurante La Hacienda de los Morales, na Cidade do México, eu tinha combinado com Carvajal a primeira doação do PRI para o Grupo dos Doze, que foi de 150 mil dólares; e além disso o ministro de Governo, dom Jesús Reyes Heroles, que me recebia em seu gabinete oficial da rua Bucareli (sem deixar de atender a seus inúmeros telefones), nos apoiava, atendendo às instruções do presidente mexicano José López Portillo.

Em agosto de 1979, Daniel e eu íamos assistir à Conferência de Países Não Alinhados em Havana, e Carvajal nos sugeriu que passássemos antes pelo México para visitar o presidente López Portillo; uma visita que programamos sem demora através dele, e sem nos lembrarmos de avisar aos nossos respectivos ministérios de Relações Exteriores; e quando o ministro mexicano de Relações Exteriores, dom Jorge Castañeda, soube que estávamos indo, perguntou com justa ironia:

— Caramba! E eles vêm para cá quando?

Mas dom Jorge nos recebeu no hangar presidencial, nós já utilizando o jatinho privado de Somoza recuperado em Miami, e nos recebeu ao som de *La Negra*, com um conjunto de *mariachis*. A lista de pedidos que levávamos era imensa: para começar, petróleo; e cereais, medicamentos, material de construção, bancos escolares, quadros-negros, cadernos, helicópteros para a Cruzada de Alfabetização, e se dependesse da vontade do representante do PRI, o partido oficialista mexicano, em Manágua, teria sido mais extensa ainda, porque quando estávamos preparando essa lista ele sempre repetia:

— É pouco, aumentem sem dó nem piedade.

Mas, de verdade, a generosidade de López Portillo sempre permitiu acrescentar mais e mais às listas que levávamos ao seu gabinete. A conta do petróleo, os empréstimos de emergência que o professor David Ibarra, seu ministro de Fazenda, resolvia por artes de magia... Em sua viagem a Manágua em fevereiro de 1982 López Portillo levou com ele o gabinete inteiro, e no meio do voo um de seus ministros perguntou como deveria tratar a Nicarágua.

— Como se fosse um estado mexicano — respondeu ele. Uma frase como essa não ofendia ninguém. Ao contrário: nos homenageava.

Daniel e eu, sem ter casa em Manágua, abandonamos o hotel Camino Real, muito distante da Casa de Governo, e nos mudamos para o Intercontinental. Ocupamos dois pequenos quartos no terceiro andar, um de frente para o outro, e que eram como celas de um mosteiro, e lá ficamos até o final daquele ano de 1979; afinal, como ritual revolucionário nem era tão estranho assim: Fidel Castro também tinha morado e despachado durante meses no hotel Habana Hilton. Voltávamos à meia-noite, e os membros de nossas escoltas dormiam no carpete do corredor e ali amanheciam. O telefone podia tocar a qualquer hora porque todas as ligações que chegavam ao hotel eram passadas para o meu quarto, e assim eu respondia a um sem-fim dos mais variados pedidos, gente que tinha se abrigado no exterior e perguntava se podia voltar, familiares de presos, gente que ligava para protestar contra as casas que tinham sido expropriadas.

Descíamos juntos, Daniel e eu, para tomar o café da manhã na cafeteria do hotel, e as primeiras entrevistas do dia eram dadas a jornalistas estrangeiros no elevador, já que eles, como nós, eram hóspedes do mesmo hotel. Quem também se mudou para lá foi Tomás Borge, que ocupou a cobertura inteira, onde instalou os rudimentos de seu Ministério do Interior; sua escolta era muito mais numerosa e seu enxame de assistentes crescia a cada dia, seguido constantemente, além disso, por um nutrido séquito que eu achava ser de admiradores, mas que logo soube que era formado por familiares de membros da Guarda Nacional de Somoza que estavam presos, buscando informação e levando pedidos para que fossem soltos.

  O hotel, uma pirâmide de péssimo gosto arquitetônico que sobreviveu ao terremoto de 1972, tinha uma história própria para contar. Havia alojado os jornalistas estrangeiros durante toda a guerra, graças à sua vizinhança com o bunker de Somoza, que ficava na calçada em frente. Da janela de um dos quartos do terceiro andar, Fernando (*El Negro*) Chamorro tinha disparado um lança-foguetes que destroçou o teto dos quartéis de *El Chiguin*, o filho de Somoza, e que ficava na área do bunker; dali do hotel tinham sido enviadas ao mundo, por satélite, as imagens do assassinato de Bill Stewart, o repórter da rede norte-americana ABC executado com um tiro na nuca por um oficial da Guarda Nacional num bairro de Manágua em junho de 1979; e ali tinham se refugiado os funcionários somozistas antes de sua fuga final; ali tinha se reunido o Congresso Nacional para aceitar a renúncia de Somoza e eleger Urcuyo Maliaños, que depois não quis entregar a faixa presidencial; e ali, enfim, tinha morado Howard Hughes.

  Howard Hughes, que fugia dos tribunais dos Estados Unidos, havia chegado em segredo a Manágua, em 1972, com sua corte de trapaceiros. O embaixador de Nixon junto a Somoza, Turner Shelton, que tinha sido crupiê num de seus cassinos em Las Vegas, havia conseguido asilo político para ele, a troco de uma promessa de bons negócios no ramo da aviação. Hughes se trancou na cobertura do hotel e passava o dia vendo seus velhos filmes, sentado numa cadeira de rodas; não cortava nunca os cabelos nem as unhas, e só se alimentava de sopas Campbell servidas por seus criados, que usavam luvas cirúrgicas. A única vez em que concedeu aceitar um encontro com Somoza foi a bordo de seu jato *Gulfstream* estacionado o tempo inteiro na pista do aeroporto, uma precaução que na noite do terremoto lhe foi muito útil, porque entre os tremores que derrubavam a cidade e os incêndios que se espalhavam ele foi baixado da cobertura do hotel em uma maca, metido numa ambulância — que, aliás, também era dele, particular —, e levado para o avião que conseguiu decolar graças ao sistema de luzes de emergência da pista.

Saí do hotel no fim de novembro, quando minha família chegou da Costa Rica e conseguimos uma casa em Manágua. Na manhã em que eu descia com minha mala para ir embora do hotel, uma jornalista do *El Diario* de Caracas me perguntou, na porta do elevador, por que eu não usava uniforme militar como todos os outros comandantes. Dei a ela uma explicação risonha: sem ter ofício militar na revolução, me vestir de verde-oliva seria como usar um disfarce. E tampouco tinha o título de comandante, disse a ela, e me chamavam de doutor. Também contei que uma vez, na República Dominicana, antes do triunfo, num comício de apoio ao Grupo dos Doze organizado pelo PRD de José Francisco Peña Gómez, o mestre de cerimônias, na hora de me passar a palavra, tinha me anunciado como comandante; alguém o corrigiu em voz baixa, e ele quis retificar o equívoco.

— Não se preocupe — eu disse a ele no microfone.
— Não sou comandante, mas me chamam de doutor, coisa que também não sou... Na Nicarágua, chamam os advogados de doutor, como se fossem médicos...

Ao final daquela idade da inocência, não tardariam em aparecer outros comandantes, os da contrarrevolução, com pseudônimos pouco heroicos, como Cobra, Escorpião, Chacal, Iguana, Urubu. E suas tropas seriam batizadas com os nomes conspícuos de seus patrocinadores, entre eles o de Jean Kirkpatrick.

4. O cisne nas brasas

Certa noite, faz pouco tempo, eu estava vendo um noticiário pela televisão quando uma das moças do grupo de amigos de Sergio veio lá do corredor onde eles estavam e me disse que se chamava Claudia e que era filha de Idania Fernández. Então me perguntou se era verdade que eu tinha conhecido sua mãe, se eu ainda me lembrava dela, e me pediu para algum dia contar coisas da sua vida. Eu disse que estava escrevendo este livro e que quando fôssemos conversar gostaria de saber como ela, hoje, via a sua mãe. Combinamos de nos ver logo. Mas, por uma série de atrasos, aquela conversa foi ficando para depois.

Eu conheci Idania, que usava o nome de guerra Angelita, em fevereiro de 1979, durante uma visita que o Grupo dos Doze, que eu encabeçava, fez ao Panamá a convite do presidente, o general Omar Torrijos. Ela era uma morena espigada, que quando ria arqueava as sobrancelhas, um riso que dava brilho aos seus olhos negros, e era decidida em suas maneiras, emitia juízos rápidos e era dona de uma ironia afiada. No meio da leve parafernália de sua bolsa carregava uma pistola Magnum de peso rotundo. Treinada em Cuba como sapadora, tinha sido ferida na mão durante um combate na Frente Sul no final de 1978; foi quando Tulita, minha esposa, apanhou-a em Liberia e a deixou nas mãos de Jean Coronel, que tinha instalado em sua casa de San

José da Costa Rica um verdadeiro hospital de campanha. Quando nos vimos, no Panamá, ela ainda estava com a mão enfaixada, e poucas semanas depois partiu para Honduras, de onde foi em seguida para as frentes clandestinas de luta na Nicarágua; tinha se divorciado de seu marido panamenho, e sua dor maior foi deixar Claudia, que na época tinha 4 anos e vivia com os avós nos Estados Unidos.

Foi assassinada no dia 16 de abril, depois do ataque à casa do bairro Lomas de Veracruz, em León, quando morreu, conforme contei, Edgard Lang; aquela casa, e as vizinhas, eram habitadas por jovens empresários algodoeiros que colaboravam com a Frente Sandinista. O Estado-Maior da Frente Ocidental, quando faltava muito pouco para o desencadear da insurreição final, estava preparando seus planos de ataque num dos cômodos, quando por todos os lados apareceram os homens da Guarda Nacional com seus fuzis engatilhados e os agentes de segurança armados com metralhadoras, arrebentando portas e pulando muros, as ruas fechadas pelos jipes militares que davam ordens pelo rádio, e um tanque chegava apontando para a casa; e bem ali, no jardim, debaixo do olhar das empregadas paralisadas pelas armas, foram executados, a sangue-frio, todos os homens: Óscar Pérez Cassar, conhecido como o *Gordo Pín*, chefe da Frente Ocidental, e Roger Deshon, Carlos Manuel Jarquín e Edgard Lang, que não tiveram tempo de recorrer às suas armas. Idania e Aracelli Pérez Díaz, que era mexicana, foram violadas e mais tarde executadas no forte de Acosasco, e Ana Isabel Morales conseguiu se salvar porque correu sem ser vista até outra das casas, que também estavam sendo revistadas, e pegou nos braços um menino e passou por empregada doméstica.

Alguém os havia denunciado. E quando no bairro indígena de Subtiava, que ficava bem perto, os combatentes clandestinos receberam o pedido de socorro, e até tirar as armas do esconderijo e organizar um grupo de resgate, tudo já estava liquidado.

Dora María Téllez com certeza estaria entre os mortos, mas dias antes começou a sentir uma angústia de tragédia, e insistiu muitas vezes com o *Gordo Pín,* no final quase aos prantos, para que não voltassem mais para aquela casa, porque sentia que estava envolta em uma aura ruim, me diz ela agora, sentados os dois na frente da janela do meu estúdio enquanto lá fora os passarinhos voam entre os ramos da cerejeira. "Você anda muito nervosa", riu o *Gordo Pín*. "Por que não fica uns dias passeando em Manágua?" E mandou que se apresentasse a Joaquín Cuadra filho (*Rodrigo*), o chefe da Frente Interna. Aracelli, a mexicana, tão bela como Idania, era a companheira de Joaquín.

Naquela mesma ocasião, no Panamá, conheci Óscar Benavides, um rapaz camponês de Estelí, calado e de olhos muito puros, que haveria de morrer em Nueva Guinea, também poucas semanas mais tarde, quando fracassou a implantação de uma frente de guerra ao norte do rio San Juan, lá para os lados da estrada do litoral do Caribe, e tudo se transformou numa debacle militar de poucos sobreviventes. Não me esqueço dele por causa de sua humildade franciscana.

Estávamos hospedados no hotel Panamá Hilton, por conta do general Torrijos. O doutor Joaquín Cuadra Chamorro, membro do Grupo dos Doze e pai de Joaquín, o chefe da Frente Interna, sempre desfrutava a boa mesa e os bons vinhos, e não deixou de fazer isso nem em suas negociações com os guerrilheiros naqueles dias exaltados e desordenados; e certa noite convidou Idania e Óscar para jantar conosco no restaurante do hotel, que se chamava

Lessep em homenagem ao engenheiro francês que fracassou na construção do canal.

Óscar se escondia atrás do enorme menu escrito com caligrafia floreada enquanto lia cuidadosamente seu conteúdo, e talvez temeroso de pronunciar mal o nome dos pratos, ou como consequência da sua timidez, pediu ao *mâitre* num sussurro o que queria comer. Quando foram tiradas as campânulas de prata que cobriam os pratos o doutor Cuadra percebeu que o pedido de Óscar tinha sido o melhor de todos, segundo seu olhar de *gourmet*; no Clube Terraza de Manágua existia, naquele tempo, e em sua homenagem, um filé a doutor Cuadra. E ele não sossegou até resolver o enigma que o inquietava, porque aquele gosto tão exato de sibarita exigia um profundo conhecimento da cozinha francesa. E, sem se conter, perguntou como tinha feito aquela escolha. Óscar respondeu com um sorriso beatífico:

— É que eu pedi os pratos mais caros.

Naquele momento estávamos às portas do triunfo, embora ainda faltassem muitas dores, e o Grupo dos Doze, formado depois que voltei de Berlim, tinha se transformado em um dos pilares do sandinismo na luta para derrubar Somoza.

A decisão de abandonar a Alemanha tornou-se clara, para mim, numa noite de inverno do final de 1974, quando o *Tagesschau*, o telejornal que víamos antes do jantar, começou com uma notícia surpreendente. Um comando sandinista tinha ocupado, em Manágua, uma residência num bairro elegante, onde estava havendo uma festa, e mantinha familiares e ministros de Somoza como reféns. Atrás do locutor do noticiário aparecia um mapa da Nicarágua. E em cenas sucessivas viam-se as ruas do bairro Los Robles, com suas palmeiras imperiais que eram tão conhecidas por mim, guardadas por veículos militares, as residências focadas de longe, os curiosos agrupados nas calçadas, mantidos a distância pelos soldados. Tudo aquilo parecia um enorme engano. Lá fora, nevava sobre Berlim.

No dia 27 de dezembro de 1974, numa dessas jornadas tranquilas engolidas pelas férias de Natal, o doutor José María Castillo, da elite próxima a Somoza, ofereceu uma recepção a Turner Shelton, o embaixador dos Estados Unidos, empregado de Howard Hughes. Os integrantes do comando sandinista esperaram até que Shelton se retirasse, por uma questão de prudência — não enfrentar o governo dos Estados Unidos — e entraram a tiros, prendendo todos os convidados, inclusive o mais notável deles, o embaixador da Nicarágua em Washington, Gabriel Sevilla Sacasa, cunhado de Somoza. O dono da casa, que correu para o quarto atrás de armas para repelir o ataque, foi o único que acabou sendo morto naquela operação.

O grupo tinha como chefe Eduardo Contreras, o Comandante Zero, e incluía guerrilheiros impulsivos como Germán Pomares (*El Danto*) e outros recém-recrutados, como Joaquín Cuadra filho e Javier Carrión, que do movimento cristão do bairro Riguero haviam passado para a guerrilha e conheciam muito bem a casa para poder se mover dentro dela com segurança; e apesar das meias de seda que cobriam seus rostos a dona da casa os reconheceu, já que eram amigos de suas filhas. Vinte e cinco anos depois, Joaquín é, agora, o chefe do Exército da Nicarágua, e Javier com certeza irá sucedê-lo, conforme prevê a escala institucional.

Eles tinham sido treinados numa fazenda de café nas serras de Manágua, sem saber ao certo onde haveriam de dar o bote. Procuravam uma festa de peixes grande, e já estavam desesperados por encontrá-la quando *El Danto*, encarregado de monitorar os programas noticiosos das rádios, ouviu o coronel Lázsló Pataky anunciar que tinha sido convidado para uma recepção em homenagem ao embaixador Shelton.

O coronel Pataky, um gordo monumental de cento e cinquenta e tantos quilos de peso, cavanhaque e gravata-borboleta, era um desses personagens estrambóticos de Graham Greene; húngaro de nascimento, se ufanava de ter pertencido à Legião Estrangeira na África, e escreveu um livro sobre suas aventuras de legionário em El Alamein e na Tripolitânia, chamado *Los Duros*. Ouvi o coronel contar aquelas mesmas aventuras um sem-fim de vezes, ele sentado num almofadão no soalho, de onde só conseguia se levantar com a ajuda de alguém, nas tertúlias noturnas no estúdio do pintor Omar de León, nos anos 1960. Seu programa de notícias, *El Clarín*, passava ao meio-dia na Rádio Uno, e entre anúncios de remédios ele costumava ler, com sotaque arrevesado e respiração entrecortada, os convites que recebia.

Somoza não teve outra saída a não ser atender a todas as exigências, que incluíam a difusão de um comunicado da Frente Sandinista de Libertação Nacional por todos os meios de comunicação, além do pagamento de um resgate de cinco milhões de dólares (finalmente reduzido a um milhão) e a libertação de um determinado número de prisioneiros sandinistas, entre os quais se encontrava Daniel Ortega.

Os membros do comando que participaram do ataque percorreram as ruas da cidade, rumo ao aeroporto, levando os reféns a bordo de um ônibus escolar, e as pessoas se aglomeraram ao longo de todo o caminho para saudá-los. Já não se tratava de guerrilheiros imolados, mas vitoriosos, que se retiravam sem sofrer uma única baixa, depois de humilhar Somoza. No aeroporto esperavam por eles os prisioneiros libertados, que foram trocados pelos reféns, e acompanhados por monsenhor Obando y Bravo voaram para Cuba. Mais tarde, baseado nos relatos de Eduardo Contreras e de outros participantes daquela operação, Gabriel García Márquez escreveu o roteiro *El Secuestro*, para um filme que jamais foi feito.

O terremoto que destruiu Manágua em 1972 já tinha provocado fissuras severas na ditadura, porque Somoza havia se apoderado do negócio da reconstrução em todos os seus extremos, inconsciente de que sua voracidade eliminava, entre seus principais aliados, a iniciativa privada, abrindo, dessa forma, um flanco de oposição que não existia até aquele momento. Agora, aquele golpe inesperado da Frente Sandinista vinha repercutir em seu prestígio, obrigando-o a se dobrar diante de um inimigo que até então era considerado pequeno demais. Outro flanco perigoso se abria à sua frente. Mas Somoza ainda tinha a vantagem de que a Frente Sandinista de Libertação Nacional continuava sendo inconciliável com a iniciativa privada; e somente anos depois seria possível uma aliança entre guerrilheiros e empresários.

A Frente Sandinista conquistava relevância internacional. A opinião pública do mundo, que até aquele momento não tinha consciência alguma do que era a Nicarágua, ficava sabendo que vivíamos debaixo de uma ditadura dinástica, protegida pelos Estados Unidos. E na Nicarágua o entusiasmo transbordante anunciava que as pessoas começavam a crer na possibilidade real de se desfazer de Somoza através de ações como aquela. As demonstrações de valentia começavam a ser premiadas. "Feliz Ano-Novo!", me escreveu, de Manágua, o poeta Mario Cajina Vega num cartão de boas-festas.

No comunicado da Frente Sandinista que Somoza foi obrigado a divulgar por causa do ataque pude notar, apesar de toda a retórica, um tom diferente do posicionamento tradicional; e, quando voltei, pude confirmar que essa mudança de visão, que provocaria, como paradoxo, a divisão da Frente em tendências hostis, estava realmente ocorrendo, e quem a conduzia era justamente Eduardo Contreras.

Identificar aquele mítico Comandante Zero se transformou numa obsessão para as forças de segurança de Somoza e num passatempo de muita gente nas tertúlias e rodas de conversa. As senhoras que acompanhavam seus maridos na festa na noite do ataque — uma delas chegou a engolir seu anel de brilhantes, que depois expulsou graças a laxante, para evitar que fosse confiscado — tinham ficado encantadas com ele, apesar de estar com o rosto oculto por uma meia de seda. E ainda hoje, se alguém perguntar a elas, recordarão seu porte impressionante, sua simpatia natural e a fineza de cavalheiro com que dava as ordens mais rígidas. Falava, além do mais, inglês, alemão e francês, uma tremenda novidade de salão por se tratar de um guerrilheiro disposto a deixar a própria pele naquela ação temerária.

Filho de mãe mexicana, Eduardo estudou engenharia em Berlim, graças a uma bolsa, e na época do ataque à casa do doutor José María Castillo ainda havia latino-americanos na cidade alemã que lembravam a noite de inverno em que, com poucos pesos para comer, ou com uma incrível bebedeira, ele sequestrou, com outros estudantes, um cisne do laguinho do Tiergarten, que depois levou debaixo do sobretudo para depená-lo e assá-lo em seu paupérrimo apartamento do bairro de Neullköln. Sabia, com certeza, que tinha posto nas brasas a ave heráldica de seu — e meu — conterrâneo, o poeta Rubén Darío.

Durante umas férias em Louvain ele foi parar na colônia de estudantes nicaraguenses e acabou sendo convocado para as filas da Frente Sandinista por Jacobo Marcos Frech, um estagiário de psiquiatria, filho de imigrantes palestinos. Regressou em segredo para a Nicarágua e fez uma carreira muito rápida, que em poucos meses o levou à Direção Nacional da Frente. Suas posições chocaram, de saída, com as velhas concepções dominadas pelo dogma do foco guerrilheiro, que eram letra sagrada desde o triunfo da Revolução Cubana; e as ideias que mais tarde nutriram a tendência conhecida dentro da Frente Sandinista como Terceirista, e que no final das contas tornaram o triunfo possível, sempre foram defendidas por ele: passar à ofensiva militar nas cidades, abrir-se a todos os setores da sociedade, pactuar com os empresários, propor um governo de unidade nacional.

Após a ação vitoriosa do comando que atacou a festa, ele tornou a entrar clandestino na Nicarágua e em novembro de 1976, no mesmo dia em que matavam em Zinica Carlos Fonseca Amador, um dos fundadores e figura principal da Frente Sandinista, Eduardo foi morto por uma patrulha da Guarda Nacional, na entrada do bairro de Satélite Asososca, na estrada de León e que mais tarde foi batizado com seu nome. Somoza exibiu, triunfante, a fotografia de seu cadáver num gavetão do necrotério do hospital El Retiro, e só então todos aqueles que não dormiam com tal de saber sua identidade viram seu rosto.

Tomei, pois, a decisão de voltar e entrar na luta, e entrar para valer. Armand Gatty, que na época costumava dirigir peças numa sala de teatro experimental na Kurfustendamm, tinha me proposto ir trabalhar com ele no Centro Pompidou, que estava para ser inaugurado, como roteirista de cinema. Recusei com pena, e a partir daquele instante nunca deixei de dizer a mim mesmo que aquela foi uma decisão crucial em minha vida. Eu teria perdido uma revolução e terminaria descendo todos os dias para comprar o *Le Monde* na banca da esquina e ficar sabendo das notícias do trópico longínquo, e essa é uma imagem que me apavora cada vez que penso nela.

Em meados de 1975, e antes de ir embora de Berlim, achei que devia fazer alguma coisa que ajudasse a manter a Nicarágua nos noticiários e que golpeasse Somoza. E durante minhas últimas semanas na Alemanha me dediquei a elaborar a lista de todas as propriedades da família reinante, que tinham se multiplicado depois do terremoto que destruiu Manágua. Neste documento, que chamei de *Somoza de A a Z*, fui pondo ao lado de cada letra do alfabeto tudo aquilo que eu lembrava, com rigor de romancista que se sabe fiel à majestade dos dados. E fui mandando por correio, conforme avançava, para Tino Pereira, um nicaraguense que naquela época estava exilado em Genebra, onde trabalhava para a OIT, a Organização Internacional do Trabalho. Tino havia sido funcionário do Infonac, o banco de fomento do governo da Nicarágua, através do qual Somoza financiava todas as suas empresas em condições de pai para filho, e acrescentou ao meu material informações valiosíssimas. Nem mesmo a letra *X* ficou vazia: escrevemos, na página correspondente, "propriedades ignoradas"...

O passo seguinte foi encontrar quem publicasse aquele material, e mandei tudo para Carlos Tunnermann, ex-reitor da Universidade da Nicarágua e meu antecessor no cargo de secretário-geral do Conselho Superior Universitário Centro-Americano (Csuca), e que naquela época estava em Washington, graças a uma bolsa Guggenheim. O padre Miguel de Escoto, chefe de comunicações da ordem religiosa Maryknoll, em Nova York, pôs a lista nas mãos de Bill Brown, diretor do Washington Office for Latin America (WOLA), e Jack Anderson, que era o colunista mais famoso dos Estados Unidos, concordou em divulgá-la. Antes, porém, mandou para a Nicarágua, em segredo, um grupo de investigadores, que comprovou a verdade de tudo que estava escrito.

Em agosto de 1975, e durante vários capítulos nos mais de trezentos jornais que reproduziam a coluna "The Washington-Merry-Go-Round", assinada por Anderson, entre eles o *Washington Post*, foi aparecendo a lista que incluía de tudo, de açúcar a algodão, de álcool a aviação, bancos, café, camarões, casas de jogo, casas de prostituição, enfim, todas as letras do alfabeto. E não deixava de incluir, naturalmente, a palavra 'sangue' na letra S, pois a Companhia Plasmaféresis, instalada em Manágua, comprava sangue dos indigentes e dos bêbados para fabricar plasma e depois exportar.

Somoza mandou seu cunhado Sevilla Sacasa, embaixador nos Estados Unidos, processar Anderson, exigindo uma indenização de 100 milhões de dólares. E Anderson, com toda tranquilidade, respondeu que a lista estava só começando e que faltava o pior. Somoza ouviu o conselho de seu cunhado embaixador e desistiu do processo. Em seu livro *Nicarágua traicionada,* ele faz alarde de que as investigações de seu serviço de inteligência descobriram que o complô tinha sido urdido na Embaixada da Venezuela em Washington, por instruções diretas do então presidente Carlos Andrés Pérez, em conluio com o jornalista e empresário nicaraguense de oposição, Pedro Joaquín Chamorro.

Eu estava instalado novamente em San José, na Costa Rica, quando no final de 1975 apareceu por lá Humberto Ortega. Vinha de Havana, e a Costa Rica era o menos recomendável dos países para que ele se estabelecesse. No dia 23 de dezembro de 1969 ele tinha participado do frustrado ataque ao Quartel de Alajuela para libertar Carlos Fonseca Amador, preso fazia meses, e naquela ação Humberto foi ferido no pulmão e em uma das mãos, que ficou lesionada para sempre; mas o pior é que um guarda tinha morrido no ataque, o que num país de prestígio pacífico como a Costa Rica era imperdoável para a opinião pública. No ano seguinte, outro comando conseguiu libertar Carlos Fonseca e o próprio Humberto, mediante o sequestro de um avião, e todos foram levados para Cuba. Mas, apesar dessas circunstâncias tão adversas, Humberto conseguiu viver escondido na Costa Rica até a derrubada de Somoza, e de lá dirigiu as operações militares.

Quando entrei na Frente Sandinista, em 1975, já estava sendo tecido o emaranhado de conflitos internos criados por divergências ideológicas, que o fato de as forças da organização serem exíguas, somado ao seu isolamento social, em condições clandestinas, tornava mais dramáticos, como era típico dos movimentos guerrilheiros latino-americanos daquele tempo. O golpe exitoso de dezembro do ano anterior — o ataque à festa em Manágua — não parecia ter contribuído para a unidade nem para o crescimento das filas da organização.

Chegou-se a criar duas tendências. Uma, que pretendia acumular força nos focos guerrilheiros instalados nas montanhas, chamada Tendência da Guerra Popular Prolongada (GPP), onde apareciam marxistas mais antigos, como Tomás Borge (um dos fundadores da Frente Sandinista); a outra, a Tendência Proletária (TP), que defendia a necessidade de se criar primeiro um partido de trabalhadores e depois desenvolver uma estrutura militar, era dirigida por

Jaime Wheellock e Luis Carrión. No fim daquele ano de 1975, os dois tinham sido obrigados a se asilar, sob a mira de pistolas, na Embaixada da Venezuela em Manágua, depois de uma tumultuada reunião clandestina.

Humberto Ortega, que era membro da velha Direção Nacional da Frente Sandinista, naquela altura fragmentada, assumiu a representação de uma terceira e nova tendência, a Tendência Insurrecional, conhecida como Terceirista por ser a terceira em discórdia, e que acabou se indispondo com as outras duas. Foi nessa tendência que eu entrei. No chavão clássico, nós, os Terceiristas, passamos a ser pequenos-burgueses aventureiros. Durante algum tempo, terceiristas e proletários conseguimos trabalhar unidos, e assim demos, em 1976, um novo golpe em Somoza, com o depoimento que o sacerdote jesuíta Fernando Cardenal apresentou no Congresso dos Estados Unidos.

Eu conhecia Fernando de longe, porque era irmão de Ernesto Cardenal e porque em 1972 havia participado da ocupação de igrejas em Manágua, reclamando a libertação de presos políticos. Quando ocorreu o terremoto, ele estava dentro da catedral com os estudantes universitários, entre os quais Luis Carrión. Na primeira vez em que me reuni com ele, em San José, numa noite de junho de 1976, Fernando chegava de Manágua, vestido de *clergyman*, seguindo a recomendação de Eduardo Contreras, que estava de novo clandestino na Nicarágua, para compor bem a solenidade da missão que o levava a Washington.

Luis Carrión e eu esperávamos por ele no meu escritório do Csuca, que tinha tornado a me nomear secretário-geral. No forro da sua pasta trazia escondidos os documentos recebidos de Eduardo Contreras, e com os quais nós três, trancados durante várias noites no escritório da livraria Clube de Leitores, de Tito Castillo, preparamos a denúncia que Fernando levou à Subcomissão de Organizações Internacionais da Câmara de Deputados, presidida por Donald M. Fraser.

A denúncia continha uma relação detalhada, com nomes e sobrenomes, dos assassinados, desaparecidos e torturados em Kilambé, Dudú, Iyas, Sofana, Kuskawas, Waslala, as áreas de montanha onde a guerrilha da Frente Sandinista de Libertação Nacional estava atuando; prisioneiros lançados de helicópteros ao vazio, mulheres violadas de maneira massiva, crianças atravessadas por baionetas, localização dos campos de concentração onde os camponeses eram sepultados vivos em covas, nomes das aldeias incendiadas, campos de plantações destruídas.

Somoza estava almoçando no bunker quando seu cunhado embaixador telefonou dos corredores do Congresso, em Washington, para informar que Fernando Cardenal, vestido de *clergyman*, estava lendo naquele exato instante sua denúncia diante de uma sala completamente lotada de público e, pior, de jornalistas. E não havia nada a fazer.

No começo de 1977 apressamos os planos de insurreição. E precisávamos de Edén Pastora. Eu tinha conhecido Edén no ano de 1972, quando ele chegou à Costa Rica, expulso das filas guerrilheiras da Frente Sandinista, e com o nariz comido pela lepra da montanha. Logo formamos um grupo de conspiradores: Edén, outro velho guerrilheiro chamado Harold Martínez, Carlos Coronel, o filho caçula do poeta José Coronel Urtecho, Raúl Cordón, um estudante universitário de Rivas, e eu. Armávamos nossos planos apertados em meu automóvel, enquanto eu dirigia pelos arredores do parque La Sabana, e nossa decisão entusiasmada foi a de abrir uma frente guerrilheira que se proclamasse democrática, para que fosse atrativa, certos de que Fidel Castro, de quem íamos precisar de apoio, entenderia. Ernesto Cardenal, que certo dia participou de uma dessas reuniões conspirativas, foi comissionado para viajar a Cuba como porta-voz da petição. Também pediríamos apoio a dom José Figueres, ex-presidente da Costa Rica. Vendi o carro para financiar os primeiros gastos e os outros conspiradores acrescentaram suas contribuições conforme suas possibilidades, mas os planos deram em quase nada, até que no ano seguinte tomei a decisão de aceitar minha bolsa de escritor e fui para Berlim.

Ouvindo Edén Pastora, a gente sempre se diverte. É um narrador de invejáveis virtudes histriônicas, capaz de se jogar no chão para ilustrar uma ação de combate e de inventar as histórias mais delirantes conforme vai narrando o conto, colocando em tudo que conta um constante acento de picardia.

Enquanto escrevo esse livro ele me telefonou para perguntar minha opinião sobre um quadro que está em seu poder e quer saber quanto vale. Para sua aflição, disse a ele que se trata de um pintor péssimo e que o quadro não vale nada, mas acrescentei que seria melhor consultar Juanita Bermúdez, minha antiga assistente que agora tem uma galeria de arte. E então contei sobre o livro e recordei o episódio da nossa primeira conspiração.

— Ali, meu irmão, nasceu o Terceirismo — disse ele, vibrando de entusiasmo. E tem razão.

Precisávamos dele e na Semana Santa de 1977 Carlos Coronel e eu fomos buscá-lo em Barra del Colorado, na fronteira selvática com a Nicarágua, onde ele estava vivendo dedicado à pesca de tubarões. Mandava por avião os filés de tubarão para San José em caixotes de gelo, e vendia nas peixarias como se fossem de dourado; mas o melhor do negócio estava nas barbatanas, que exportava para Miami.

    Nossa presença na Semana Santa em Barra del Colorado, como hóspedes de Edén e de sua mulher, Yolanda, tinha todos os ares de ser inocente. Acompanhados por nossas famílias, Carlos e eu chegávamos para passar o feriado. E só na manhã em que Edén nos levou, a Carlos e a mim, até uma duna para nos mostrar o lugar onde pensava instalar um *Tarpoon Camp* para alojar gringos interessados na pesca esportiva de tubarão é que contamos o verdadeiro objetivo da nossa missão. Nós, terceiristas, queríamos que ele entrasse imediatamente em nossas filas. Havia um sandinismo diferente, uma insurreição em grande estilo estava chegando, e ele não podia faltar. Humberto Ortega estava à sua espera em San José para discutir os planos militares.

    Ele parou a mão no ar, congelando o gesto que traçava as dimensões do *Tarpoon Camp*, e antes de baixá-la nos disse que sim, aceitando sem titubear uma proposta que a qualquer pessoa sensata teria parecido temerária. Mas Edén, que tinha nascido para a temeridade, nem pensou na empresa de pesca que ficaria abandonada, nem em Yolanda, que estava nos esperando para almoçar.

    Quando voltamos para a sua casa erguida sobre palafitas junto à barra do rio, e que era, além disso, armazém e instalação de processamento, porque os tubarões recém-arpoados eram fatiados no chão que estava sempre sendo lavado do sangue que escorria pelo vão das tábuas, estávamos alegres como se tivéssemos terminado de acertar um bom negócio. Nos sentamos para almoçar e então escutamos pela Rádio Corporación, da Nicarágua, que chegava até lá como rádio local, um boletim da Guarda Nacional informando a morte em combate de Carlos Agüero, um dos chefes lendários da coluna Pablo Úbeda, eixo da Tendência Guerra Popular Prolongada nas montanhas. Era sexta-feira santa.

Na semana seguinte, Daniel Ortega chegou de Honduras. Foi quando nos conhecemos, eu o apanhei no estacionamento de um Kentucky Fried Chicken da estrada que levava a San Pedro de Montes de Oca. Seu pseudônimo era Enrique, embora esses nomes variassem muito segundo os lugares e as circunstâncias: Daniel em outras etapas se chamou Cleto, e Humberto se chamou David, e também Pedro Antonio. Meu pseudônimo sempre foi Baltazar, porque quando precisei escolher um estava lendo o *Quarteto de Alexandria*, de Lawrence Durrell.

Fomos nos reunir num lugar chamado Desamparados, na casa de Marcos Valle, um estudante de sociologia que mais tarde seria nosso embaixador em Cuba, e sozinhos os dois, naquela longa tarde falamos o suficiente para ficarmos compenetrados do que queríamos e de como pretendíamos seguir adiante. Vínhamos de dois universos diferentes, mas tínhamos uma idade parecida; ele havia abandonado seus estudos de direito na Universidade Centroamericana dos jesuítas para entrar na luta clandestina e tinha ido parar na cadeia após a morte do torturador chamado Lacayo. Foi com seu julgamento, diante de um júri popular, que se inaugurou o Palácio de Justiça revestido de mármore e que o terremoto deixou convertido num esqueleto inútil.

Daniel Ortega me pareceu calmo, controlado, capaz de escutar e sorrir com gosto quando valia a pena, apesar de suas reticências e de sua aspereza. Não se perdia em retórica, ao contrário de Carlos Fonseca, que costumava ficar com os olhos fixos num interlocutor invisível a quem se dirigia com veemência. Sua teimosia podia permanecer oculta, como aprendi depois, e sua temeridade na hora de tomar decisões políticas era a mesma de seus anos juvenis, desafiando a Guarda Nacional nas ruas do bairro de San Antonio, onde se criou, e do mesmo tipo daquele Selim Shible, companheiro seu, que tinha nocauteado um agente de segurança na própria sala de interrogatórios.

Tinha, além do mais, e como pude ver já naquele momento, hábitos muito marcados de prisioneiro, incapaz de permanecer sentado durante muito tempo, submetido à necessidade de passear pela sala como se nunca tivesse saído de sua cela do Cárcere Modelo. Foi graças à sua insistência que durante os anos de Casa de Governo, que, como disse, também tiveram muito de prisão, adquiri a disciplina de correr todos os dias campo afora, cortando a jornada de trabalho no meio da tarde para poder chegar com energia suficiente à meia-noite. E na primeira vez que viajamos juntos à Venezuela, em 1978, numa missão conspirativa, dividimos um quarto no hotel Caracas Hilton e vi como ele conseguia passar horas fazendo corrida estática, sem sair do lugar, outro hábito de prisioneiro.

Em maio de 1977 aconteceu no Apart Hotel San José, no bairro La California, a primeira reunião clandestina daqueles que formaríamos o governo revolucionário, destinado a ser anunciado justo no início da ofensiva militar que estava sendo preparada. Foi quando nasceu de verdade o Grupo dos Doze, como seria determinado pelos acontecimentos posteriores.

Para alguns dos presentes era uma surpresa participar de uma mesma conspiração, principalmente para quem fazia parte do alto-comando da empresa privada e das finanças na Nicarágua: Felipe Mántica, industrial e dono da cadeia de supermercados La Colonia; o doutor Joaquín Cuadra Chamorro, advogado do Bank of America e da Nicarágua Sugar

Estate, de uma das famílias mais tradicionais de Granada; dom Emilio Baltodano, exportador de café e um dos donos da fábrica de café instantâneo Presto; Ricardo Coronel, outro dos filhos do poeta Coronel Urtecho, engenheiro agrônomo que trabalhava no engenho açucareiro San Antonio; o padre Miguel de Escoto, que tinha chegado de Nova York; Tito Castillo e eu, que morávamos na Costa Rica. Justo naqueles dias, o padre Fernando Cardenal estava dirigindo exercícios espirituais e não tinha conseguido sair da Nicarágua. Depois, se juntariam ao grupo o ex-reitor Carlos Tunnermann, o economista Arturo Cruz, funcionário do Banco Interamericano de Desenvolvimento (BID) em Washington, Casimiro Sotelo, um arquiteto que vivia na Califórnia, e Carlos Gutiérrez, um dentista que morava no México e em cuja casa de Cuernavaca foi celebrada a reunião seguinte.

Humberto Ortega explicou os planos militares, que consistiam em ataques simultâneos, em data que ainda não tinha sido decidida, aos quartéis da Guarda Nacional em Masaya, Rivas e Granada, ao sul de Manágua; Ocotal, no norte do país; Chinandega, no leste, e no porto de San Carlos, na fronteira do rio San Juan com a Costa Rica. Com toda serenidade assegurou que havia 1.200 homens sendo treinados por chefes militares experientes, e que os quartéis cairiam sem dúvida alguma. A população se somaria imediatamente à rebelião, e o governo do qual íamos formar parte seria instalado no poder. Tudo que precisávamos era de armas e suprimentos, e, claro, dinheiro para comprá-las.

O doutor Cuadra Chamorro escutava em silêncio, o paletó estendido sobre os joelhos.

— Está tudo muito bem — disse ele de repente —, mas é preciso contemplar sempre a possibilidade da derrota. Quais são os planos caso nos derrotem?

Não havia nenhum plano alternativo. Era um bom *gourmet*, o doutor Cuadra Chamorro. Mas era também um advogado curtido em mil batalhas. Sua razão mais poderosa para estar ali era a solidariedade com suas filhas Marta Lucía, Berta e Cristina, comprometidas em tarefas clandestinas em Manágua, e com seu filho Joaquín, que naquele momento estava em Honduras, onde era organizada a coluna que atacaria o quartel de Ocotal, e que tinha em suas fileiras Daniel Ortega, Víctor Tirado, Germán Pomares (*El Danto*), Dora María Téllez, Francisco Rivera (*El Zorro*) e Óscar Benavides.

Os filhos arrastavam os pais. Dom Emilio Baltodano, católico praticante como Felipe Mántica, também tinha um filho guerrilheiro, Álvaro, que haveria de participar do ataque ao quartel de Masaya naquele mês de outubro; e além disso, sua fé cristã o animava a dar aquele passo, que pareceria tão inaudito nos círculos do poder econômico em que se movia. Naquele dia eles se comprometeram a contribuir com os primeiros 50 mil dólares e a conseguir em Manágua pelo menos outro tanto. Com aquele dinheiro foram compradas as primeiras armas de caça nas lojas esportivas de San José: espingardas, rifles com mira telescópica, além de pistolas e muita munição. E com outros 10 mil dólares, que meu amigo Meme Colom Argueta me deu.

Foi para Meme, um opositor sem volta das ditaduras militares da Guatemala, que tinha sido prefeito da capital, que expus os planos num café da manhã no hotel Balmoral, durante uma visita que fez à Costa Rica com a mulher, que era italiana. Ele me prometeu apoio com o maior entusiasmo. Na última viagem que fiz para a Guatemala como secretário-geral do Csuca, possivelmente em agosto de 1977, procurei-o em sua casa e a situação era dramática. Dois guarda-costas vigiavam a entrada, carabinas na mão, os vidros das janelas estavam protegidos com colchões levados dos quartos desolados, porque Meme tinha despachado a mulher e os filhos para a Itália, e a desordem e o abandono eram visíveis na casa inteira. Ele me disse que jamais iria embora da Guatemala, apesar de quase ouvir os passos que o cercavam. Naquelas circunstâncias nem mencionei o assunto que pretendia tratar com ele, a colaboração prometida, mas ele falou do tema e me entregou um bilhete dirigido a uma amiga, pedindo 10 mil dólares emprestados. Pouco tempo depois seu veículo foi interceptado num cruzamento, e ele foi metralhado.

Em julho de 1977, o governo revolucionário foi constituído numa segunda reunião, realizada em Cuernavaca, no México. Ali aprovamos, depois de uma paciente discussão, o esboço do programa de governo, que podia ser resumido em cinco pontos capitais: um regime democrático de liberdades públicas; a abolição da Guarda Nacional de Somoza, para abrir espaço para um novo exército nacional; a expropriação de todos os bens da família Somoza e de seus cúmplices; a transformação do regime de propriedade, começando pela reforma agrária, sob um sistema de economia mista; e relações de não alinhamento com todos os países do mundo, pondo fim à dependência dos Estados Unidos. Esse programa não mudou, em seus aspectos essenciais, quando tomamos o poder.

Escolhemos para presidente Felipe Mántica. O papel timbrado para os comunicados oficiais do presidente, quando chegasse a hora de solicitar o reconhecimento de outros governos, foi impresso em jornadas clandestinas na pequena gráfica dos escritórios do Csuca. Nem tudo acabou acontecendo conforme o previsto, a começar pela ofensiva militar.

Mas foi aquela mesma equipe de governo, que naquele momento parecia tão no ar, que começou a funcionar quando a revolução triunfou, com algumas baixas e variantes.

E sempre ríamos entre nós com a resposta que, tempos depois, um camponês combatente da Frente Sul, soldado do padre Gaspar García Laviana, deu quando perguntaram a ele o que achava do nosso grupo:

— Acho muito bom — disse ele —, só que tem muito padre e muito rico.

5. A idade da malícia

Somoza jamais entendeu por que os Estados Unidos o abandonaram — ele, que era um dos seus. Durante os últimos dias no bunker recebeu as visitas do embaixador Lawrence Pezzullo com amarga compostura, e cada vez aumentava sua lista de ofensas, como um amante cheio de despeito surdo que lê em voz alta as velhas cartas de um idílio perdido.

— Prefiro escutá-lo em inglês, já que sou um latino de Manhattan — disse ao embaixador na primeira dessas vezes, falando em inglês; um inglês antiquado, de gírias que fazia tempo ninguém mais usava.

Mas o telefonema que recebeu do subsecretário de Estado, Warren Christopher, no primeiro dia de seu exílio na casa de Miami Beach, foi a última pá de cal sobre o cadáver daquele antigo amor. Seu visto de residente seria cancelado se Urcuyo Maliaños, seu sucessor da presidência, destinado a ser efêmero, continuasse se negando a renunciar.

Apavorado, Somoza telefonou para Urcuyo.

— Meu velho — disse ele —, estou perdido. Sou um prisioneiro do Departamento de Estado. Acabo de receber um telefonema de Warren Christopher dizendo que, se você não entregar o poder à Junta, eles me entregam para a Frente Sandinista.

Naquela mesma noite, Urcuyo voou para a Guatemala no avião militar mandado pelo general Romeo Lucas, levando a faixa presidencial em sua maleta de cirurgião. Somoza, obviamente, o havia enganado; pediu a ele que resistisse, assegurando que os Estados Unidos dariam a ajuda que lhe tinha sido negada, e Urcuyo desandou a se comportar como presidente de um governo que não existia. Na própria manhã do dia 17 de julho de 1979 leu, com sotaque do século XIX, um comunicado à nação pedindo aos rebeldes que avançavam sobre Manágua de tudo que era lado que depusessem "as armas no altar da pátria".

Somoza tinha feito sua última aposta para mudar a história com um truque de apostador de jogo de dados. Pensava que, se Urcuyo sobrevivesse na presidência, regressar do exílio, algo que sempre esteve em sua mente, seria mais fácil. Numa daquelas conversas com o embaixador norte-americano, que mandou gravar e transcreveu em seu livro *Nicarágua traicionada,* para persuadi-lo a renunciar, Pezzullo insinua, a certa altura, que com o tempo o povo haveria de recordá-lo pelas coisas boas, e que então poderia regressar. Talvez dentro de dois anos, disse, e Somoza não esqueceu jamais.

A Junta de Governo estava pronta para partir rumo a Manágua, de acordo com o meticuloso acordo que consegui com o embaixador William Bowdler, que representava o governo dos Estados Unidos nas negociações para a transição; mas de repente ninguém mais podia prever os desenlaces e os prazos, e decidimos partir furtivamente para León, a segunda cidade mais importante da Nicarágua, que estava completamente controlada pelas forças sandinistas.

O presidente Rodrigo Carazo, da Costa Rica, chegou para se despedir de nós no hangar às escuras onde entramos em dois aviõezinhos que seu governo pôs à nossa disposição. O ambiente era grave, sem entusiasmos. E, quando abracei minha mulher na porta do avião, pensava outra vez que podia ser uma despedida para sempre.

Num dos aviões viajávamos Violeta Chamorro, Juan Ignacio Gutiérrez, médico da Junta de Governo, Ernesto Cardenal e eu. No outro iam Alfonso Robelo, Alfredo César, secretário da Junta, René Núñez, que viria a ser secretário da Direção Nacional da Frente Sandinista, e José Bárcenas, que na época era marido de Claudia Chamorro, filha de Violeta.

— Deus os abençoe — disse o presidente Carazo quando fecharam as portas dos dois aviõezinhos.

Decolamos lá pelas dez da noite, e o avião se elevou por cima do manto de neblina que costuma cobrir o vale central de San José. Eu ocupava o assento ao lado do piloto. Lá embaixo brilhavam as luzes, entre as quais eu procurava inutilmente as da minha casa, onde meus filhos dormiam. Atrás, as luzes vermelhas na cauda do segundo avião piscavam na escuridão como a brasa de um cigarro, enquanto embicávamos rumo ao istmo de Rivas.

Íamos em silêncio. Sabíamos dos riscos de ser atacados por terra pelos foguetes ou pelas metralhadoras antiaéreas, porque a Guarda Nacional ainda se mantinha forte em Rivas, sob o comando do major Pablo Emilio Salazar, o "comandante Bravo", queridinho de Somoza, que tinha defendido ao longo de todo aquele mês a linha de contenção estendida pelas colinas que se elevam sobre o istmo, entre o Lago da Nicarágua e o oceano Pacífico, impedindo o avanço das forças da Frente Sandinista e a instalação da Junta de Governo na cidade de Rivas, conforme previa o plano original.

Os pequenos aviões voavam seguindo a linha da costa do Pacífico. Era uma noite serena, de muitas estrelas, e pela proa se divisava, cada vez mais brilhante, o farol de Corinto. Lá embaixo, para a direita, as luzes espalhadas dos pequenos povoados que eu conhecia de cor, Nandaime, Diriomo, Niquinohomo, minha própria cidadezinha, Masatepe, e, mais além, o grande resplendor final de Manágua. Pelo rádio, passavam muitas vozes confusas entre muitas interferências, até que o piloto sintonizou a pequena estação de terra instalada na pista de aterrissagem de León. Eram os nossos.

O avião girou rumo ao oriente e lá embaixo apareceram a faixa de espuma da praia de Poneloya e os tetos em sombra das casas do balneário onde uma vez, fazia tempo, um grupo de estudantes rebeldes do qual eu fazia parte havia discutido com Pedro Joaquín Chamorro até a meia-noite, e onde eu passava os verões de meu namoro com Tulita. Agora íamos aterrissar, e as fileiras de candeeiros que iluminavam a pista brilhavam com nitidez. Ernesto Cardenal também recorda esse momento num poema:

E agora já está aí a praia de Poneloya,
e o avião tocando terra.
O cordão de espuma da costa
radiante debaixo da lua.
O avião descendo. O cheiro de inseticida.
E Sergio me diz: "O cheiro da Nicarágua!"

José (*Chepón*) Robelo, sobrinho de Alfonso Robelo, foi o primeiro a se aproximar do avião, vestido de verde-oliva, um traje no qual, dali em diante, eu encontraria muitos de meus velhos conhecidos. Sua família, uma das antigas famílias de León, tinha uma fábrica de giz, muito doméstica, abastecia as escolas, e ele distribuía a mercadoria de bicicleta. Anos depois seria acusado de colocar uma carga explosiva debaixo do palanque armado para um ato onde estariam os dirigentes da revolução, e acabou encarcerado.

Dora María Téllez, a chefe guerrilheira de León, que naquele tempo vivia com o pseudônimo de Claudia, nos levou para uma casa do distrito de Santa María, onde já estavam alojados Daniel Ortega e Tomás Borge, que tinham chegado de San José dois dias antes, também num pequeno avião. E lá começamos a fazer naquela noite o primeiro balanço da situação, que continuaria na manhã seguinte. No jantar tardio comemos arroz com feijão, nosso prato da vida inteira, o *gallopinto*, que se repetiria de maneira invariável naquela casa presidencial improvisada onde a água potável estava racionada e as camas não tinham lençóis. No dia seguinte, logo cedo, como primeira providência, Juan Ignacio vacinou todos nós contra o tétano.

Na reunião da manhã, sentados em cadeiras de balanço no quintal pontilhado de coqueiros-anões, discutimos principalmente a situação militar. Além dos membros da Junta, estavam presentes Tomás Borge e Jaime Wheelock, que tinha vindo de Honduras. E pelo Estado-Maior Ocidental estavam Dora María e Mauricio Valenzuela, que depois seria ministro da Construção até os últimos dias do governo sandinista.

Tomás, usando um graveto para riscar o chão de terra, desenhou um mapa de guerra e explicou que a única forma de avançar sobre Manágua era retroceder. Diante do enigma representado por aquela explicação, esclareceu que ao norte de León e de Chinandega havia bolsões de resistência da Guarda Nacional que era preciso neutralizar, e não se sabia quanto tempo levaria uma operação dessas. Podia ser meses. Marchar sobre Manágua com a retaguarda descoberta, sem vencer esses focos de resistência, seria perigoso.

Dora María, em vez de contradizê-lo, explicou a forma como estavam acontecendo as operações ofensivas. No dia anterior tinha sido tomado La Paz Centro, na estrada para Manágua, e lutava-se para dominar Puerto Somoza, um ponto estratégico na mesma direção. O *Polo* Rivas, que comandava os tanques da Guarda Nacional recuperados em combates, tinha recebido instruções de avançar pela estrada, deixando Nagarote, a segunda cidade daquela rota, para trás, e procurando situar-se o mais próximo possível de Manágua.

Aos seus 22 anos, Dora María conservava sua cara de colegial, o nariz afilado e os cachos curtos debaixo da boina de campanha, e não carregava granadas, nem cartucheiras, nem fuzis aparatosos, como tinha virado moda naqueles dias. Falava com propriedade e sem vacilações, e sob o seu comando havia um exército variado e divergente em idades e condições sociais, de combatentes disciplinados a estudantes universitários, meninos de 13 anos, mulheres das favelas, voluntários já velhos sem experiência militar, atiradores improvisados e lúmpens e marginais como Charrasca, um garoto arrojado mas indômito, que depois do triunfo, apesar de ter passado por um curso militar em Cuba, se tornou incontrolável e acabou sendo morto. Para Dora María, a dificuldade não era dominar Charrasca e sua turma, ladrõezinhos e maconheiros, mas os chefes guerrilheiros de outras tendências, que tinham sob seu comando diferentes setores da cidade, ainda dividida por barricadas e controles, através dos quais era preciso passar dizendo a senha e a contrassenha. Mas todos, mesmo ela sendo mulher e tão jovem, a obedeciam.

Depois que seu pressentimento fatal a salvou de morrer no massacre de Lomas de Veracruz, Joaquín Cuadra (*Rodrigo*) mandou-a de volta para León, para substituir o Gordo Pín na chefia da insurreição. Além disso, ela precisou tecer de novo a rede inteira, que tinha sido desfeita. E conseguiu, trabalhando do refúgio do convento de Assunção, onde a madre superiora deu-lhe asilo e um hábito que salvou-a de ser reconhecida quando uma patrulha inteira entrou para revistar o edifício na hora do ofício das matinas, enquanto ela cantava no meio das outras freiras do coro.

Que Dora María conseguisse dominar uma situação tão complexa, com as três tendências envolvidas em maior ou menor grau na direção militar, também era fruto dos acordos de base entre chefes combatentes, uma situação que se repetia em todos os campos de batalha. Aqueles acordos foram fechados antes que tivesse sido selada a unidade da cúpula da Frente Sandinista de Libertação Nacional, em março de 1979, porque as necessidades urgentes da guerra tinham forçado primeiro a cooperação entre as frentes guerrilheiras, o intercâmbio de munição, o auxílio de armas e de logística, e depois, a unidade na ação bélica, enfim a camaradagem.

Em sua grande maioria, e quase até o final da guerra, os membros da Direção Nacional da Frente Sandinista de Libertação Nacional estavam ausentes do país e não tinham controle efetivo sobre os sublevados, cada vez mais numerosos. Esta tinha sido, precisamente, uma das preocupações de Daniel. A Frente Interna dizia que, para ganhar autoridade, ele deveria integrar-se à luta clandestina em Manágua; na ocasião em que discutimos isso em San José, no começo de 1979, desaconselhei-o a dar aquele passo, porque não acreditava — e disse a ele — que naquela altura sua presença física no país fosse determinante. Sua responsabilidade política ultrapassava os cenários de combate e seu trabalho, na verdade, seria prejudicado. Havia, além do mais, demasiados dirigentes mortos.

O fato de a Direção Nacional da Frente Sandinista, formada fazia tão pouco tempo e sobre bases tão precárias, ter chegado, no momento do triunfo, a concentrar todo o poder em suas mãos foi algo que nasceu da necessidade e das circunstâncias. Precisou apresentar-se unida desde o primeiro momento para afirmar seu poder com uma imagem de solidez diante de uma tropa irregular que tinha de transformar em exército e em força policial. Dessa perspectiva, que significava submeter os combatentes das três tendências e seus chefes militares a uma única autoridade, passou-se ao poder político único. Não havia, até aquele momento, um partido na Frente Sandinista, mas uma força guerrilheira; porém, o partido hegemônico só poderia ser erguido sob um comando inquestionável, deixando de lado as velhas discussões, procurando afastar as rivalidades e concentrando-se em assegurar todos os mecanismos de poder, apesar das lutas internas pelo poder.

Essa foi a necessidade. A circunstância que deu todo poder à Direção Nacional da Frente Sandinista de nove comandantes — "Os Nove", como começaram a ser conhecidos, ainda sem rostos individuais e cuidando justamente para que não houvesse rostos para não romper o equilíbrio — foi determinada pela resistência de Urcuyo Maliaños a entregar seu mandato provisório à Junta de Governo, conforme tinha sido pactado. Essa resistência foi o empurrão definitivo das forças guerrilheiras para tomar Manágua, provocou a debandada absoluta da Guarda Nacional, e eliminou para sempre a parte do acordo negociado com o embaixador William Bowdler, tanto na Costa Rica como no Panamá, ao longo das duas semanas anteriores à queda de Somoza, que consentia o poder militar compartilhado através de um Estado-Maior conjunto formado por chefes guerrilheiros e oficiais do Exército.

Ao se concentrar todo poder militar — e, portanto, todo poder político — na Direção Nacional da Frente Sandinista de Libertação Nacional, a Junta de Governo passou rapidamente a um segundo plano real, embora conservasse suas atribuições formais. Esse deslizamento não passou despercebido por Violeta Chamorro e Alfonso Robelo, os dois membros da Junta de Governo que não pertenciam à Frente Sandinista, e determinou sua renúncia antes de maio de 1980.

A identidade de um único mando militar sem discussões foi usado, antes de mais nada, para prevenir que alguma força guerrilheira conservasse poder próprio. A Frente Sul, comandada por Edén Pastora, tinha sido a primeira a entrar em Manágua, e se instalou em El Retiro, a mansão de Somoza. Tinha os melhores apetrechos de guerra, abastecida através da Costa Rica inclusive com peças de artilharia para uma guerra de posições, convencional, que acabou empatada, e era a que mais se parecia a um corpo de exército, bem assessorada, atuando sob normas de organização e de disciplina. Não tardou em ter seu escritório de inteligência em El Retiro, e sua própria polícia militar.

A primeira medida da Direção Nacional da Frente Sandinista de Libertação Nacional foi desmantelar essa estrutura, mandando seus comandantes para outras unidades militares e desmontando suas instalações, que foram entregues ao Ministério da Cultura. Foi no banheiro de mármore da esposa de Somoza que Ernesto Cardenal montou seu gabinete de ministro. Edén Pastora foi posto como subalterno de Tomás Borge, com o cargo decorativo de vice-ministro de Interior, e mais tarde foi nomeado chefe das Milícias Populares Sandinistas.

A Brigada Simón Bolívar, que havia combatido na Frente Sul, era composta por sul-americanos, em sua maioria trotskistas, que uma vez em Manágua se dedicaram a pregar a revolução mundial incentivando os trabalhadores a exigir o controle operário das fábricas. Foram chamados certa noite para uma reunião nas instalações da Junta em Loma de Tiscapas; lá mesmo foram capturados, e na madrugada do dia seguinte embarcaram num avião fornecido pelo general Omar Torrijos, rumo ao Panamá.

Recordo que, ao redor do meio-dia de 21 de julho de 1979, me procuraram no hotel Camino Real porque a Direção Nacional da Frente Sandinista, que estava reunida no bunker de Somoza, em Loma de Tiscapa, queria falar comigo e com Moisés Hassan. Procurei Moisés, que tinha saído do hotel, e atravessando as barreiras me apresentei sozinho no bunker, onde reinava uma alegre desordem. A reunião estava terminando quando entrei na sala e Tomás Borge se despedia, a mão na viseira de sua boina de campanha, pedindo licença para se retirar, com humildade excessiva, porque sentia que estava resfriado e queria ir deitar.

Era a primeira vez que os nove membros da Direção Nacional da Frente Sandinista sentavam-se, todos, juntos. Tinham decidido decretar um estado de emergência por trinta dias, com a suspensão de algumas das garantias estabelecidas pelo recém-estreado Estatuto Fundamental, divulgado na noite anterior e que fazia as vezes de Constituição Política, e me pediram que transmitisse à Junta de Governo a necessidade de baixar o decreto correspondente.

Suspender o estatuto recém-proclamado era uma incongruência; mas a medida era, por sua vez, lógica, se o que se necessitava era restabelecer a ordem pública ou evitar que se deteriorasse de alguma forma naquelas primeiras semanas, que iam ser difíceis. Todos os oficiais e soldados da Guarda Nacional que tinham se entregado estavam sendo enviados para a cadeia, e depois seriam submetidos aos Tribunais Populares, mas ainda havia muitos deles soltos e temia-se que se organizassem em quadrilhas; e, embora a maioria dos que conseguiram escapar tivesse fugido pela fronteira com Honduras, poderiam se reagrupar, como acabou acontecendo mais tarde com o nascimento da *contra*, como passaram a ser chamados os contrarrevolucionários; havia ainda, enfim, milícias de pequenos grupos de esquerda alheios à Frente Sandinista, e era necessário desarmá-las, e também precisávamos enfrentar problemas de abastecimento de combustíveis e alimentos de primeira necessidade, além de restabelecer a normalização dos serviços públicos.

Que a revolução tivesse se proposto a dar a partida com um estatuto de garantias cidadãs e com leis, e ao mesmo tempo com medidas de emergência e decretos de desapropriação e tribunais populares que saíam do marco da justiça ordinária, era, pois, incongruente, mas não deixava de ser explicável numa situação tão complexa, onde não se podia exigir definições de rumo institucional. Mas o que me foi pedido naquele momento marcaria, dali em diante, uma pauta viciada, da qual se lançava mão cada vez que se fizesse necessário: ir para a Junta de Governo e apresentar as iniciativas como se fossem dela, papel que depois Daniel Ortega começou a cumprir, assegurando que fossem aprovadas pela nossa maioria, ou seja, Daniel, Moisés Hassan e eu.

Essa prática se esgotou em pouco tempo. Quando a decisão de abril do ano seguinte foi mudar, a nosso favor, a correlação de forças no Conselho de Estado, uma espécie de parlamento corporativo criado pelo Estatuto Fundamental e que até aquele momento não tinha sido instalado, Violeta Chamorro primeiro, e Alfonso Robelo depois, renunciaram. A Junta de Governo estava reunida em minha casa, e na ausência de Daniel Ortega, que estava fora do país, foi tomado o voto de Jaime Wheellock para decidir por três votos a dois, algo que, além de tudo, rompia toda legalidade.

A comprovação da existência dessa maioria na Junta de Governo, da qual dali para a frente lançaríamos mão, tinha sido justamente um dos temas daquela primeira reunião no bunker. Quando a sala de reuniões ficou deserta, num dos lugares da grande mesa de onde Somoza havia dirigido a guerra e que tinha um mapa de posições debaixo do tampo de vidro, encontrei uma folha escrita por um dos nove comandantes, que até então parecia não estar muito certo da minha filiação: "Temos maioria na Junta. Informa-se que Sergio Ramírez é militante da FSLN."

Minha militância foi um segredo guardado até o fim dentro da Tendência Terceirista, porque meu papel à frente do Grupo dos Doze exigia uma imagem de independência. Mas Somoza estava sabendo, e seu filho, *El Chiquín*, também. Na noite do dia 4 de julho de 1978, véspera do meu regresso à Nicarágua com o Grupo dos Doze, Perry Kretz, o fotógrafo e repórter da revista *Stern* que tinha chegado naquele mesmo dia de Manágua, me encontrou na casa de Tito Castillo e se aproximou, preocupado; tínhamos feito uma boa amizade e mais tarde escrevi o prólogo de seu livro de fotos sobre a guerra. Depois de lhe conceder uma entrevista, *El Chiquín* tinha dito a Perry, em particular, que não tomariam nenhuma represália contra Os Doze quando voltassem, a não ser no meu caso, porque eu era um terrorista disfarçado.

A estrutura vertical de poder, fundada numa hierarquia política e militar em cujo topo se colocou a Direção Nacional, foi a base do nascimento da Frente Sandinista de Libertação Nacional como partido. Mas antes as posições de poder tiveram que ser esclarecidas entre seus membros, muitas vezes de maneira sutil num cenário no qual os golpes de surpresa e a astúcia pesavam muito.

Naquela mesma reunião do dia 21 de julho de 1979 feita no bunker, ou em alguma outra realizada nos dias seguintes, Humberto Ortega, que conseguia se impor graças à sua malícia e ao seu desembaraço, acabou sendo nomeado comandante-chefe do nascente Exército Popular Sandinista, o EPS. Teoricamente, qualquer um dos nove sentados ao redor daquela mesa poderia ocupar o cargo. Todos eram comandantes da revolução, todos eram chefes políticos e militares, e sequer havia um *primus inter pares*, pois até mesmo quem deveria se manifestar era escolhido por rodízio, da mesma forma que eram selecionados os que deveriam falar nos atos públicos.

Houve quem propusesse o nome de Henry Ruiz (*Modesto*), que durante longos anos foi o chefe da lendária coluna guerrilheira Pablo Úbeda. Era dele o lema que animava a Tendência da Guerra Popular Prolongada, a GPP: "Na montanha enterraremos o coração do inimigo." Henry, que tem exatamente a minha idade, nasceu em Jinotepe, a cidade de onde Israel Lewites saía para oferecer suas colchas mágicas na minha, Masatepe. Quando criança, Henry vendia pelas ruas as *tortillas* de milho feitas pela sua mãe, e depois de terminar, com as melhores notas e com grandes sacrifícios, o curso colegial, conseguiu uma bolsa de estudos para a Universidade Patrice Lumumba, em Moscou, de onde foi expulso por suas declarações a favor da luta armada, algo que na época era anátema na União Soviética.

Henry é parco por natureza, e de muito poucas palavras. E por excessivo controle sobre si mesmo, ou pensando, talvez, que sua candidatura não tivesse opositores, ficou em silêncio. E Humberto Ortega aproveitou aquele silêncio que ninguém mais rompeu:

— Pois eu aceito — disse ele, sem que ninguém tivesse proposto seu nome.

E assim Humberto se tornou comandante-chefe do Exército Popular Sandinista, uma posição de poder que seria fundamental ao longo de toda a década revolucionária e que lhe permitiu elevar seu irmão Daniel primeiro a coordenador da Junta de Governo, depois a candidato à presidência e finalmente, por duas vezes, a secretário-geral da Frente Sandinista de Libertação Nacional, e com isso já não houve equilíbrio dentro da Direção Nacional da FSLN.

Em todo caso, Humberto Ortega tinha a seu favor a condução da guerra de libertação até a vitória, com sentido militar mas também político, através da rede de rádio instalada no quartel-general de Palo Alto, no bairro La Uruca, em San José da Costa Rica, e que fazia enlace com todas as frentes guerrilheiras na Nicarágua. Sua astúcia estratégica serviu para que ele negociasse a paz com a direção dos *contras* em 1988, e para saber intuir que, após a derrota eleitoral de 1990, o Exército Popular Sandinista deveria se abrigar no marco institucional e perder sua coloração política se quisesse sobreviver. Essa astúcia, porém, falhou quando seu tempo real já havia terminado e quis permanecer como comandante-chefe do EPS, e a presidente Violeta Chamorro desferiu o tiro de misericórdia anunciando a ele o seu passe à reserva diante de mais de 2 mil oficiais, num ato comemorativo do Dia do Exército, em 2 de setembro de 1993.

Em setembro de 1979 ainda não existia uma estrutura de partido, e todos nós, que tínhamos alguma relevância dentro da Frente Sandinista, e que éramos uns quatrocentos, fomos convocados às instalações militares da Escola de Treinamento Bélico de Infantaria — ETBI, em Loma de Tiscapa, para aprovar um documento em que ficaria definido o destino estratégico da revolução. Aquela espécie de congresso nos manteve trancados durante três dias, de um jeito tal que eu não lembrava desde os tempos de estudantes, e dormíamos nos quartinhos dos galpões militares.

Os adversários de direita, que já começavam a se agrupar, e também muitos de nossos aliados dentro e fora da Nicarágua, puseram a boca no mundo quando vazou o documento, que chegou a ser conhecido como *O documento das 72 horas*. Em todo seu esplendor de terminologia marxista, ficava declarado que nosso objetivo era alcançar a sociedade socialista baseada na ditadura do proletariado, após uma etapa de alianças com a burguesia que, quanto mais curta, melhor; a própria existência da Junta de Governo era colocada como primeiro exemplo desse tipo de aliança, que mais cedo ou mais tarde haveria de terminar, graças ao signo dialético da história. A Frente Sandinista aspirava a se consolidar como partido marxista-leninista, se declarava em luta mortal contra o imperialismo ianque e proclamava sua adesão ao campo socialista, ao qual deveríamos nos integrar o quanto antes. E no texto inteiro se respirava um afã totalizador, já que a Frente Sandinista devia ganhar hegemonia em todos os aspectos da vida social e econômica, a começar pelos meios-chave de produção, que deveriam ir passando para as mãos do Estado.

Ao mesmo tempo o documento estabelecia a necessidade de manter, para fora, nossa pregação de economia mista, de pluralismo político e de não alinhamento internacional, essência da proposta Terceirista para a tomada do poder, e que a partir daquele momento passava a ser "o projeto tático". Porém, no constante jogo de paradoxos o projeto tático chegou a superar o estratégico, sob o peso das circunstâncias da guerra e das concessões negociadas ou impostas; e o que se pensava ser uma fachada passou a ganhar substância de fundo.

Qualquer voz de moderação era considerada mais que suspeita. Banhando-nos nas velhas águas lustrais da ortodoxia ideológica, obtínhamos nosso certificado de virtude; o jogo consistia em negar, diante de aliados e inimigos, a identidade da Frente Sandinista como partido marxista-leninista. Na verdade, nunca passou da intenção de ser, porque o exercício vertical da autoridade que caracterizou suas estruturas internas e seus atos de poder, mais que uma contribuição do leninismo, eram resultado da mais arcaica cultura política do país, amamentada no caudilhismo.

Em setembro de 1981, Humberto Ortega fez um discurso dirigido aos quadros do Exército, que continha uma frase-chave: "O sandinismo, sem o marxismo-leninismo, não pode ser revolucionário." Pouco antes ele havia dito numa entrevista que no caso de uma invasão dos Estados Unidos faltariam postes para dependurar os burgueses. O discurso foi publicado num folheto, e depois de levar uma reprimenda em privado dentro da Direção Nacional da Frente ele mandou imediatamente imprimir outro, suprimindo a frase comprometedora; a existência do folheto anterior foi atribuída a manobras do inimigo. Quando num daqueles dias a jornalista Flora Lewis, do *The New York Times*, me entrevistou e perguntou sobre o caso, eu estendi a ela uma cópia do folheto corrigido, que estava em cima da minha mesa, e expliquei que o outro era falso. Ela me olhou, severa como minha professora do terceiro ano costumava me olhar quando me apanhava mentindo, e disse:

— O senhor é um intelectual. Não fica bem o senhor ficar repetindo mentiras tão toscas.

A profissão de fé do marxismo-leninismo da Frente Sandinista costumava ser disfarçada nos documentos sob o nome de "doutrina científica", ou "doutrina do proletariado". Mas foi uma ideologia que teve pouca aderência na nossa cultura política, apesar das escolas partidárias que prepararam milhares de quadros na Nicarágua e em Cuba, e nas quais se martelava essa profissão de fé para estendê-la ao partido inteiro e passá-la para a sociedade; e hoje restam poucos vestígios de sua passagem, mesmo dentro da Frente Sandinista, que agora admite fazendeiros, proprietários urbanos e grandes comerciantes em sua própria direção, coisa que naquela época era considerada o pior dos anátemas.

Além da submissão vertical, que de uma forma ou de outra era herdada, o efeito mais visível do modelo leninista refletiu-se na obsessão pela dupla autoridade partido-Estado, que mascarou as lutas cotidianas de poder e que entorpeceu, no princípio, a gestão pública, porque os quadros dirigentes do partido tratavam de se impor sobre os ministros, tornando-lhes a vida amarga e fazendo com que meu gabinete se enchesse de queixas.

Um esquema desses — que partia de um comando supremo único e se estendia do topo até a burocracia do partido, o aparelho do Estado, o Exército, as forças de polícia e de segurança e as organizações de massa — coincidiu com as necessidades da guerra de agressão levada a cabo pela *contra*, que exigia estruturas obedientes. E, se esse esquema se fortaleceu com a guerra, com o fim da guerra se desfez.

Qualquer que tivesse sido a fidelidade ideológica, o projeto de sociedade socialista foi sendo derrotado pela realidade desde o primeiro momento, e o que restou dele foram suas marcas experimentais ao longo da década, principalmente as da economia planificada, que jamais funcionou mas chegou a criar distorções terríveis.

Foi um permanente cabo de guerra, no qual confluíam, além do marxismo como ferramenta de interpretação política e os mandamentos leninistas aplicados à engrenagem de poder, muitas outras ideias, entre as quais campeava a teologia da libertação. Porém, as que sempre estiveram mais enraizadas na consciência de todos foram as do próprio Sandino: soberania nacional, democracia autêntica, justiça social, porque eram as mais simples e rotundas. E são as que afinal permaneceram, embora estejam agora soterradas.

O nosso regime foi muito democrático num sentido novo, e muito autoritário num sentido velho. Passados os anos, aquilo que foi chamado de projeto tático acabou se impondo, como já disse, e a democracia, sem sobrenomes, nem burguesa nem proletária, veio a ser o fruto mais visível da revolução. O grande paradoxo foi que, no final das contas, o sandinismo deixou como herança o que não se propôs a deixar: a democracia. E não pôde legar o que se propôs: o fim do atraso, da pobreza e da marginalização.

Para muitos que vinham da luta nas catacumbas a Revolução Cubana continuou sendo o modelo político por excelência, e Cuba não deixou jamais de ter uma dimensão sentimental. Era um velho amor adiado. Mas a realidade foi corrigindo também os sentimentos, porque nunca chegaram a existir condições apropriadas para a aplicação do modelo cubano num cenário que, além de tudo, era mutante, cheio de tensões e distensões, onde as concessões sempre se transformaram numa arma política de sobrevivência; conceder era sobreviver, e a primeira coisa que se concedeu foi a lealdade ao modelo de socialismo real, que em nossos termos era o modelo cubano.

Na hora de aprovar *O Documento das 72 horas* naquele retiro de setembro de 1979, Cuba era o modelo em todo o esplendor dos sentimentos. E Cuba correspondeu a esses sentimentos. Após vinte anos de apoio às guerrilhas da América Latina, a Nicarágua era o único país que conseguia se livrar do imperialismo; a vitória sandinista era um exemplo que tirava a dureza das constantes frustrações, sendo a maior de todas o fracasso do Che Guevara na Bolívia. Pesava também o reiterado fracasso do movimento armado na Guatemala após a morte de Turcios Lima no começo dos anos 1960. Porque se alguma revolução deveria ter triunfado em primeiro lugar na América Central, de acordo com a tese do foco sustentada pelos cubanos, não era a da Nicarágua, que não estava inscrita no mapa das possibilidades, e sim a da Guatemala.

Mas isso não significa que ao se dar o triunfo sandinista Fidel Castro tivesse insistido em oferecer o modelo cubano para que fosse copiado na Nicarágua. O primeiro a entender que a marcha da revolução nicaraguense deveria ser diferente foi ele mesmo, e também o primeiro a recomendar que respeitássemos o pluralismo político e a economia mista; ou seja, que respeitássemos a realidade que tínhamos pela frente. Afinal, o simples fato de a Nicarágua não ser uma ilha como Cuba impunha diferenças profundas. A América Central continua sendo um sistema de vasos comunicantes, e em toda a região o conflito desatado pela revolução ia comprovar isso uma vez mais, como outras tantas ao longo da história.

Não é que Fidel não quisesse o socialismo na Nicarágua: pensava num socialismo diferente do de Cuba. E talvez visse ali um novo campo de experimentação para que não fossem repetidos erros que, em Cuba, ele não poderia jamais reconhecer nem corrigir.

Os piores inimigos dessa concepção, porém, fomos nós mesmos, refratários a ouvir advertências, mesmo que viessem da boca do oráculo. Muitos queriam assimilar o modelo cubano em tudo, até mesmo nos assuntos mais banais. Tratava-se de uma confiança cega. Um dos carimbos de distinção para quem tivesse responsabilidades no governo, no Exército, nas forças de segurança ou no partido era se apresentar nas reuniões com um assessor cubano ao lado, e havia assessores cubanos para qualquer coisa. É melhor nem falar do sotaque cubano ou dos giros idiomáticos, tão imitados, como se fosse um novo idioma que era preciso aprender.

A generosidade de Cuba foi total, e chegou-se a abusar dela, porque pedia-se de tudo e jamais nos negaram nada. Professores, médicos, brigadas de construção de estradas, escolas e moradias, bolsas de estudo de todos os níveis e especialidades imagináveis, equipamentos de irrigação, maquinaria agrícola, rebanhos de gado, inseticidas, fertilizantes, vacinas, remédios, impressão de livros, um engenho açucareiro completo, e até os exames médicos para os dirigentes e seus familiares nos hospitais de Havana e temporadas de férias em Varadero.

E ainda petróleo, que Cuba não produzia. Uma vez cheguei a Cayito, o lugar de descanso de Fidel Castro, para pedir-lhe auxílio porque o ano estava avançado e não conseguíamos completar a cota. Falamos no embarcadouro, enquanto a bordo do iate esperava o presidente de Malta, que estava em visita oficial. Fidel chamou Carlos Rafael Rodríguez, os dois se retiraram durante alguns minutos, e ele regressou para me dizer que as 10 mil toneladas de petróleo que eu pedia seriam retiradas de suas reservas críticas.

E Fidel foi o único a nos advertir que corríamos um grave risco de sermos derrotados nas eleições de 1990. Não porque quisesse nos desaconselhar a levá-las adiante, já que ele mesmo reconhecia que não tínhamos outra saída; mas porque achava que fazer eleições no meio das calamidades produzidas pela guerra era praticamente convocar um plebiscito a favor ou contra a própria guerra; e as condições da vitória estavam contra nós. Como, aliás, acabou acontecendo.

Sempre teve uma atitude cuidadosa conosco, sabendo reparar quais eram as diferenças entre cada um e consciente da pugna de alguns para se aproximarem dele, para contar com o prestígio da sua familiaridade. Estar em Cuba e Fidel não aparecer de visita à meia-noite na casa de hóspedes oficiais de El Laguito, onde éramos alojados, passava por derrota. E desde o princípio ele foi tão minucioso em suas deferências, até para que aprendêssemos as regras do cerimonial, que quando nos recebeu com honras militares no aeroporto de Havana, em agosto de 1979, por ocasião da Reunião dos Países Não Alinhados, preveniu Daniel, num sussurro, a não bater continência quando fosse passar em revista a tropa de cerimônia, porque não estava com quepe.

Não apenas a Revolução Cubana foi o modelo, mas também a figura de Fidel. Para alguns, copiar seus gestos nos discursos, seu tom de voz, suas tiradas, seus silêncios reflexivos mantendo a mão no ar, perto do queixo, e até mesmo a maneira de se apoiar na prancheta do microfone, tornou-se um vício mimético que chegou às raias da caricatura, levando-se em conta, além de tudo, as grandes distâncias de aparência física entre ele e seus imitadores.

Seduzido pela sua aura de lenda e por seu cuidado paternal, desfrutei de sua companhia. Ele escolheu vir à nossa casa em Manágua em julho de 1980, durante o primeiro aniversário da revolução. E se alguma vez me afagou mais que qualquer outra foi quando, em duas de minhas viagens a Havana, o vi aparecer em reuniões públicas com meu romance *Castigo divino* nas mãos, que ele continuava lendo aos trancos e sobre cujo enredo e bastidores me submetia a intensos interrogatórios. Da mesma forma que costumava me interrogar nas longas jornadas que duravam até o amanhecer, em El Laguito ou em seu gabinete do Conselho de Estado, ou algumas vezes em seu apartamento simples, entre fotos familiares, sobre os temas mais variados que se possa imaginar, das dimensões do Grande Lago da Nicarágua e de sua profundidade à vida do *guapote*, nosso peixe de carne refinada, naquelas águas doces infestadas de tubarões — *Eulamis nicaraguensis* — que remontam a contracorrente o rio San Juan a partir do mar Caribe. E possivelmente fui dos únicos a serem capazes de entrar em diálogos verdadeiros com ele, sempre dominado por uma fatal atração ao abismo do monólogo.

Nunca regressei a Cuba, nem tornei a saber dele, a não ser através de saudações esporádicas que Gabriel García Márquez, por quem lhe mando meus livros, me transmite. E não há dúvida de que minha ruptura com a Frente Sandinista de Libertação Nacional, sempre muito próxima dos cubanos de maneira oficial, afetou nossas relações.

6. A corrente e o macaco

Já era setembro de 1977 e a ofensiva estava marcada para algum dia de outubro. Os planos não podiam ser adiados, principalmente depois de Somoza ter sofrido, no final de julho, um infarto que o mantinha confinado no Heart Institute de Miami. Ele estava pesando naquela altura uns 150 quilos e bebia uma garrafa de vodca Stolichnaya por dia, a única coisa de procedência russa que não recusava; sua doença repentina criou grandes expectativas na Nicarágua, e o temor de que, no caso de ele morrer ou ficar incapacitado, viesse, com o apoio dos Estados Unidos, o tão temido somozismo sem Somoza nos impulsionava a atuar mais rápido para nos adiantarmos aos acontecimentos.

As cifras econômicas daquele ano o transformaram num dos melhores de todo o século XX na Nicarágua. O PIB cresceu como nunca, e cresceram os níveis das reservas de divisa; os preços dos produtos tradicionais de exportação — café, algodão, carne bovina, ouro — dispararam. A indústria da construção estava no auge, e o comércio com a América Central também crescia. E, apesar de tudo, a ditadura começou seu declive fatal, porque mesmo com a riqueza tão mal distribuída a crise do somozismo tinha uma natureza essencialmente política.

O passo seguinte foi preparar o reconhecimento diplomático do governo revolucionário, e resolvemos começar pelo presidente Carlos Andrés Pérez, da Venezuela. Não sabíamos como chegar a ele até nos ocorrer que a melhor porta de entrada para o Palácio de Miraflores era Gabriel García Márquez, e fui procurá-lo na Colômbia com uma carta de José Benito Escobar, um dos velhos membros da Direção Nacional da Frente Sandinista de Libertação Nacional, que ele havia conhecido em Havana. José Benito apoiou, durante um tempo, os planos terceiristas, mas depois se alinhou com a Tendência Guerra Popular Prolongada.

Gabo me recebeu numa sala cheia de monitores e aparelhos de gravação nos estúdios da RTI, a emissora de televisão que estava filmando *La mala hora*, dirigida por Jorge Alí Triana, que anos depois também dirigiria a série baseada em meu romance *Castigo divino* para a mesma RTI.

Nunca tínhamos nos visto antes, e sempre lembramos juntos esse episódio. Contei a ele o plano inteiro, sem omitir os 1.200 homens em armas, e ele me escutou sem perder nenhuma palavra. Depois, com o mesmo entusiasmo repousado que vi tantas vezes na vida na hora das boas causas, pegou o telefone e perguntou a uma das secretárias daquele enxame que fazia alvoroço portas afora a que horas saía um voo de domingo para Caracas. Um que fosse num *jumbo*, que ele confiava mais. Estávamos na quinta-feira.

Um dia, faz pouco tempo, ele me contou que o prefeito de Aracataca, ao inaugurar um modesto obelisco no lugar da matança dos trabalhadores dos bananais, episódio que passou para as páginas de *Cem anos de solidão*, havia recordado em seu discurso as 3 mil vítimas daquele dia, um número que só aparece no romance e que certamente jamais chegou a ser tão grande, como as próprias dimensões da praça demonstram. A imaginação derrotava, mais uma vez, a realidade. E eu recordei que ele tinha ido ver um presidente em nome de um exército guerrilheiro de 1.200 homens que na verdade não passava de oitenta.

Nós dois nos entendemos tão bem a ponto de dali em diante falarmos por telefone numa linguagem cifrada que nunca mais lembramos, onde os nomes em código eram biblioteca, livro, páginas, autor, organizador, editor, manuscrito e provas tipográficas. E quando ele chegou a Caracas e eu já tinha voltado para a Costa Rica, me telefonou da casa do escritor Miguel Otero Silva, onde se hospedava, para que eu esclarecesse alguns detalhes antes de levar o manuscrito ao editor.

O resultado de seu encontro com Carlos Andrés Pérez nos encheu de esperança. Assim que liberássemos a primeira cidade da Nicarágua da ditadura de Somoza a Venezuela reconheceria o governo revolucionário. O editor, me disse Gabo no telefonema daquela noite para me contar como tinham sido suas gestões, tinha decidido publicar o livro e assinaria o contrato assim que o primeiro capítulo fosse escrito. Mostrava-se encantado com os autores e conhecia muito bem o organizador da obra. Era verdade: Carlos Andrés Pérez sabia que Felipe Mántica, nosso presidente, era sobrinho do general Carlos Pasos, um lutador contra Somoza, exilado, como ele, na Costa Rica dos anos 1950.

Quando pouco depois tive que tratar diretamente com Carlos Andrés, pude constatar que era um conspirador valente, disposto a correr os riscos que nascem de um bom complô e a deixar-se seduzir pelos seus atrativos. Talvez uma das coisas que mais o prejudicaram na vida, sendo ele um político experiente, tenha sido justamente seu entusiasmo e sua generosidade para ajudar outros a ganharem causas com futuro, ou perdidas de antemão, sem fazer os devidos cálculos.

Naquela altura, as reuniões nos esconderijos de San José se multiplicavam, e detalhávamos os planos e empacotávamos as armas em barris de inseticida que iam através da fronteira em caminhões de carga; Edén Pastora, contando sempre suas lorotas, das quais José Valdivia (*Marvin*), hierático e calado, que não movia um músculo da face, ria com algum atraso. Recém-chegado da montanha, também estava brigado com a Tendência da Guerra Popular Prolongada, e viria a ser o chefe do ataque ao porto de San Carlos.

E me lembro de Jim (*El Chato*) Medrano, que acabava de sofrer uma operação no intestino e entrava nas reuniões conspirativas com passo de convalescente, todo mundo sentindo o cheiro que vinha dele, sem dizer nada, porque tinham feito nele um ânus artificial e ele carregava, grudada na barriga, uma bolsa por onde saíam os excrementos; e assim, com a barriga enfaixada e tudo, ele foi morto no ataque ao quartel de San Carlos, onde também cairiam dois dos rapazes camponeses da comunidade de Ernesto Cardenal na ilha de Solentiname, Elbis Chavarría e Donald Guevara.

Conservo até hoje um calendário do mês de outubro, desenhado por mim, com um círculo vermelho ao redor do dia 13, a data marcada para a ofensiva. Ao lado está escrito o código a ser transmitido por telefone para que os membros do governo revolucionário que viviam na Nicarágua fossem para San José uma semana antes: o filho de Carlos seria operado dia 13.

Nós nos concentramos numa casa vizinha a Alajuela, no interior da Costa Rica, propriedade de dona Jilma de Pastora, uma fazendeira de Rivas que nos apoiava confiando na sensatez de Tito Castillo, seu antigo advogado. Dali iríamos para a fazenda América, da mesma dona Jilma, que se estende pelos dois lados da fronteira, para chegar, através de trilhas, até Cárdenas, um pequeno povoado nas ribeiras do Lago da Nicarágua. Uma coluna comandada por Edén Pastora deveria dominar a guarnição, e em Cárdenas nós esperaríamos que chegassem, pelo lago, as forças vitoriosas de San Carlos, para então marcharmos até a cidade de Rivas, escolhida para ser a sede do governo revolucionário. Cada um dos destacamentos destinados a tomar os quartéis das cidades assinaladas por esse plano levava uma fita cassete com um pronunciamento lido por Felipe Mántica, convocando o povo a somar-se à insurreição, e que deveria ser transmitido pelas emissoras de rádio que fossem tomadas — algo que jamais aconteceu.

Ernesto Cardenal tinha voado para Caracas, e foi se hospedar na casa de Miguel Otero Silva, que naquela altura participava da conspiração. Gabo também estava lá, aguardando, e os três estavam prontos para ir até o Palácio de Miraflores assim que tivessem notícia do começo da ofensiva.

Na madrugada do dia 13 de outubro pegamos o caminho da fronteira, pela estrada pan-americana. Íamos, o governo revolucionário em peso, numa camionete de tração nas quatro rodas que tínhamos alugado numa agência da Hertz em San José, e Ricardo Coronel dirigia enquanto Edén Pastora e sua tropa nos esperavam na fazenda América.

Não chegamos nunca ao nosso destino. A camionete, que apesar de todos os avisos de Ricardo Coronel havia sido testada antes, quebrou quando não tínhamos andado quase nada, e nos vimos obrigados a regressar ao refúgio de Alajuela enquanto procurávamos outro transporte; mas, conforme os acontecimentos estavam se desencadeando, tornava-se ilusória a instalação do governo revolucionário, e desistimos.

As colunas que tinham entrado em San Carlos conseguiram controlar a situação até o amanhecer, mantendo a Guarda dentro do quartel, uma fortaleza colonial que domina a cidade do alto de uma colina; mas, quando a aviação apareceu, tiveram de recuar de maneira desordenada para o território da Costa Rica. O ataque a Masaya não foi feito por causa de erros de comunicação. O de Rivas era uma fantasia: o padre Gaspar García Laviana, que seria o suposto chefe da operação e de quem falarei mais adiante, não estava sabendo de nada. Em Chinandega, Óscar Reyes, um jornalista hondurenho que participava do plano, atravessou a fronteira com as armas escondidas no soalho de um microônibus, mas não encontrou quem deveria recebê-las e regressou com elas para Tegucigalpa. E, até aquela altura, não se sabia nada da ocupação de Ocotal; na verdade, as colunas não conseguiram se aproximar da cidade, mas atraíram com êxito a Guarda Nacional para emboscá-la na estrada de Dipilto, na beira da fronteira com Honduras.

O ataque a Masaya aconteceu poucos dias depois, em 17 de outubro, e, embora tampouco tenha sido um êxito militar, acabou sendo o de maiores repercussões, porque ocorreu muito perto de Manágua, a capital. O quartel, localizado a um lado da praça, na frente da igreja, foi posto debaixo de fogo vindo do campanário e de outros edifícios vizinhos; uma pequena esquadra de contenção emboscou um comboio de reforço mandado por Somoza num desfiladeiro da estrada e esse combate, que se ouviu em Manágua, espalhou o alarme e obrigou escolas e bancos a fecharem.

Era óbvio que o ataque a San Carlos tinha partido de território da Costa Rica, e o governo do presidente Daniel Oduber, pressionado por Somoza, foi atrás dos líderes clandestinos. O mais procurado era Humberto Ortega, por causa de seus antecedentes conhecidos, e ele teve de se esconder completamente. Quando nós, membros do governo revolucionário, nos reunimos para resolver o que faríamos dali em diante, Humberto mandou dizer, por meu intermédio, que diante do fracasso dos planos todos estavam liberados de qualquer compromisso.

Foi quando nasceu o Grupo dos Doze. Felipe Mántica, o doutor Cuadra Chamorro e dom Emilio Baltodano foram os primeiros a declarar que seu compromisso não era momentâneo, nem estava condicionado a fazer parte de um governo; tampouco podiam voltar aos seus negócios de antes na Nicarágua, porque Somoza, mais cedo ou mais tarde, iria saber da sua participação nos planos. Assim, a decisão foi lançar um manifesto de apoio à Frente Sandinista, publicado em 18 de outubro, dia seguinte ao das ações militares de Masaya, e que causou comoção e desconcerto na Nicarágua, por causa do calibre das assinaturas. Empresários, sacerdotes, funcionários internacionais, apoiando guerrilheiros. Somoza mandou nos processar sob a acusação de sedição, terrorismo, atentado à paz pública, apologia do delito e associação ilícita para delinquir.

Nos dias seguintes à ofensiva de outubro fomos pedir ao patriarca da Costa Rica, dom José *Pepe* Figueres, um ex-presidente carismático e popular, as armas que tinha enterrado em sua fazenda La Lucha desde o final da revolução de 1948, liderada por ele, e que, quando triunfou, aboliu o Exército, apesar de um dos recursos secretos da democracia da Costa Rica ser o fato de os caudilhos fora do poder guardarem apetrechos de guerra para uma emergência qualquer.

A história moderna da Costa Rica não pode ser explicada sem a visão de dom José *Pepe* Figueres. Mercurial, engenhoso e de uma graciosa sagacidade, era filho de imigrantes catalães. Sua inimizade com o velho Somoza foi célebre, e jamais pouparam esforços mútuos para se derrubarem. Somoza o chamava de "Pepe Saltinhos", porque Figueres era de pequena estatura e usava sapatos com salto reforçado. Quando em 1956, época de ouro das ditaduras latino-americanas, foi celebrada no Panamá a Cúpula Continental de Presidentes com a presença de Ike Eisenhower, Figueres era um dos pouquíssimos presidentes civis, e se negou a apertar a mão de Somoza na frente dos fotógrafos. No entanto, em 1970, quando um avião sequestrado em Manágua por guerrilheiros da Frente Sandinista foi levado para San José, Figueres, que era presidente da Costa Rica pela segunda vez, apresentou-se na pista do aeroporto, metralhadora em punho, disposto a encabeçar a ação para libertar os reféns.

Devido a essa dualidade de antecedentes não era fácil saber qual seria a sua reação, mas Edén o seduziu a partir do primeiro momento e ele nos entregou seu tesouro escondido, que incluía uma metralhadora ponto 50 desmontada fazia tempos da asa de um avião Mustang, a mesma metralhadora que Herty Lewites haveria de fotografar de diferentes ângulos para dar a impressão de que eram muitas. Depois, em sua fazenda La Lucha instalamos o transmissor e a antena da Rádio Sandino.

Carlos Andrés Pérez não estava nem um pouco desanimado, e recebeu Felipe Mántica no Palácio de Miraflores. Dessa reunião nasceu sua promessa de nos dar 100 mil dólares mensais, e os primeiros me foram entregues por Jesus José Martínez, o *Chuchú* Martínez, homem de confiança radical de Omar Torrijos, num quarto do hotel Cariari de San José, trazidos do Panamá em seu aviãozinho desconjuntado de asas de lona.

Levei o dinheiro do jeito que tinha recebido, acomodado em maços imaculados dentro de uma pasta de executivo, para que os membros do Grupo dos Doze, que aguardavam na casa de Tito Castillo em San Rafael de Escazú, pudessem vê-lo. Era um acontecimento e tanto. E quando eu voltava em meu automóvel para San José, em companhia de Carlos Tunnermann, de repente apareceu um menino correndo atrás de uma bola, vindo do pátio de uma escola, e só conseguir ver o menino voando pelos ares e caindo com um golpe seco no capô. Freei, e Carlos e eu, esquecendo da pasta com os 100 mil dólares, deixamos as portas abertas e corremos para socorrê-lo. Pegamos o menino inconsciente e o levamos para o hospital; ele se recuperou depois de muitos dias em que Tulita e eu nos revezamos ao lado de seu leito, e a pasta — no meio daquele alvoroço todo, daquele mundo de gente que saiu de suas casas por causa do acidente — não se perdeu. Continuou no assento do automóvel, do jeito que tinha ficado.

A cada mês nosso ministro de Finanças, o doutor Cuadra Chamorro, precisava viajar para Caracas, acompanhado por um guarda-costas, para pegar o dinheiro no gabinete do ministro do Interior, Carlos Lepage. Por razões conspirativas devia se hospedar, contra os seus gostos, num hotelzinho modesto do bairro de Sabana Grande, escolhido pelo governo, dividindo o quarto com seu segurança, que costumava ser algum dos rapazes combatentes de passagem por San José rumo a algum lugar da Nicarágua.

Quem conhece bem os venezuelanos sabe que em Caracas o tempo não existe e que a gente é capaz de ficar dias ao lado de um telefone esperando uma ligação iminente; e os empregados do balcão do hotel não deixavam de comentar a conduta daquele senhor de modos elegantes e aparência tão respeitável que se trancava no quarto durante uma semana inteira, acompanhado cada vez por um rapazinho diferente.

O melhor personagem de *Um lobo solitário*, o livro que Graham Greene escreveu sobre Omar Torrijos, é *Chuchú* Martínez, piloto de aviação, dramaturgo, poeta, matemático, professor de filosofia, marxista radical e boêmio dos de antigamente. Eu o conheci nos anos 1960, durante uma das visitas que fazia à Universidade do Panamá por causa do meu cargo de secretário-geral do Csuca; naquele tempo, por não ter casa, já que estava sempre abandonando alguma mulher, ele costumava dormir dentro de seu Volkswagen na avenida beira-mar. Pouco depois *Chuchú* passou a ser membro da segurança de Torrijos, com a patente de sargento, e servia como secretário pessoal, tradutor e confidente.

E foi através de *Chuchú* que conheci Torrijos em 1976, na casa da praia de Farallón, ao lado da base militar de Río Hacha, quando Tulita e eu fomos seus hóspedes durante um fim de semana. Supunha-se que íamos falar da autonomia da Universidade do Panamá, sob intervenção desde o golpe militar de 1968, mas esse tema foi tocado apenas de raspão, porque nossa conversa concentrou-se em sua reivindicação sobre o Canal do Panamá, que com a chegada de Jimmy Carter à presidência dos Estados Unidos desembocaria na negociação de novos tratados. Ele nos acolheu, com seu tímido sentido de cortesia, e nos convidou a acompanhá-lo numa viagem em seu helicóptero por diferentes cidades, até que chegou a noite.

Nesse retiro de Farallón, eu o encontraria muitas outras vezes, ou na famosa casa da Rua 50, na Cidade do Panamá, que fazia as vezes de quartel, escritório e moradia provisória, com um heliporto ao lado, e que só depois de sua morte fiquei sabendo que jamais tinha sido dele. Ou onde quer que *Chuchú* me levasse, pois sabia sempre onde estava o general e além disso podia me fazer entrar pela porta de trás, como na vez em que procuramos Torrijos no final de uma sessão da Assembleia de Correções, o poder popular que ele tinha criado meio à cubana.

Seu experimento socialista, a partir da cúpula militar e com as bases norte-americanas em seus calcanhares, era bastante híbrido; mas se tinha algo que ele queria acima de tudo era recuperar a soberania panamenha sobre o canal. Do tecido de suas ideias, às vezes certeiras, outras extravagantes, resultou toda a estratégia de negociação do canal, da qual muitos desconfiavam mas que acabou se mostrando uma obra-prima de engenharia política; conseguiu até transformar John Wayne, o grande ícone da direita norte-americana, em acérrimo defensor dos tratados batizados de Torrijos-Carter.

Na casa de Farallón, aberta frente ao mar, Torrijos passava a maior parte do tempo, e ali, vestindo roupa de praia, despachava recostado numa rede de Manilha que ele movia suavemente ao impulso do pé assentado no chão, enquanto fumava charutos Cohiba que recebia de Cuba com seu nome gravado no celofane do invólucro. A única pessoa que tinha o privilégio de poder pendurar uma rede ao lado da sua era Rori González, um empresário gordo, sorridente e de poucas palavras. Os outros habitantes permanentes eram "A Anciã", sua cozinheira, e um índio cuna o encarregado da provisão de bebidas, a "química" no linguajar de Torrijos. O bar só era aberto por volta do meio-dia, e a partir de um sinal do próprio Torrijos.

Ao contrário de Fidel, que se entrega a monólogos obsessivos, Torrijos era de longos silêncios, e quando falava era preciso apurar o ouvido para entender seu discurso atropelado, mais difícil ainda quando, com o passar das horas, ele tinha avançado na "química".

Regressando certa vez de Farallón, *Chuchú*, morrendo de rir, disse que me devia duzentos dólares.

— Leve o Sergio para se divertir — Torrijos tinha dito a ele, entregando o dinheiro. — Apanhem umas boas mulheres. Mas escolha direito!

Em outra ocasião, me mandou, por intermédio de *Chuchú*, uma pistola; mas como sabia que não iria usá-la,

Chuchú me contou que tinha dado a pistola para alguém que precisava mais dela que eu.

Torrijos era um líder terceiro-mundista, saído dos quartéis como Kadafi, mas havia entre os dois diferenças insuperáveis. A primeira: Torrijos não tinha nenhuma virtude teatral. Eu estive na Líbia duas vezes à procura de apoio econômico para a revolução, e na última delas, em 1986, enquanto esperava pela audiência com Kadafi, que nunca se sabia quando iria acontecer, fui convidado para visitar as ruínas de sua casa em Trípoli, logo depois do ataque com foguetes lançados por aviões dos Estados Unidos. A atração principal do *tour* era o dormitório, conservado exatamente como tinha ficado, o soalho cheio de cascalhos, a cama partida ao meio, e na cabeceira a litografia de uma paisagem marinha, dessas que são vendidas em lojas de suvenir, rasgada pela explosão.

Dois dias mais tarde me levaram num *learjet* até Bengasi, onde aconteceria a audiência. Na saída do aeroporto atravessamos campos ermos, onde se erguiam fábricas de cimento e de tecidos, entregues ao governo totalmente equipadas, chave na mão, por empreiteiros italianos, e bairros novos em folha onde Kadafi tentava inutilmente assentar os beduínos em casas equipadas com todo tipo de eletrodomésticos e com um Fiat na porta.

Avistei-o ao longe, debaixo do mormaço, me esperando de pé na frente de uma tenda de beduíno. Após os salamaleques, nos sentamos em almofadões no chão, no descampado, entre nós dois uma mesinha de armar cujo único adorno era uma garrafa de Pepsi-Cola usada como floreiro, com uma única flor no gargalo. O tradutor, um rapaz loquaz que tinha estudado em Madri, insistia em lembrar, sempre que podia, entre os trechos da conversa, que eu era escritor, e Kadafi respondia com um sorriso de simpatia quase condescendente.

Sua própria insistência era outra, e com Torrijos jamais teria acontecido algo parecido: queria saber se na Nicarágua seu *Livro Verde* era estudado. Como não me ocorreu mais nenhuma evasiva, respondi que sim, que era estudado, e então quis entrar em detalhes que eu, obviamente, tive que inventar. Terminou me recomendando a maneira de organizar os círculos de estudo, prometendo uma boa provisão de exemplares do *Livro Verde* em espanhol.

Atendeu de maneira favorável todos os meus pedidos e me comunicou que seu primeiro-ministro, Benjudi, me procuraria em Trípoli naquela mesma noite. E Benjudi efetivamente apareceu no hotel, com todos os seus ministros, mas para me cobrar contas vencidas. E cada vez que eu insistia na promessa de Kadafi, a resposta era a mesma:

— O Grande Líder não faz parte do governo.

Chuchú, fiel à Tendência da Guerra Popular Prolongada, era hostil a nós, terceiristas, e principalmente ao Grupo dos Doze, uma antipatia que tratávamos, entre os dois, na base da piada. Igualzinho ao camponês da Frente Sul, ele achava que entre os Doze havia muito padre e muito rico. Mas Torrijos, decidido contra Somoza, queria pagar os menores custos diante do governo Carter, e seus melhores sócios éramos os terceiristas, por causa da abertura política e da busca de alianças que representávamos.

Para ele, passar à luta para derrubar Somoza não foi fácil. Em dezembro de 1968, quando o coronel Armando Sanjur deu um golpe de Estado no Panamá enquanto Omar Torrijos estava no México acompanhando corridas de cavalos, Somoza tinha facilitado o avião que aterrissou em Chiriquí, onde ele se juntou aos leais e recuperou o poder. Torrijos chamava Somoza de *Tachito*.

— Não sei se você sabe — me contou certa vez —, mas eu tive Tachito hospedado aqui em Farallón. Toda manhã um ajudante se ajoelhava aos seus pés para amarrar os seus sapatos. Um homem que precisa que alguém amarre os seus sapatos não serve para porra nenhuma.

Carlos Andrés Pérez, que tinha hábitos muito refinados de conspirador, havia insistido em entregar a primeira cota da contribuição prometida através de Torrijos, embora fosse nossa a responsabilidade de convencê-lo a aceitar essa missão. Eu fui indicado para essa tarefa de convencimento e naquela oportunidade, em Farallón, passamos o tempo todo falando de tudo, menos do assunto que tinha me levado até lá. Quando já havia bastante "química", e passada a meia-noite, ele foi se deitar aos trambolhões. Mas às quatro da madrugada alguém veio bater na porta do meu quarto. O general queria me ver em seu dormitório.

Encontrei-o lendo papéis na cama coberta de lençóis de seda, como as das estrelas de Hollywood, e seu pijama, cujas mangas eram demasiado compridas, também era de seda. O quarto, com temperatura de congelador, não tinha adornos e cheirava a ambientador floral. Ele me olhou por cima dos óculos de meia lente, e com afeto paternal me pediu que sentasse ao seu lado na cama. Quando terminei de explicar a ele a estratégia que era seguida pelo Grupo dos Doze, sem mencionar ainda o dinheiro, ele se ergueu de um salto, à procura de um charuto que mordeu e acendeu, e começou a passear descalço pelo quarto:

— Isso está certo, nada de radicalismos — insistia com entusiasmo —, cuidado, muito cuidado com os ianques. É preciso brincar com a corrente, mas não com o macaco.

Uma tarde, semanas depois, *Chuchú* e eu estávamos tomando banho de mar na frente da casa de Farallón, e ele veio entrar na água com a gente. De repente, começou a falar com *Chuchú* de uma mulher chamada La Negra, cobrindo-a de todas essas louvações enfileiradas pelos perdidamente apaixonados, mas ao mesmo tempo criticando seu gênio difícil e esquivo e suas veleidades, como também fazem os perdidamente apaixonados. Sua voz se quebrava, balbuciava, os olhos avermelhados. Às vezes calava-se, afundava a cabeça, e ao erguê-la, sacudindo a água, começava novas reflexões sobre La Negra. *Chuchú* o aconselhava com veemência e elaborava filosofias sobre o amor, em longas frases.

Outras vezes, quando depois de várias horas de "química" a tarde começava a cair, mandava que fossem buscar uma outra mulher, La China, na Cidade do Panamá. Punha-se em marcha a operação, e cada vez que ele perguntava informavam pelo rádio o ponto exato da estrada em que se encontrava a caminhonete naquele exato instante. Finalmente La China chegava e entrava pelos fundos da casa. Ele, tropeçando, se levantava da rede e ia procurar seu quarto, sem que ninguém se atrevesse a oferecer-lhe ajuda. Jamais conheci La China, mas me apontaram La Negra, vestida de luto, ao lado de uma coluna vizinha ao altar maior da catedral onde repousava o féretro de Torrijos, diante das pessoas que chegavam em filas intermináveis.

No dia 1º de agosto de 1981 eu estava em Masatepe, no funeral do meu pai, quando recebi por telefone a notícia da morte de Torrijos. Haviam localizado os restos de seu avião no morro Marta, a poucos minutos de voo de Coclecito, a comunidade camponesa que ele tinha criado e aonde ia muito. E, após enterrar meu pai, voei no dia seguinte para o Panamá, para outro enterro.

Depois da morte de Torrijos, Graham Greene, que tinha uma alma inocente, continuou indo todos os anos de seu retiro em Antibes, na Riviera Francesa, ao Panamá, como se nada houvesse mudado. Naquela época ele também costumava vir à Nicarágua, acompanhado por *Chuchú*, em missões com ares conspirativos: ele supunha nos trazer mensagens secretas do general Manuel Antonio Noriega, o sucessor de Torrijos que era apenas uma caricatura do que ele tinha sido.

Em novembro de 1988 eu estava na Embaixada da Nicarágua no Panamá, esperando a hora de meu voo para Buenos Aires, onde ia me reunir com o presidente Raúl Alfonsín, quando recebi um telefonema do coronel Díaz Herrera, que era o chefe do G-2, o serviço de inteligência panamenho. Precisava me ver. Chegou pouco depois, e após alguns circunlóquios contou que gostaria de esclarecer determinada situação. Disse que as viagens de Graham Greene a Manágua eram uma forma de distraí-lo e também de distrair *Chuchú* Martínez, que com a morte de Torrijos tinha ficado sem ofício. E sorriu, compassivo.

Os Estados Unidos invadiram o Panamá em dezembro de 1989. A última vez que ouvi a voz de *Chuchú* Martínez foi convocando o povo contra os invasores que via descer de paraquedas diante da sua janela. Era uma entrevista que estavam fazendo por telefone, de Manágua, para a Rádio Sandino, e que no Panamá ninguém conseguiria ouvir. Poucos dias depois foi fulminado por um ataque do coração.

7. O destino manifesto

A marca anti-imperialista foi sempre a mais profunda no sandinismo. Mais que as lições leninistas dos manuais, pesava o pensamento de Sandino. Não era assunto apenas de convicções teóricas, mas de realidades comprovadas e de emoções. Nenhum outro país da América Latina tinha sido vítima, como a Nicarágua, de tantos abusos e intervenções militares dos Estados Unidos em mais de um século, desde que William Walker, um aventureiro do Tennessee, tinha se proclamado presidente do país em 1855, amparado por uma falange de flibusteiros.

Walker decretou a escravidão e estabeleceu o inglês como idioma oficial. A tese exposta em seu livro de memórias, *The war in Nicarágua*, era que a raça branca — a mente — e a raça negra — o músculo — estavam destinadas pela Providência Divina a se complementarem; mas os mestiços, indolentes e viciosos, não entravam nesse esquema e não serviam para nada.

Era, pois, uma história de ofensas a que Sandino enfrentou em 1927 com as armas, e a dinastia de Somoza não era outra coisa que a continuação daquela mesma intervenção. Quando os *marines* foram embora em 1933, graças à luta de Sandino nas montanhas de Las Segovias, os Estados Unidos haviam imposto a Guarda Nacional, criada à imagem e semelhança do exército invasor, e tinham escolhido para ser seu chefe o primeiro Anastacio Somoza, o assassino de Sandino. Com o triunfo da revolução em 1979, era Sandino quem voltava, e, ao fugir, Somoza era o último *marine* que ia embora.

E quando uma revolução era verdadeira, não tinha outro remédio a não ser entrar em choque com o imperialismo. Conforme a revolução se aprofundava, a possibilidade de uma intervenção militar se fazia mais próxima, e a única maneira de evitá-la era torná-la mais cara para os Estados Unidos; portanto, se fazia necessário armar até o último homem. Não era preciso nada além de voltar os olhos para Cuba e perceber o seu exemplo.

Também era inevitável ajudar outros movimentos revolucionários. Não apenas pela fé no internacionalismo militante, mas porque enquanto existissem outras revoluções no poder em países vizinhos, ou o conflito se estendesse pela América Central, se evitaria com maior vantagem a possibilidade de uma agressão direta.

Quando a revolução triunfou em 1979 nós já estávamos predestinados a um desentendimento com os Estados Unidos. O discurso não tinha fissuras. Eles eram os causadores de todos os males da nossa história; tinham sustentado a ditadura através de um patrocínio obsceno e haviam amamentado os políticos vende-pátria; tinham saqueado nossas riquezas naturais, as minas, os bosques; a proclamação da nossa soberania só podia ser feita contra os Estados Unidos, e nosso nacionalismo nascia dessa contradição. A nação tinha estado confiscada, e para a Nicarágua, um país pequeno, a razão de sua própria existência se ligava à sua independência real. Esse era o verdadeiro sentido da libertação nacional.

Nós repetíamos isso com a retórica mais virulenta nas praças públicas, nos pronunciamentos por rádio, nos editoriais do jornal *Barricada*, e todas as análises da realidade política se baseavam nesse pressuposto. E foi a partir desse ponto que avançamos para elaborar uma estratégia que, em suas consequências, tinha a ver com o cenário mundial: a Nicarágua não poderia sentir-se segura compartilhando espaços geopolíticos com seu inimigo e teria que buscar uma acomodação não apenas ao lado de Cuba, onde já estava graças aos afetos, mas no bloco soviético, em termos militares e econômicos. Só assim, protegida debaixo desse guarda-chuva, a revolução conseguiria sobreviver.

Assim se explica por que a direção da revolução sempre viu com desconfiança encoberta os países capitalistas em geral, por mais que tenham estado próximos no esforço por derrubar Somoza. Dessa lista muito poucos se punham a salvo: o México e o Panamá de Torrijos. E explica também a distância assumida com a Internacional Socialista e com os social-democratas; afinal, sempre terminariam se alinhando com os Estados Unidos, eram parte de seu sistema.

Mas no meio da guerra de agressão, ao longo de toda a década de 1980, a Europa Ocidental, mesmo através de governos distantes da esquerda como o de Andreotti na Itália ou o de Martens na Bélgica (para não falar dos governos socialistas de Mitterrand, Papandreu, Kreisky, Palme e Felipe González) representou um contrapeso crucial à política de Reagan; eu pude constatar isso porque estive muitas vezes nesses países realizando gestões diplomáticas, que eram também de busca de apoio econômico. E os países latino-americanos que depois se organizaram no Grupo de Contadora, em 1983 (México, Panamá, Colômbia, Venezuela) e no Grupo de Apoio a Contadora (Brasil, Argentina, Uruguai, Peru), embora vistos com o mesmo receio, nunca se alinharam com os Estados Unidos.

Chuchú Martínez contava que Felipe González, numa de suas visitas ao Panamá, por volta de 1980, mostrou a Torrijos sua preocupação com o fato de que na Nicarágua todo mundo estava se transformando em miliciano, e que numa sociedade militarizada não conseguiria haver lugar para eleições verdadeiramente livres.

— Pois seriam uns tremendos babacas se entregassem pelo voto o que ganharam com as armas — comentaria mais tarde Torrijos com *Chuchú*.

Torrijos, que tinha um plano secreto para inutilizar o Canal do Panamá com cargas de dinamite se não conseguisse recuperá-lo através dos tratados, estava de alguma forma dentro daquela visão messiânica e fatalista. E Felipe González, no governo espanhol, teve de ir cedendo à ideia de que não era justo reivindicar o funcionamento normal da democracia no meio de uma guerra, e que o sistema parlamentar europeu não podia ser imposto como modelo para a Nicarágua.

A invasão não aconteceu, embora — segundo Elliot Abrahms, subsecretário de Estado de Ronald Regan — tenha estado a ponto de ser ordenada pelo presidente norte-americano. Mas a guerra dos *contra*, armados e financiados pelos Estados Unidos, escalavrou a Nicarágua não apenas em termos de milhares de mortos, inválidos e alijados de seus locais de moradia e trabalho, mas também pela prostração econômica e pela destruição massiva que produziu, além da perda das bases de convívio social; porque a guerra, embora incentivada de fora, chegou a dividir o país não estritamente em termos de classe, os ricos vende-pátria contra os pobres sandinistas: desgarrou-o de alto a baixo, como um punhal metido em suas entranhas mais profundas, cortando e dividindo todas as classes sociais. E a guerra escalavrou, também, a possibilidade transformadora da revolução.

Foi uma fatalidade compartilhada, porque do outro lado tornava a reinar a crença cega no destino manifesto.

pôquer, mais próximo à visão filosófica centro-europeia de Kissinger, era na Casa Branca daqueles tempos uma *avis rara*.

No dia 24 de setembro de 1979, Carter nos recebeu na Casa Branca. Daniel, Alfonso Robelo e eu íamos estar presentes na abertura do período de sessões da Assembleia Geral da ONU, e foi combinado que antes passaríamos em Washington.

As similitudes que se criavam entre a Revolução Cubana e a nossa eram constantes — o embaixador William Bowlder comentaria mais tarde que aquele filme dos guerrilheiros entrando triunfantes em Manágua e a euforia da multidão ao recebê-los ele tinha visto antes, em Havana —, e sua equipe aconselhou Carter a não fazer o que tinha feito Eisenhower, que ao se negar a receber Fidel Castro em 1959 talvez o tivesse empurrado para o campo inimigo; pensavam que a história poderia ser revista mais adiante — pelo menos, se realmente fôssemos marxistas incorrigíveis, que ninguém dissesse depois que o presidente dos Estados Unidos não tinha feito o esforço de buscar um entendimento.

A Casa Branca dos estúdios de Hollywood sempre me pareceu mais esplendorosa que aquela onde entrei essa vez e não voltei nunca mais. Carter nos recebeu no Jardim das Rosas, diante de uma nutrida bateria de jornalistas, e nos conduziu à sala do gabinete, onde se juntaram à reunião o vice-presidente Walter Mondale, o subsecretário de Estado Warren Christopher, Brzezinski, Henry Owen, Varon Vaky, Bob Pastor e o embaixador em Manágua, Lawrence Pezzulo. Não posso dizer que houvesse um ambiente de tensão, mas sim de ceticismo mútuo.

Carter começou mencionando os temas que seu governo julgava serem vitais nas relações com a Nicarágua: a

Os Estados Unidos, escolhidos desde sempre para dominar o continente americano, não podiam tolerar outra revolução em seu quintal. Era o novo apogeu da Guerra Fria; o último, antes do seu final. A Nicarágua, repetia Reagan em cada discurso transmitido pela televisão, está mais perto da Flórida que Nebraska ou Dakota. Éramos um tumor infeccioso em seu próprio organismo, e havia que nos extirpar. Qualquer gesto de condescendência, qualquer sinal de entendimento eram tomados por mentirosos por princípio. A guerra era total e era guerra de morte. Tínhamos que pedir perdão, dar-nos por vencidos, desaparecer, nos rendermos. *To cry uncle*, segundo a frase de Reagan. De maneira que nossa profecia se realizou, graças a Reagan. E Reagan concretizou a dele, graças a nós.

Jimmy Carter, ao contrário, quis ser tolerante com uma revolução que se materializava diante de seus olhos no quintal herdado e tratou de ensaiar uma conduta diferente, antes e depois da queda de Somoza. Uma política dura como a de Reagan necessitava de uma determinação imperial e da vontade de organizar essa determinação, coisa que faltava em Carter, que, na distância dos anos, posso ver como uma vítima de sua má estrela, de suas vacilações e das reivindicações de sua consciência. Um presidente dos Estados Unidos que atende às vozes da consciência, a partir do sentido religioso do Bem aplicado ao poder, termina derrotado por seu próprio paradoxo.

As improvisações, as contradições, a falta de iniciativas, sua e de sua equipe, que afinal acabaram sendo benéficas, podem ser notadas nos livros escritos por seus assistentes Robert Leiken e Bob Pastor, e nas memórias de seu próprio embaixador em Manágua, Lawrence Pezzulo. Brzezinski, o conselheiro de Segurança Nacional com cara de jogador de não intervenção em assuntos dos países vizinhos, principalmente El Salvador, o não alinhamento real, o respeito aos direitos humanos, a democracia efetiva.

Para nós não havia pontos de conflito verbal com esse discurso, mesmo porque tudo estava inscrito em nossa carta de adesão às resoluções da Reunião de Consulta da Organização dos Estados Americanos, a OEA, convocada antes da queda de Somoza, no final de junho. Daniel passou ao largo desses pontos ao responder, e centrou-se num extenso discurso sobre a política de intervenções e de ingerência dos Estados Unidos na Nicarágua. Após vários minutos Carter ergueu a mão para interrompê-lo, e a manteve erguida enquanto Daniel não se calou.

— Se o senhor me faz responsável pelo que fizeram meus antecessores, eu o farei responsável pelo que fizeram os seus — disse ele, provocando risos cordiais nos dois lados da mesa de reunião.

Eu me referi então ao tema dos direitos humanos, porque algum de seus assessores tocou no assunto, e recordei como tínhamos respeitado a integridade física dos guardas no momento em que se renderam de forma massiva, e também o fato de não termos levantado nenhum *paredón*. Pouco depois Carter pediu desculpas e nos deixou com sua equipe para discutirmos a ajuda econômica.

Ele havia nos anunciado que os Estados Unidos, como prova de boa vontade, ia nos dar créditos de 60 milhões de dólares para apoiar a reconstrução do país, um dinheiro que nunca foi desembolsado. Mais tarde, ao sair, através da janela do salão Oval que dava para o jardim, eu o avistei, inclinado na mesa sobre seus papéis, a mão na testa. Para mim, continuava parecendo um personagem distante, e não sabia se alguma vez tornaria a vê-lo.

Mas tornamos a nos ver, porque ele continuou muito ligado à Nicarágua, como talvez nunca tenha se imaginado. Depois de sua derrota eleitoral para Reagan, quando buscava um segundo mandato presidencial, nos encontramos em Atlanta, e veio a Manágua muitas vezes, a primeira delas para inaugurar um projeto de construção de casas em Chinandega, patrocinado por uma fundação à qual ele estava ligado. Daquela vez Daniel e eu o acompanhamos, e recordo que a visita terminou com um almoço a bordo de um velho vagão de trem plantado no quintal de uma casa expropriada, luxo excêntrico de seu antigo proprietário.

Também fizemos *jogging* juntos pelos campos de golfe do antigo Country Club, ele um corredor de mais resistência que eu; e nunca desperdiçou nenhuma dessas oportunidades para insistir que abríssemos um diálogo real com a cúpula da contrarrevolução como forma de apaziguar o enfrentamento com o governo de Reagan, coisa que na época rejeitávamos por achar um absurdo.

Esteve na Nicarágua nas eleições de 1990, à frente de um grupo de observadores do Centro Carter, e quando nós perdemos assumiu a função de mediador, crucial para obter um entendimento com o novo governo num momento de perigosas incertezas. Regressou depois, interessado em ajudar a resolver os problemas relativos à propriedade, e de novo como observador nas eleições de 1996. E chegou a se propor para servir de mediador no conflito entre mim e Daniel, antes da minha ruptura com a Frente Sandinista.

Se Carter não podia ser responsabilizado pelo que tinham feito seus antecessores, tampouco poderia pelo que fariam seus sucessores. Sabíamos que a retórica de Reagan durante sua campanha eleitoral não tinha sido gratuita, e que era necessário se preparar para o pior; e preparar-se para o pior significava assumir os riscos por antecipação. Foi assim que começou a se dar todo o apoio possível aos primos salvadorenhos, com todos os grupos guerrilheiros de lá unidos debaixo da bandeira da Frente Farabundo Martí de Libertação Nacional (FMLN).

Em janeiro de 1981, o embaixador Pezzulo estava em Washington e telefonou de lá para pedir uma reunião de urgência com toda a Junta de Governo e com toda a Direção Nacional da Frente Sandinista. Do aeroporto veio diretamente para a minha casa, onde, para sua decepção, esperávamos por ele somente Jaime Wheelock e eu, porque assim tínhamos decidido previamente entre nós. Aborrecido, deixou claro que as coisas estavam sérias demais para a pouca importância que dávamos a elas: a CIA tinha descoberto uma pista de pouso clandestina num lugar chamado El Papalonal, perto do Lago de Manágua, onde tinham fotografado, do ar, um avião C-47 que estava transportando armas para El Salvador. O fato de Carter estar prestes a deixar a presidência não o fazia mais tolerante; ou fechávamos a pista ou deveríamos esperar graves consequências.

A pista foi fechada, mas os embarques de armas necessárias para a ofensiva planejada, que começaria dali a poucos dias, já estavam a ponto de terminar. Essa ofensiva, anunciada como final, pretendia a derrubada de José Napoleón Duarte e se transformou num fracasso rotundo. Pouco havíamos aprendido de que a história não se repete mecanicamente. Em El Salvador havia uma casta militar poderosa e a oligarquia permanecia intacta, mas Duarte, um democrata-cristão eleito pelo voto popular, não era de jeito nenhum Somoza. E Somoza tinha caído por uma combinação múltipla de fatores que jamais poderia tornar a se dar, e menos ainda num cenário diferente. Era a coisa menos marxista que se podia conceber, em termos de análise, e ainda assim os próprios cubanos se entregaram à quimera.

A mudança da política para a Nicarágua, quando Reagan assumiu a presidência, não foi tão abrupta como poderia parecer, apesar de a Casa Branca estar cheia de falcões. Alexander Haig, o novo secretário de Estado, preferiu primeiro tentar uma exploração do terreno. Em meados de fevereiro de 1981, mandou-nos uma mensagem através de Pezzulo, propondo a normalidade das relações a troco da completa suspensão das remessas de armas para El Salvador. Garantimos a ele que não haveria mais embarques de armas, e que a prova da nossa boa vontade era o fechamento da Rádio Libertação, a emissora clandestina da Frente Farabundo Martí que operava a partir da Nicarágua.

Nos meses seguintes puderam comprovar que o envio aéreo de armas tinha cessado, mas ainda assim, em abril de 1981, suspenderam toda forma de ajuda econômica à Nicarágua, como um castigo preventivo. De todo modo, as armas continuaram fluindo para El Salvador até o final da guerra, através de uma frota de *cayucos,* as canoas que atravessavam à noite as águas do Golfo de Fonseca, pequenas embarcações que nenhum rastreamento eletrônico podia detectar. No dia 19 de julho de 1981, no ato de comemoração do segundo aniversario da revolução que foi celebrado em Masaya, os *cayuqueros,* todos com experiência ancestral e muitos deles recrutados entre contrabandistas, estavam sentados na tribuna, em homenagem à sua bravura, uma fileira abaixo da que ocupava o presidente da Venezuela, Luis Herrera Campins.

A visão de Haig era fundamentalmente geopolítica. Não lhe importava muito o tipo de regime que um país tivesse, desde que não constituísse uma ameaça para a segurança dos Estados Unidos e seus aliados. Essa tese deixava em paz as ditaduras militares de direita, mas abria uma margem de tolerância para um governo revolucionário como o nosso, desde que metido em sua própria cápsula e com uma lista de amigos proibidos.

Com essa mensagem o subsecretário de Estado Thomas Enders apresentou-se em Manágua, e coube a mim a tarefa de recebê-lo, no dia 12 de agosto de 1981. Sua proposta, muito simples, chegava acompanhada por aparatosas manobras militares na área, e quando os *contras* já treinavam sem estorvo algum nos pântanos de Everglades, na Flórida: a Nicarágua deveria suspender todo e qualquer apoio à guerrilha salvadorenha, e reduzir seu próprio exército a 15 mil homens; a troco disso, os Estados Unidos se comprometiam a não intervir em seus assuntos internos e a fornecer ajuda econômica. Enders continuou viajando para a Nicarágua até o mês de outubro, mas não se chegou a nenhum acordo, num clima de suspeitas mútuas e deliberações secretas de cada lado.

A partir dali, o conflito começaria a escalar sem trégua. Os Estados Unidos assumiram oficialmente, através da CIA, o patrocínio da contrarrevolução, dos *contra*, que até aquele momento estavam nas mãos dos militares argentinos, e o batismo desse compromisso foi a explosão de duas pontes na Nicarágua, em março de 1982, por um comando formado por antigos integrantes da Guarda Nacional treinados no uso de explosivos. Os Estados Unidos começavam uma guerra estranha, sem declaração prévia, contra um país com o qual mantinham relações diplomáticas. E nunca nos ocorreu responder rompendo relações, que se mantiveram até o final, como tampouco houve jamais ruptura de relações com El Salvador e Honduras.

Nós reagimos à explosão das pontes declarando estado de emergência e mandando para a cadeia Alfonso Robelo, o antigo membro da Junta de Governo que já estava na oposição, além de outros dirigentes políticos. Os campos opostos começavam a se tornar de uma só cor, naquela mecânica da fatalidade onde os matizes não tinham espaço. A favor ou contra. Cada ato de agressão passava a ser responsabilidade de todos os opositores, apontados por nós como conspiradores. E muitos deles agiam como tais.

Uma vez posto em liberdade, Robelo foi para a Costa Rica juntar-se com Edén Pastora, já no exílio, e os dois fundaram a Ação Revolucionária Democrática (ARDE), uma organização armada que pretendia se manter longe da CIA mas que acabou caindo nos seus braços. Edén tinha saído da Nicarágua em julho do ano anterior, supostamente para ir lutar ao lado da guerrilha da Guatemala, deixando para Humberto Ortega uma carta de despedida que imitava a do Che a Fidel. Mais tarde, Robelo passou a fazer parte da direção da contrarrevolução, que atuava a partir de Miami.

No começo de 1981 também tínhamos aberto um cenário de conflito na costa do Caribe, com a retirada forçada de milhares de índios miskitos das margens do rio Coco, que marca a fronteira com Honduras, para assentá-los na cidade de Taspa Pri, construída da noite para o dia, terra adentro. Queríamos evitar que as aldeias indígenas desalojadas servissem de base social dos *contra*, numa situação de rebeldia que se descompunha rapidamente. Este fato, que representou um dos erros mais trágicos da revolução, desencadeou a abertura de uma nova frente de guerra, e a CIA desandou a financiar as organizações armadas miskitas, Yatama e Misurasata.

Em 1980, na cerimônia de encerramento da Cruzada Nacional de Alfabetização, nosso convidado de honra, Rodrigo Carazo, presidente da Costa Rica, tinha nos recordado em seu discurso o compromisso assumido diante da OEA, de realizar eleições livres; e Humberto Ortega respondeu, em seu próprio discurso, que elas seriam realizadas em 1985, mas não para rifar o poder e sim para confirmar o da revolução. Ou seja, o nosso.

Mas não realizamos um plebiscito, como aquele discurso anunciava, e sim eleições de fato, em 1984, com um ano de antecipação. Daniel Ortega, como candidato pela Frente Sandinista, e eu como candidato a vice-presidente. De alguma forma começávamos a nos afastar do projeto secreto, que era o estratégico, e a adotar o projeto proclamado de pluralismo político, que era tático. E antecipamos aquelas eleições procurando debilitar a política de agressão de Reagan, o que nos serviu de muito pouco; primeiro, porque o compromisso com a *contra* tinha se tornado a peça essencial de sua política de segurança nacional, e ele queria uma solução militar; e em segundo lugar, porque nossa vinculação com o conflito de El Salvador era a cada dia maior.

As eleições de 1984 eram para os Estados Unidos, e também para nós, parte do mecanismo de guerra. Levando-as a cabo, buscávamos a legitimidade que eles, ao impô-las, queriam tomar de nós. Foi por isso que obrigaram o candidato da União Nacional Opositora (UNO), Arturo Cruz, integrante do Grupo dos Doze e membro da segunda Junta de Governo quando Robelo e Violeta Chamorro renunciaram em 1980, a retirar a sua candidatura. Tratava-se outra vez de profecias que se cumpriam, porque Arturo foi hostilizado em León e apedrejado em Chinandega, assim que começou a sua campanha, em atos a que a Frente Sandinista não era alheia; mas quando no final foram concedidas a ele as garantias plenas que reivindicava, numa reunião da Internacional Socialista no Rio de Janeiro, na qual Bayardo Arce, membro da Direção Nacional da Frente

Sandinista ofereceu esse compromisso, já não quis aceitá-las, atuando de acordo com o veto imposto pelos Estados Unidos. Após sua candidatura fracassada ele passou à direção da *contra* no exílio, onde já estava Alfonso Robelo, e para onde Reagan queria levar todos os dirigentes da oposição civil.

Ganhamos com mais de 60% dos votos, com um comparecimento altíssimo de eleitores; mas até mesmo partidos que não tinham nada a ver com a UNO, a União Nacional Opositora, e que debaixo da mesma pressão dos Estados Unidos tinham se retirado da eleição quando as células já estavam impressas, como o Partido Liberal Independente (PLI), conseguiram um bom número de representantes na Assembleia Nacional. E outros, como o Partido Conservador, ganharam em municípios rurais onde nem tinham feito campanha. Nós, que pretendíamos a unanimidade, não nos detivemos para examinar muito detalhadamente o fato de que, apesar da retirada da UNO, quatro em cada dez eleitores tinham se expressado contra nós.

A legitimidade que buscávamos foi obtida parcialmente. Os governos da América Latina e da Europa que tinham nos pressionado, ou estimulado, para fazer eleições mandaram delegações de nível discreto para a cerimônia de posse em janeiro de 1985. Nenhum chefe de Estado quis vir. Os presidentes dos países membros do Grupo de Contadora tinham combinado antes que se fariam representar por seus ministros de Relações Exteriores, e nosso convidado mais importante acabou sendo Fidel Castro, que com seu gesto solidário desequilibrava ainda mais o cenário. Carlos Andrés Pérez nos disse, numa carta em que declinava do convite, que se sentia frustrado pela falta de garantias eleitorais; nós, pelo nosso lado, nos sentíamos frustrados por não acreditarem na nossa vontade verdadeira de propiciá-las.

A cerimônia de posse de Reagan em seu segundo mandato, em janeiro de 1985, coincidiu com a nossa. E, a partir de então, a agressão desatou-se em toda a sua magnitude. Em seu discurso inaugural ele outorgou aos *contra* o título de lutadores pela liberdade (*freedom-fighters*), e em maio impôs o embargo econômico sobre a Nicarágua, com o argumento de que representávamos uma ameaça para a segurança dos Estados Unidos. E ao proibir o envio de trigo tivemos nosso melhor momento de unidade nacional desde a Cruzada Nacional de Alfabetização, porque nos tomavam o pão, e correu solta a palavra de ordem patriótica 'voltar ao milho', que era nossa raiz.

Os portos nicaraguenses foram minados por sabotadores da CIA, e o incêndio dos depósitos de petróleo do porto de Corinto com foguetes de alto poder lançados de lanchas rápidas, operadas também por especialistas da CIA, forçou a retirada de todos os moradores da cidade. Em 1986, numa ação sem precedentes, o Congresso dos Estados Unidos aprovou 100 milhões de dólares para financiar a *contra*. Honduras já era uma base permanente de operações contra a Nicarágua, da mesma forma que a Costa Rica e El Salvador. A sentença da Corte Internacional de Haia condenando o governo dos Estados Unidos, que para nós representou uma vitória formidável depois de termos dedicado imensos esforços para a preparação do caso, foi ignorada por Reagan. Não restava outra saída além da intervenção militar, como tinha acontecido com Granada em outubro de 1983, e nós denunciávamos constantemente sua iminência.

Eram também os anos do pássaro negro, o avião espião SR-71, que voava pelos céus da Nicarágua acima da barreira do som, provocando grandes estrondos, como se um Zeus estrondoso quisesse nos amedrontar. E no começo de outubro de 1986 foi abatido não o pássaro negro, mas um velho avião de carga C-123, parte da frota operada pela CIA a partir do aeroporto de Ilopango, em El Salvador, para descarregar apetrechos militares de paraquedas para as forças da *contra* que atuavam dentro da Nicarágua.

O avião foi derrubado no rio San Juan pelo tiro certeiro do lança-foguetes de um recruta de 17 anos, que não queria acreditar nos próprios olhos quando viu o avião despencar envolto em chamas. Todos os tripulantes eram norte-americanos, e Eugene Hasenfus, o único sobrevivente (porque sempre tomava a precaução de usar um paraquedas), foi capturado. A fotografia do ianque corpulento sendo puxado com uma corda atada ao pescoço pelo mesmo recruta que o havia derrubado recordava na Nicarágua as imagens da guerra de Sandino contra os invasores; e, nos Estados Unidos, as imagens da Guerra do Vietnã.

A Embaixada dos Estados Unidos não quis receber os ataúdes com os cadáveres dos pilotos, colocados em seu portão, com o argumento de que se tratava de uma operação privada com a qual não tinham nada a ver. Hasenfus, pelo contrário, um veterano do Vietnã cuja missão durante os voos consistia em lançar a carga ao vazio, revelou os nomes de quem o havia contratado, todos próximos ao tenente-coronel Oliver North, homem de confiança de Reagan no Conselho Nacional de Segurança.

Os Tribunais Populares, estabelecidos após o triunfo da revolução para julgar os guardas de Somoza, condenaram sumariamente Hasenfus à pena máxima de trinta anos de prisão; sabíamos, porém, que ele não poderia ser detido durante muito tempo, por causa das pressões que despencariam sobre nós, e além do mais porque sua libertação seria útil na guerra de imagens que mantínhamos com Reagan dentro dos Estados Unidos.

Naquele mesmo mês fiz uma viagem pelos Estados Unidos, que começou em Atlanta, convidado para a inauguração do Centro Carter, e de lá fui a Madison, para falar na Universidade de Wisconsin. Por coincidência, a família de Hasenfus morava em Madison. Sua esposa Sally pediu para se reunir comigo e eu a visitei em sua casa, um gesto que ao ser anunciado atraiu a atenção da imprensa que andava atrás de mim justamente por causa do caso Hasenfus.

Eram pessoas simples, desse meio rural norte-americano onde o mundo aparece como uma visão longínqua e inofensiva, até que por algum milagre maléfico esse mundo se complica metendo-os em acontecimentos que estão longe de conseguir entender. Não creio que soubessem nem de que lado daquele conflito Hasenfus estava. Nas pesquisas de opinião, as pessoas comuns dos Estados Unidos, gente como os Hasenfus, ignoravam se Reagan atuava a favor ou contra os *contras*, se apoiava ou queria derrubar o governo da Nicarágua. Mas essa mesma gente, por sua vez, apoiava Reagan. Uma guerra travada no meio da ignorância, embora fôssemos capazes de mobilizar os setores de maior relevância — as igrejas, os sindicatos, os grupos defensores de direitos humanos, os intelectuais, os artistas, todos com influência no Congresso e nos meios de comunicação.

Compartilhamos um café com biscoitinhos na pequena sala de estar de assentos de plástico e coberta de fotografias familiares, no meio de uma cordialidade tensa, mais cheia de silêncios que de outra coisa. A única coisa que eu podia repetir era que Hasenfus estava sendo bem tratado, que tinha todas as garantias legais. E poderiam visitá-lo quando quisessem. Sua esposa, Sally, a mãe, os irmãos, se espantaram ao saber que visitá-lo na Nicarágua pudesse ser possível. E além disso, em que confim ficava a Nicarágua? *Ní-kua-rra-gua*, como o chefe da CIA, William Casey, costumava pronunciar em suas audiências na Comissão de Inteligência do Senado.

Quando saí ao lado de Sally, que veio se despedir na varanda, atrás de uma dessas fitas amarelas que a polícia põe no lugar dos acidentes, havia na rua uma multidão de fotógrafos, cinegrafistas e repórteres, a maior que eu tinha visto na vida. A pergunta era sempre a mesma: quando Hasenfus será libertado? A imagem do mercenário sendo puxado pelo recruta adolescente continuava recordando que os Estados Unidos estavam metidos em outra guerra fora de suas fronteiras; e, além da ignorância sobre o que realmente acontecia na Nicarágua, era uma imagem perturbadora.

Hasenfus voltou para sua casa em Madison no Natal daquele ano, depois de ter sido entregue a uma missão de pastores da Southern Christian Leadership Conference, a igreja de Martin Luther King, muito próxima a nós.

Obter a libertação de prisioneiros continua dando prestígio político nos Estados Unidos. Recordo que naqueles anos, numa visita do reverendo Jesse Jackson a Manágua fui encarregado de acompanhá-lo numa sessão em sua homenagem na Assembleia Nacional, último ato de seu programa oficial. Enquanto o presidente da Assembleia, Carlos Núñez, o elogiava em seu discurso, ele olhava agoniado para seu relógio de pulso e se inquietava querendo se levantar, numa evidente mostra de grosseria que me irritou, e eu disse isso a ele. Mas é que ele tinha de ir a Havana buscar uns presos que seriam libertados graças às suas gestões, e a entrega precisava ser feita numa hora determinada para que pudesse aparecer nos noticiários vespertinos das redes de televisão.

No final dessa minha viagem aos Estados Unidos, em que também falei sobre a agressão na Universidade de Harvard, no Instituto Tecnológico de Massachusetts (o prestigiado MIT) na Universidade de Kansas e na de Notre Dame, cheguei a Nova York para me reunir com o secretário-geral da ONU, Javier Pérez de Cuéllar; e no dia 25 de novembro fui convidado para um uma entrevista às onze da manhã com Dan Rather, o âncora dos telejornais da rede CBS.

Ele me recebeu num escritório ao lado do estúdio de onde as notícias eram transmitidas. Já estava maquiado e me pediu desculpas porque ia entrar no ar naquele momento; havia uma entrevista coletiva convocada de forma inesperada pela Casa Branca, e Reagan ia aparecer dali em instantes para fazer um comunicado importante. Ele voltaria em seguida.

— Esse comunicado é sobre a Nicarágua — eu disse a ele.

Ele me olhou, intrigado.

— Se for mesmo, o senhor estaria disposto a comentá-lo em meu programa, quando terminar a fala do presidente?

Era uma oportunidade de ouro, e eu respondi que lógico que sim. Ele saiu e fiquei na sala, diante de um monitor de televisão no qual só se via o pódio vazio da sala de imprensa da Casa Branca. E, então, Reagan apareceu. E sua breve mensagem foi para reconhecer que tinham sido desviados para os *contras* fundos provenientes de uma venda secreta de armas para o Irã, que ele alegava não conhecer, e na qual assessores dele estavam envolvidos. Apoiar com armas o Irã, um Estado classificado como terrorista no discurso diário da Casa Branca, era um escândalo, mas conceder ajuda financeira aos *contras* violava as proibições da Emenda Boland, aprovada pelo Congresso em outubro de 1984. A lei que autorizava o desembolso dos 100 milhões de dólares ainda não tinha entrado em vigor.

Explodia naquele momento o escândalo do Irã-gate, ou Irã-contras, como também foi chamado. A investigação do procurador-geral Geese, que já estava em curso, envolvia o conselheiro de Segurança Nacional, John Pointdexter, e Oliver North, chefe da operação da qual Hansefus tinha participado.

Quando Reagan encerrava sua mensagem me levaram ao estúdio e pude dar minhas opiniões no calor da hora, diante de uma audiência muito vasta, certamente surpresa pelo fato de o apresentador do programa me ter tão à mão. Vaticinei que sobrariam para Reagan consequências parecidas às do escândalo de Watergate, que tinha forçado Nixon a renunciar, e repeti a mesma coisa, cheio de entusiasmo, aos convidados de um almoço naquele mesmo dia na casa da crítica de arte Dore Ashton, entre os quais se encontravam Allen Ginsberg e Susan Sontag.

Mas não aconteceu nada parecido. Aquelas revelações encobriram, ou puseram em surdina, outro escândalo ainda pior, investigado pela Comissão do senador John Kerry, que ligava a CIA e os *contras* ao tráfico de drogas. Os aviões que transportavam material militar até a base de Palmerola, em Honduras, regressavam aos Estados Unidos carregados de cocaína. De acordo com uma reportagem posterior do *San Jose Mercury News*, essa operação instalou o mercado do crack na Califórnia.

A cumplicidade do governo do Irã no financiamento da *contra* foi, para nós, uma surpresa total. A convite do primeiro-ministro, Mir Hussein Mousari, eu tinha estado em Teerã em 1984, acompanhado pelo ministro de Comércio Exterior, Alejandro Martínez Cuenca, negociando um crédito petroleiro; e estávamos voltando com as mãos vazias quanto interveio o então presidente do Parlamento, o aiatolá Hashemi Rafsanjami, o mesmo que tempos depois foi apontado como o cérebro dos acordos secretos com Reagan, e o crédito, de 38 milhões de dólares, nos foi concedido.

O avião particular da irmã do xá, um Boeing 737 que tinha as torneiras da pia de ouro maciço, estava à nossa disposição, e nele viajamos para Joranchar, na fronteira com o Iraque, custodiados por uma esquadrilha de caças Tomcat; para nos impressionar, os caças foram abastecidos em pleno ar por aviões tanque 747. Joranchar, onde os disparos de canhão eram ouvidos sem trégua, tinha sido dinamitada quarteirão por quarteirão pelas forças iraquianas em sua retirada, e a vastidão de sua desolação me recordava Manágua, depois que haviam limpado os escombros do terremoto de 1972.

Durante um jantar oficial de abstêmios, em esteiras estendidas no chão, interrompido no momento da oração, quando nossos anfitriões nos deixavam sempre sozinhos, perguntei ao mais celebrado dos heróis da Força Aérea iraniana, que todos chamavam de *Estrela solitária*, como os Tomcat e toda a sofisticada frota de aviões de guerra herdada do xá continuavam voando apesar do embargo imposto pelos Estados Unidos. E ele me respondeu, com toda a seriedade, que graças ao engenho de seus mecânicos de aviação, capazes de fabricar as mais complexas peças de reposição, e ao mercado negro. Só quando explodiu o escândalo soube-se que na verdade tudo aquilo era graças ao engenho de Oliver North.

Depois também visitei o Iraque numa missão parecida, que fracassou porque ao mesmo tempo uma outra missão nossa estava em Teerã, encabeçada por Carlos Núñez, presidente da Assembleia Nacional; a pretensão de obter apoio de dois países em guerra, cortejando-os da mesma forma, era típica da nossa política exterior, que chegou a ser complexa e a mostrar uma surpreendente exibição de ousadia algumas vezes, outras vezes de astúcia, e que tanto podia depender de documentos minuciosos como de puras improvisações.

O primeiro-ministro Mir Hussein Mousari, que havia estado em Manágua para retribuir a minha visita, me fez chegar em 1988 uma mensagem com a delegação que assistiu às cerimônias do aniversário da revolução, externando seu desencanto pelo fato de eu ter visitado o Iraque. Tínhamos uma relação afetuosa. E não encontrei ocasião melhor que aquela para mandar dizer que mais desencantado ainda me sentia eu, pelo fato de eles terem estado ajudando a *contra*, em conluio com os Estados Unidos, o Grande Satã.

Quando a revolução triunfou em 1979, não tínhamos o menor contato com a União Soviética, que estimulava a participação dos partidos comunistas da América Latina em eleições e via com desconfiança os movimentos armados.

Em outubro de 1977 eu tinha sido encarregado de explicar a dom Manuel Mora Valverde, o caudilho comunista da Costa Rica, os alcances políticos da ofensiva que estava sendo preparada. Ele marcou um encontro secreto comigo, tal como os manuais soviéticos de contraespionagem recomendavam, e depois de muitas voltas que duraram uma noite inteira, passando de um veículo a outro, acabamos em Moravia, na casa de uma professora universitária que, aliás, era minha amiga, e onde ele me esperava à meia-luz. Quando terminei minha explicação ele, ajustando a dentadura postiça, fez apenas um comentário lacônico:

— Eu lhes desejo êxito nessa aventura.

Num daqueles dias revoltos de julho de 1979 recebi, na Casa de Governo, um telefonema de Gabo. Sempre com seu ar conspirador, ele me pediu que recebesse um amigo que no dia seguinte chegaria para nos visitar. Era um funcionário da Embaixada da União Soviética no México e que, como todo bom russo, se chamava Vladimir. Ficou e abriu a missão diplomática, ele sozinho, nos salões vazios de uma residência confiscada que oferecemos imediatamente.

Foi por volta de maio de 1980 que a primeira delegação oficial, encabeçada por Moisés Hassan, Tomás Borge e Henry Ruiz (*Modesto*), viajou para Moscou. Naquela altura, ia-se procurar o alinhamento estratégico que desejávamos e que os soviéticos viram o tempo todo com reservas. Nossa pretensão de nos tornarmos membros do Tratado de Livre Comércio dos países socialistas (CAME) foi sempre deixada para depois, embora a cooperação econômica, baseada em créditos facilitados, tenha sido mais que generosa.

Os acordos militares jamais se aproximaram de alianças, compromissos de defesa mútua ou presença de tropas soviéticas em solo nicaraguense, mas propiciaram fornecimento de armas, equipamentos e munição, e ao treinamento de tropas regulares através de seus assessores; mas, para enfrentar os *contras*, a arte da guerra de posições servia de quase nada, como tampouco serviu a eles no Afeganistão.

Nos termos da distensão entre as duas superpotências, a União Soviética, desde o principio, não sentiu nenhum entusiasmo em abrir outro flanco de tensão com os Estados Unidos na América Latina, além do de Cuba; isso, porém, não quer dizer que, ao nos darem apoio militar, não tenham escolhido um lado no conflito, contrário ao dos Estados Unidos, e que, portanto, a Nicarágua não tenha passado a ser um dos cenários da Guerra Fria.

O primeiro embarque de armas soviéticas para a Nicarágua se fez sob as regras de prudência impostas por eles mesmos, através da Argélia; mas onde melhor se pôde comprovar essa cautela foi no caso do fornecimento dos aviões caça MIG, incluído no primeiro protocolo de assistência militar assinado em 1981.

As forças aéreas da Guatemala, El Salvador e Honduras tinham suas próprias esquadrilhas de caças, e procurávamos uma equiparação defensiva; além disso, interceptar os voos de abastecimento da *contra*, impunes às telas dos radares, tornou-se depois uma necessidade que só poderia ser resolvida com um MIG.

Com grande entusiasmo começamos a construção do aeroporto destinado aos MIG em Punta Huete, junto da margem oriental do Lago de Manágua, que apesar do apoio cubano, consumiu recursos importantes, muito além de nossas possibilidades reais, e foi em grande parte responsável pela inflação catastrófica. Milhares de toneladas de cimento a granel foram transportadas para as obras ao longo de vários meses, em caravanas de caminhões saindo da planta produtora de San Rafael do Sul, a ponto de esgotar sua capacidade; e muitas vezes fizemos os cálculos de que os recursos e os materiais investidos ali teriam sido suficientes para uma estrada pavimentada de Manágua até Puerto Cabezas, no litoral do Caribe.

A pista estava no raio de aproximação do aeroporto internacional Sandino e qualquer passageiro dos voos comerciais podia vê-la da janelinha do avião, para não mencionar os SR-71 que passavam fotografando nosso território todo santo dia. E ainda é possível vê-la, a longa faixa cor de cinza, na planície desolada junto ao lago, sendo cruzada por manadas de vacas que pastam nas vizinhanças, cada dia mais deteriorada.

Quando em 1982 o secretário de Estado norte-americano George Schultz denunciou a chegada dos MIG, os soviéticos começaram a adiar a entrega, que acabou não acontecendo jamais. Havia sessenta pilotos sendo treinados na Bulgária para operar aqueles MIG, que pouco a pouco foram regressando para a Nicarágua, sem utilidade alguma.

Fidel Castro insistia em nos dizer para abandonar aquele projeto, porque tinha certeza de que os aviões seriam destruídos em terra antes que conseguissem voar, e nos recomendava que pedíssemos em troca helicópteros MI-25, os mais sofisticados do arsenal soviético, e que no fim foram decisivos pela sua capacidade de ataque e de manobra. Mas houve certa resistência em nossas fileiras antes de a troca ser aceita. A evidência de que os soviéticos tinham seus próprios interesses estratégicos e que nós não estávamos dentro de suas prioridades, sobretudo depois da chegada de Gorbachev ao poder, em 1985, significava uma amarga desilusão.

Numa visita à França, em dezembro de 1981, Jaime Wheelock, convidado por Leonel Jospin, na época ministro de Agricultura, solicitou ao governo de François Mitterrand, recém-instalado, que nos concedesse um crédito para a compra de caças Mirage. Não conseguiu, é claro, mas conseguimos lanchas costeiras Vedette, helicópteros de observação Alouhette e caminhões militares. Conforme nos advertiu Regis Debray, que era conselheiro do governo socialista e participava da negociação, com aquele gesto pretendiam nos afastar da dependência do campo soviético. Mas era isso, um gesto, e não envolvia abastecimentos essenciais para uma guerra como a que começávamos a enfrentar, e que só viriam do campo soviético e de Cuba.

Recém-eleito primeiro-ministro da Grécia, Papandreu encontrou-se comigo em Atenas, em 1984. Depois de ter estendido a minha conhecida lista de pedidos, ele me perguntou, para minha surpresa, se não precisávamos, além daquilo tudo, de armas. Eu me apressei em responder que sim, e então ele me ofereceu 10 mil fuzis G-3, a arma regulamentar das tropas da OTAN, fabricada na Grécia. Os fuzis prontamente chegaram ao porto de Corinto. Também os socialistas gregos, embora sem força suficiente, queriam afastar-nos dos alinhamentos da Guerra Fria.

Em 1986, Margaret Thatcher concordou em me receber em Downing Street, sob os normas de um protocolo severo e discreto. Esperou-me ao pé da escada que levava ao seu gabinete, a bolsa debaixo do braço e os cabelos armados de laquê, como as damas da minha cidade natal nos dias de casamento ou velórios, e apertou a minha mão quantas vezes os fotógrafos pediram, um apertão mecânico e distante.

Norita Astorga, que na época era vice-ministra de Relações Exteriores, me acompanhava. Quando nos sentamos para a conversa, Margaret Thatcher pegou uma pasta que estava em cima da sua mesa, e recorria a ela cada vez que achava que estava se perdendo em seus argumentos; na pasta ela guardava a lista das evidências do nosso alinhamento com o campo soviético, sendo a primeira delas os helicópteros MI-25, que chamava várias vezes de "tremendos". Enquanto ela falava, Norita aproximou-se do meu ouvido e isso a enfureceu. Não tolerava distrações. Para atenuar seus argumentos citei o fornecimento militar francês, e ela pareceu não me ouvir; mas, quando mencionei os fuzis que Papandreu tinha nos entregado, Margaret Thatcher se encabritou:

— Papandreu! — disse, como se não conseguisse acreditar. — E nós, da Comunidade Europeia, damos a ele um dinheirão em subsídios agrícolas!

Depois, porém, me ofereceu um chá que ela mesma serviu, como boa dona de casa, e a conversa tornou-se amável e relaxada.

Nunca suspeitamos da magnitude dos acontecimentos que chegariam a dissolver o campo soviético, nosso ansiado escudo de proteção estratégica. Quando Boris Yeltsin, na época prefeito de Moscou e membro suplente do Birô Político do Partido Comunista da União Soviética (PCUS), visitou Manágua no começo de 1988, sua mensagem foi tranquilizadora: a *perestroika* serviria para fortalecer o poder soviético e seu papel no mundo. Longe, naquela altura, de imaginar seu papel futuro, ele me deu a impressão de ser um dos duros da velha guarda, dos que tolerariam a experiência enquanto não criasse muitos riscos.

Numa das longas sessões em que me tranquei a sós com ele, perguntei, entre outras coisas, sobre a verdadeira profundidade da *glasnost* e sobre o espaço real para escritores e artistas.

— Abrimos as galerias oficiais para todos os pintores ruins que tinham ganhado fama por serem dissidentes. Agora que não estão mais proibidos, ninguém vai querer ouvi-los, e eles deixarão de nos aborrecer — disse ele, satisfeito com a própria astúcia.

Tosco e mal-educado, não agradou ninguém. Era, porém, o funcionário de mais alto nível que tinha nos visitado; e, quando na lagoa de Jiloá decidiu tomar banho completamente nu, teve gente entre nós que correu para se despir e fazer companhia a ele. Tinha nos garantido, além do mais, que o apoio soviético à revolução continuaria sem nenhuma mudança.

Mas quando as negociações de paz na cidade guatemalteca de Esquipulas já estavam bem avançadas, entrou em cena Kasimirova, o novo chefe da chancelaria soviética para a América — o ministro era Schevernaze — e sua mensagem, transmitida com amáveis subterfúgios, era exatamente o contrário: nós deveríamos procurar um rápido entendimento com os Estados Unidos, pôr fim à guerra e obter recursos no mundo ocidental; eles não tinham mais como aguentar uma carga tão pesada. E deveríamos também nos manter no modelo de economia mista, para criar confiança.

A União Soviética tinha iniciado, além disso, negociações secretas com os Estados Unidos, pautadas por uma agenda concreta que tinha a ver com o caso da Nicarágua e o fim negociado dos conflitos na América Central, e o próprio Kasimirova era o responsável por elas. Essas negociações iniciadas no final da presidência de Reagan continuaram depois na administração de Bush (pai), e tiveram como contraparte primeiro Elliott Abrams, e depois Bernie Aronson, os dois, um de cada vez, subsecretários de Estado.

O conflito na Nicarágua estava próximo do fim. Mas o fim também se aproximava para nossos padrinhos distantes e para nós.

8. O provável número 13

Poucos dias antes de assassinarem Pedro Joaquín Chamorro eu tinha recebido um papelzinho mandado por ele, assinado com suas iniciais, em que me apresentava Leonardo Jerez, dono da fábrica de calças Búfalo, da cidade de Rivas, como amigo de confiança absoluta. "Por favor, receba-o sem reserva alguma", me pedia, e terminava: "abraços a todos". *Sem reserva alguma* significava que eu podia conspirar com o fabricante de calças. *A todos* significava os membros do Grupo dos Doze.

Pedro Joaquín foi assassinado no dia 10 de janeiro de 1978. Edmundo Jarquín, que era seu amigo íntimo e principal colaborador na União Democrática de Libertação (UDEL), tinha se reunido com os Doze, em San José, três dias antes. Buscávamos a forma de forjar uma aliança e precisávamos percorrer o mais rapidamente possível um caminho semeado de desconfianças mútuas, por isso a conversa não tinha sido fácil. Pedro Joaquín não ignorava que os Doze eram parte da Tendência Terceirista da Frente Sandinista, com a qual ele queria se entender, mas alguns membros do grupo, de quem menos se podia esperar, entre eles o doutor Cuadra Chamorro, mostravam-se intransigentes e desconfiavam da UDEL e do próprio Pedro Joaquín.

A UDEL aglutinava desde dissidentes do somozismo até socialistas com franquia soviética, e tinha posições diferentes das dos velhos partidos de direita. Mas até mesmo a palavra "libertação", que pertencia tanto ao nome da Frente Sandinista como ao da UDEL, era objeto de disputa, e não propriamente disputa semântica. Para a tradição armada da Frente Sandinista de Libertação Nacional, só existia a libertação de classe; e da perspectiva da UDEL, não desafiada por seus aliados socialistas, libertação democrática implicava a censura ao totalitarismo implícito na outra.

Havia, pois, desconfianças recíprocas. Edmundo Jarquín recorda que em meados de 1977 um grupo de simpatizantes da Tendência Guerra Popular Prolongada chegou a interromper um comício da UDEL em Matagalda, aos gritos de "UDEL, os Doze e Somoza são a mesma coisa"; e aquele grito convenceu Pedro Joaquín que os terceiristas estavam sob a mesma mira ortodoxa, e que seria possível trabalhar juntos.

Edmundo estava voltando para Manágua no domingo 8 de janeiro de 1978 no voo das seis da manhã, e na madrugada me telefonou do hotel para demonstrar como estava preocupado com os frouxos resultados da reunião; pedi para me aguardar, que eu o levaria ao aeroporto, e no caminho tratei de tranquilizá-lo. Disse a ele que as desconfianças ficariam para trás, diante da necessidade de enfrentarmos tudo que estava por vir, e que era, sem dúvida, o mais difícil; e que garantisse a Pedro Joaquín que na próxima reunião com ele tudo se definiria.

Em fevereiro seria realizada em Cancún a assembleia anual da Sociedade Interamericana de Imprensa (SIP), e com esse pretexto Pedro Joaquín viajaria para o México, onde se encontraria com Daniel e comigo. Mas esse encontro jamais aconteceu. Naquele domingo em que foi receber Edmundo no aeroporto de Manágua, ansioso pelas notícias que ele traria, os matadores contratados já andavam atrás de seus passos, e uma fotografia tirada no aeroporto, em que Pedro Joaquín aparece abraçando Edmundo, foi a última que fizeram dele.

Semanas antes, tinha me mandado seu livro *El enigma de las alemanas*, com a seguinte dedicatória: "Para Sergio, do provável número 13. Com um abraço, PJCh." Não dizia isso porque quisesse se juntar ao Grupo dos Doze, pois uma sugestão dessas estava fora de sua maneira de ser, altiva em tudo, mas porque já pesava sobre nós a ordem de prisão de Somoza e ele sentia que a qualquer momento podia ser encarcerado, como em tantas outras ocasiões.

Honesto e franco, e muitas vezes antipático de tão franco, Pedro Joaquín era uma ovelha extraviada da oligarquia, culpado do pecado de não ter se filiado jamais ao Partido Conservador, o partido dos pactos com a ditadura. Dissidente dos seus, odiado por Somoza e visto com desconfiança pelos embaixadores norte-americanos e pela esquerda armada, foi um livre-pensador em estado puro. Carlos Fonseca Amador, preso na Penitenciária Central de San José da Costa Rica, não quis receber uma visita sua em agosto de 1969. Nunca estava bem com ninguém, apesar de seu jornal, *La Prensa*, ser o mais vendido da Nicarágua.

Eu o conheci em 1963, em meus anos de estudante, quando o reitor Mariano Fiallos Gil ofereceu-lhe uma recepção em sua casa na praia de Poneloya, com os dirigentes estudantis da FER como únicos convidados, tentando favorecer um diálogo. Aceitamos com reticências. Pedro Joaquín, para nós, era suspeito, apesar de ter se alçado em armas contra Somoza em 1959. Suspeito por causa de seu anticomunismo, por causa de seu sobrenome, por causa de *La Prensa*, por causa da SIP, a Sociedade Interamericana de Imprensa.

O diálogo cara a cara se prolongou até a meia-noite, todos afogueados pelo rum, e a disputa verbal foi subindo de tom, porque ele não era um homem fácil de vencer nem de convencer. Em determinado momento, acossado e tentando se fazer ouvir por cima dos gritos para responder aos argumentos de que ele não desejava uma mudança profunda no país, disse que estava claro que o problema não era somente Somoza, mas acabar para sempre com a corrupção, educar bem os pobres, conseguir uma reforma agrária.

Danilo Rosales, que quando estava para terminar seu curso de medicina se uniu à guerrilha de Pancasán, em 1967, onde foi morto, perguntou a ele, com deboche, como pretendia fazer essas mudanças: na marra, na base do colhão? E ele, ensandecido, respondeu:

— Claro que sim! Na base do colhão, seu merda!

Então, entre gritos de júbilo, todos nós o aplaudimos.

Naquele tempo Pedro Joaquín Chamorro tinha se transformado em chefe de propaganda do doutor Fernando Agüero, um oculista de voz empostada, dono de um carisma que ele não tinha, capaz de reunir multidões onde quer que se apresentasse. Mas Agüero, líder do Partido Conservador, tampouco era confiável para nós. Certo domingo, vários de nós, que estivéramos na recepção de Poneloya, subimos no teto do convento de La Merced para ver um dos comícios de Agüero, e descobrimos Pedro Joaquín encarapitado no telhado da casa de cuja sacada o orador pronunciava seu discurso, dando instruções ao fotógrafo do *La Prensa* sobre de que ângulos a multidão devia ser focada.

Agüero acabou pactando com Somoza, e Pedro Joaquín desterrou-o das páginas do *La Prensa*, que deixou de mencioná-lo a não ser para debochar de seu falso poder, membro de um triunvirato no qual Somoza tinha duas fichas dóceis.

Agüero mandava tocar a sirene de seu automóvel quando ia de sua casa ao Palácio Presidencial, e essa foi toda a sua pompa.

Pedro Joaquín e eu não nos tornamos amigos nessa época, e sim graças à literatura, porque ele se tornou leitor de meus contos e nas vezes em que eu ia até o *La Prensa*, onde sempre havia uma tertúlia na sala de Pablo Antonio Cuadra, ele se aproximava, um tanto tímido, para participar da conversa, embora já levasse dentro o estupendo narrador que se revelou depois, transformado à força em escritor nas longas temporadas em branco que Somoza lhe deixava com as suspensões de seu jornal.

Depois do terremoto de Manágua escrevi uma carta para ele, transmitindo a oferta do jornalista Julio Suñol para que o *La Prensa* fosse rodado na gráfica do *La República*, em San José, enquanto a rotativa desmantelada fosse consertada. Ele me respondeu cheio de desânimo e ironia: se os guardas de Somoza estavam roubando as doações para as vítimas no próprio aeroporto, também iriam roubar os pacotes do jornal que chegariam de avião.

Mas quando voltei da Alemanha em 1975 pudemos fazer algo parecido; ele me confiou a direção do *La Prensa Literaria Centroamericana*, uma revista mensal que tinha sua redação central em San José, onde também eram editadas as páginas, depois impressas na rotativa do *La Prensa* em Manágua. Era um projeto ambicioso e de alto custo, que não durou muito. Quando me convidou para almoçar no restaurante Los Ranchos, em Manágua, em outubro de 1976, nos vimos pela última vez.

Ninguém teria sido capaz de me dizer, naquele encontro, que poucos anos depois, em junho de 1979, eu transmitiria a Violeta, sua mulher, a proposta de fazer parte da Junta de Governo destinada a substituir Somoza.

Violeta havia abandonado a Nicarágua diante do recrudescimento da guerra, e morava em San José, na casa de sua filha Claudia, no mesmo bairro que eu, Los Yoses. Claudia e seu marido, José Bárcenas, exilados, colaboravam em Manágua com a Frente Sandinista, e nos dias em que a ofensiva de setembro de 1978 era preparada eu costumava me reunir em sua casa na estrada de León com Joaquín Cuadra (*Rodrigo*) e o Gordo Pín. Lembro que numa dessas vezes eles precisaram sair correndo, altas horas, à procura de um hospital, por causa dos gritos incessantes de seu filhinho de poucos meses, Fradique, e não voltaram naquela noite porque o bebê foi operado de emergência de uma oclusão do intestino.

Violeta começou rejeitando a proposta com mostras de alarma, resolveu consultar seus filhos, e, ao contrário do que esperava, todos apoiaram a ideia. Dali mesmo, da casa de Claudia, telefonei para Pedro Joaquín, o mais velho, que continuava em Manágua e aprovou a ideia, insistindo porém que sua mãe não tinha nenhuma experiência política, algo que sabíamos bem.

Depois, Claudia se transformou em sua assistente pessoal na Casa de Governo, e suas advertências cotidianas indicando que sua mãe se sentia inútil e isolada porque as funções que cumpria eram escassas, e avisando que ela acabaria por se negar a continuar ocupando um papel ínfimo, não foram ouvidas; e também não nos preocupamos com o fato de que a reiterada imposição da maioria mecânica nas votações da Junta de Governo favorecia a sua renúncia.

Ninguém teria sido capaz de me dizer, além do mais, que anos depois ela nos derrotaria nas eleições e faria uma presidência memorável. Ao longo de seu mandato ela soube navegar com a bandeira da inexperiência e da ingenuidade aparente, escondendo em suas atitudes, muitas vezes pueris, uma sagacidade invejável, e dando lições de bom-senso em linguagem caseira.

O assassinato de Pedro Joaquín em 1978 incendiou a Nicarágua de um jeito que ele mesmo jamais conseguiria em vida, e deu uma virada na luta. As pessoas ensandecidas atearam fogo, na noite de seu assassinato, na Plasmaféresis, a empresa de Somoza que comprava sangue dos miseráveis, e também incendiaram outros negócios da família na estrada do norte, nas vizinhanças do *La Prensa*. No dia 21 de janeiro, depois de uma missa celebrada em sua memória na igreja de Magdalena, em Monimbó, o bairro indígena da cidade de Masaya, os primeiros enfrentamentos de rua anunciaram o início da rebelião de seus moradores, que haveria de durar mais de um mês. Apareceram as máscaras das celebrações folclóricas cobrindo os rostos dos combatentes atrás das barricadas, e as bombas de contato, invenção daqueles dias de resistência desigual, soariam no mundo inteiro.

Eu estava em Cuba com Ernesto Cardenal, os dois no júri do prêmio de literatura da Casa de las Américas, e debaixo dessa fachada procurando apoio para os terceiristas, quando começou a insurreição de Monimbó. Nosso plano, não tão imediato, era tomar as cidades de Granada e Rivas, e para isso continuavam os preparativos sob a direção de Camilo Ortega, o irmão mais novo de Humberto e Daniel; mas a explosão inesperada de Monimbó ia acelerar, forçosamente, esse plano. Além disso, e pressionados por empresários jovens, a cúpula do COSIP — o Conselho Superior da Iniciativa Privada — estava convocando uma greve nacional contra Somoza, o que era algo inusitado.

As manifestações de protesto em Manágua e em outras cidades, e também os tiroteios, se multiplicavam, enquanto a Guarda Nacional apertava o cerco sobre Masaya, segundo as notícias constantes da Rádio Relógio de Havana. E eu sabia que os fuzis que estavam sendo enviados da Costa Rica para os ataques a Granada e Rivas, mesmo que fossem desviados para Monimbó, eram poucos para armar centenas de rapazes sublevados, em sua maioria artesãos, e que até aquele momento se dedicavam a fabricar em oficinas domésticas fogos de artifício, redes, balaios, móveis e brinquedos de madeira, e que agora resistiam com velhas pistolas, espingardas de caça, morteiros caseiros e bombas de contato. Camilo Ortega haveria de morrer em Los Sabogales, perto de Monimbó, na tentativa de organizar socorro para aqueles rapazes.

Em Cuba nós, do júri do prêmio, tínhamos sido confinados no hotel Hanabanilla, na serra do Escambray, e na noite em que apareceu de visita a diretora da Casa de las Américas, Haydée Santamaría, instiguei Ernesto Cardenal para que expusesse a nossa urgência de regressar para a Nicarágua. As gestões políticas da viagem, por sua vez, realizadas em Havana, estavam terminadas, e de maneira pouco alentadora.

— Somoza está caindo! — disse Ernesto a Haydée, de maneira muito dramática, erguendo os braços. — O povo inteiro está na rebelião, até os capitalistas. Sergio e eu temos que voltar.

— Se eu deixar todo membro do júri ir embora, não haverá prêmio — respondeu ela com cordial inflexibilidade.

Acontece que Haydée era muito dada a brincadeiras, e contou que tinha se desgarrado de sua escolta em Cienfuegos e chegara sozinha ao hotel, sabendo que depois eles a encontrariam ali seguindo sua pista. Nos propôs que a ajudássemos a se embarcar em seu quarto, e nisso ficamos até a meia-noite, com Chico Buarque, Ignácio de Loyola Brandão, Tito Monterroso e Manuel Mejía Vallejo, que também faziam parte do júri. A brincadeira facilitou a negociação, e no fim chegamos a um acordo: Ernesto ficaria até o fim do concurso, e eu poderia partir.

O júri nos deu uma festa de despedida e, diante das notícias que chegavam da Nicarágua e da vontade que todos sentiam de ver o fim de Somoza, Manuel Mejía Vallejo, sem saber minha verdadeira parte na conspiração, ou suspeitando, me proclamou presidente do futuro governo, num discurso de altissonâncias muito colombianas.

Ele até que não estava tão longe dos fatos, porque assim que cheguei a San José me vi designado presidente do governo alternativo pela chefia da Tendência Terceirista e pelo Grupo dos Doze, já que Felipe Mántica tinha se retirado da conspiração; e até a Junta de Governo ser formada, em junho do ano seguinte, continuei sendo presidente desse governo que nunca existiu.

Enquanto estávamos em Havana, Ernesto Cardenal havia pedido, através de Haydée Santamaría, um encontro com Fidel Castro para explicar-lhe os planos terceiristas e pedir seu apoio; os dois já se conheciam de uma viagem anterior, quando tinham tido uma longa conversa sobre socialismo e religião, relatada por Ernesto em seu livro *En Cuba*. Mas nessa segunda ocasião Fidel não o recebeu.

Até aquela altura, Cuba só reconhecia a Tendência da Guerra Popular Prolongada, que tinha um escritório de representação em Havana. Eu, porém, tinha conseguido, antes da reclusão em Escambray, me reunir com Manuel Piñeiro, o chefe do Departamento América do Partido Comunista. Ele insistiu, durante nossa conversa, na necessidade de unidade; mas em suas palavras eu sentia que a identificação de Cuba com os terceiristas era muito escassa, porque nos chocávamos com a regra do foco guerrilheiro e porque não havia compreensão para nossa política de alianças. E apesar de ter recebido, como cortesia dele, uma aula de tiro de fuzil num dos acampamentos de treinamento vizinhos a Havana, sem outro resultado além de um hematoma causado pelo coice do fuzil em meu ombro, não consegui nenhuma promessa de apoio.

Fidel, por sua vez, continuava sendo uma figura demasiado distante para os chefes guerrilheiros sandinistas, e quanto mais distante, mais mítica. Carlos Fonseca, enquanto morou em Havana, jamais conseguiu se reunir com ele nem com nenhum dos outros dirigentes. Os chefes sandinistas se conformavam com vê-lo de longe, no alto da tribuna, nos atos da Praça da Revolução. Germán Pomares (*El Danto*) conta em suas memórias que, em 1961, entrou na fila para esperar que Fidel passasse cumprimentando. "Se eu contar na Nicarágua que apertei a mão dele, muita gente não vai acreditar", escreveu.

No entanto, tudo isso mudaria muito rápido. Um ano depois daqueles dias da insurreição de Monimbó, Fidel já estava cuidando pessoalmente do destino da revolução na Nicarágua. Seu prestígio mítico se tornaria essencial para que os chefes das três tendências sandinistas aceitassem um compromisso de unidade; e seu papel na derrubada de Somoza também se tornaria essencial, mandando grandes quantidade de material militar através do Panamá e da Costa Rica.

Voltei de Havana nos primeiros dias de fevereiro de 1978, na véspera dos ataques a Granada e Rivas. Em Granada, os guerrilheiros, meio rosto coberto com lenços vermelho e negro, saíram à meia-noite de seus esconderijos, muitos nas mesmas casas senhoriais da rua Atravesada, e embora tenham conseguido render a Guarda Nacional dentro do Quartel de Pólvora tiveram que se retirar ao amanhecer, diante da chegada de reforços militares vindos de Manágua. Em Rivas, os combates foram mais intensos, porque os atacantes dispunham de armamento pesado, incluindo a metralhadora ponto 50 de dom Pepe Figueres, que Francisco (*Panchito*) Gutiérrez disparou durante o tempo inteiro em que o quartel ficou sitiado, até o matarem na hora de empreender a retirada.

A morte de Pedro Joaquín havia convencido todo mundo da necessidade de unidade, e começava-se a aceitar a luta armada como única maneira de terminar com o somozismo. Surgiu um grupo de empresários jovens, liderados por Alfonso Robelo, os mesmos empresários que tinham pressionado a COSIP para a convocação da greve, e formaram o Movimento Democrático Nicaraguense, que acabou transformado num criadouro de colaboradores para a própria Frente Sandinista. Este fato, e também que a UDEL tivesse ficado sob a presidência do doutor Rafael Córdoba Rivas, um advogado conservador íntegro, entregue desde a juventude à luta contra Somoza, tornava possível que o caminho das alianças continuasse se ampliando. Após a renúncia de Robelo e de Violeta Chamorro à Junta de Governo, em 1980, Córdoba Rivas e Arturo Cruz foram seus substitutos.

E surgiam também novas organizações populares de moradores de bairro, de mulheres, de jovens, de estudantes, de cristãos revolucionários, a maioria sob a influência das tendências da Frente Sandinista, e que junto com sindicatos e pequenos partidos de esquerda formaram o Movimento Povo Unido (MPU), do qual sairiam muitos dirigentes da luta armada.

O papel do Grupo dos Doze estava, agora, dentro do país. Era preciso dar um peso político à insurreição, que necessariamente se multiplicaria, e buscar a unidade de todas as forças contrárias à ditadura. Decidimos, então, nos deslocar para a Nicarágua, desafiando a ordem de prisão ditada por Somoza, e anunciamos a nossa decisão; e após muitas tentativas, porque as companhias aéreas tinham sido proibidas de nos deixar embarcar, finalmente chegamos a Manágua no dia 5 de julho de 1978.

No terminal do aeroporto tudo parecia calmo. O agente de migração, que eu conhecia muito bem porque era sempre ele quem retinha meu passaporte cada vez que eu entrava na Nicarágua, foi nos esperar aos pés da escada do Electra da companhia COPA que nos levara até lá, e com fria cortesia me pediu que entregasse os passaportes de todos nós. Não estavam nos prendendo, explicou, mas nos oferecendo um tratamento protocolar; porém, assim que entramos no salão da alfândega, percebemos que as verdadeiras boas-vindas de Somoza nos esperavam ali: Nicolasa Sevilla e sua tropa de choque.

Nicolasa Sevilla era uma famosa alcaguete de Manágua, transformada em líder das Frentes Populares Somozistas, uma horda de carniceiros recrutados nos mercados e nas comarcas, e utilizados para dissolver a porrada as manifestações da oposição ou para acertar contas, e um deles, conhecido como Cara de Pedra, foi quem havia disparado a carabina de caça que encheu de chumbo o corpo de Pedro Joaquín. Estavam lá com a missão de nos amedrontar e Nicolasa, com uma enorme bolsa de verniz no braço, nos examinava, risonha e desafiante, com seus olhinhos de camundongo.

Foi quando começamos a escutar o rumor impaciente que vinha lá de fora, sem imaginarmos a magnitude da recepção que nos aguardava. As pessoas haviam ocupado o terminal desde cedo, sem que os guardas tivessem conseguido impedi-las, e as paredes de falso mármore do salão principal tinham sido rabiscadas de tudo que é tipo de frase subversiva, sendo a mais notável de todas a que dizia Aeroporto Augusto César Sandino, como ficou sendo chamado desde aquele dia. Quando saímos para o estacionamento, ofuscados pelo sol, nos carregaram até a carroceria de uma caminonete que tinha um alto-falante instalado em cima da cabine, e me passaram o microfone e comecei a falar diante da multidão que agitava cartazes de boas-vindas, bandeiras da Nicarágua e bandeiras sandinistas, e só me lembro de ter dito que a ditadura era um cadáver sem sepultura e que vínhamos para enterrá-la.

A camionete arrancou, abrindo passo lentamente; o doutor Rafael Córdoba Rivas, presidente da UDEL, e Reinaldo Téfel, incorporado depois ao Grupo dos Doze, que tinham organizado a recepção, estavam lá na carroceria conosco. E enquanto começávamos a avançar pela estrada, rumo à capital, no alto-falante soaria várias vezes a canção do grupo chileno Los Quilapayún, com seu refrão: *o povo unido jamais será vencido*, e da mesma forma que as canções de amor nos fazem recordar determinada noite, essa canção sempre me faz recordar aquele dia e os que seguiram, quando estivemos em outras passeatas por toda a Nicarágua:

> *E tu virás*
> *marchando ao meu lado*
> *e verás*
> *a tua pátria, a tua bandeira florescer*
> *a luz de um novo amanhecer*
> *que já anuncia*
> *a vida que virá.*

As pessoas nos seguiam pela estrada num rio interminável, e pelo caminho ia se juntando mais e mais gente, sem descanso; chegavam a pé, de bicicleta, em motos, desciam os barrancos entre nuvens de poeira, saíam das fábricas, juntavam-se nas portas, desembocavam correndo pelas esquinas grupos inteiros de escolares que abandonavam suas aulas, choferes de caminhões de entrega com seus uniformes de trabalho, gente que vinha dos escritórios, bancários com suas gravatas, enfermeiras de branco, os ônibus se esvaziavam ou os passageiros nos saudavam das janelas, os motoristas presos no engarrafamento erguiam, jubilosos, suas mãos, e foram cinco horas para atravessar a cidade até a estrada de Masaya, rumo a Monimbó, onde desde o meio-dia os moradores também nos esperavam lotando as ruas.

E quando chegamos à estrada, ao deixar para trás o bairro Centroamérica, ouviram-se as primeiras detonações das patrulhas da Guarda Nacional que tentava dispersar a manifestação com tiros para o alto e bombas lacrimogêneas disparadas contra os rapazes que pintavam frases nos muros. Nos *scaners*, através dos quais já naquele tempo as pessoas começavam a monitorar as transmissões da Guarda Nacional — o que depois, quando a guerra se intensificou, se tornaria um esporte caseiro —, ouvia-se, furioso, o coronel Alesio Gutiérrez, chefe da Polícia de Manágua, ordenando às patrulhas que não disparassem perto da camionete dos 12 apóstolos, como éramos tratados no palavreado policial.

Ele tinha ordens de impedir que nos acontecesse qualquer coisa, por um motivo que só ficamos sabendo depois e que explicava, ao mesmo tempo, por que tinham finalmente nos permitido entrar no país. No dia 23 de junho de 1978, Somoza havia recebido uma carta do presidente Jimmy Carter, que o pressionava a respeitar os direitos humanos e, num parágrafo separado, expressava sua esperança de que os membros do Grupo dos Doze, em seu regresso à Nicarágua, recebessem todas as garantias e a devida proteção. Para Somoza, a carta serviu como uma advertência de que não podia tocar em nós, e ele acatou, pelo menos até a tomada do Palácio Nacional, que aconteceria poucas semanas depois.

Saímos pela estrada de Masaya deixando atrás a fumaça das bombas de gás lacrimogêneo, entre as filas de guardas colocados nos últimos cruzamentos e esquinas com todo seu aparato de guerra, mas durante todo o trajeto a festa continuou. Nos sítios e casas de camponeses ao longo do caminho as pessoas tinham posto nas varandas e quintais suas mesinhas com fileiras de cerveja, faixas de boas-vindas adornavam as cercas, e no alto das árvores ondeava a bandeira da Nicarágua. E era noite alta quando chegamos a Monimbó, onde fomos recebidos pelo espocar de foguetes e bombas de São João, e acabamos num comício multitudinário na praça do bairro, que já tinha sido batizada com o nome de Pedro Joaquín Chamorro.

Quando a manifestação havia se dissolvido e íamos voltar para Manágua, descobri de repente que não tinha onde passar a noite. Ricardo Coronel, do Grupo dos Doze, que por precaução tinha decidido não dormir em sua casa, me convidou para ir com ele à casa de seu primo Edgar Chamorro Coronel. Edgar, que havia sido sacerdote jesuíta, dirigia naquela época uma agência de publicidade, próspera porque tinha a conta da família Pellas, donos da fábrica de rum Flor de Caña e que eram seus parentes. Morava no bairro de Las Colinas, uma zona muito exclusiva e tranquila, a preferida pelos diplomatas; ele e sua esposa, Linda González, que vinha de outra das famílias poderosas do país, me receberam com tanto carinho, embora nunca nos tivéssemos visto antes, que acabei ficando quase um mês com eles depois que Ricardo Coronel voltou para casa.

Após o triunfo da revolução passamos uma lei confiscatória contra todos os empresários que abandonassem o país por mais de seis meses, conhecida como Lei dos Ausentes, igual a outra decretada pelos dirigentes durante a Revolução Francesa contra todos os nobres que fugiam para a Inglaterra, e da qual só vim tomar conhecimento tempos mais tarde. A lei foi aplicada primeiro a Juan Ignacio González, pai de Linda, principal acionista da cervejaria Victoria. Edgar e Linda se exilaram em Miami, e ele passou a fazer parte da direção da *contra*; posteriormente renunciou, e denunciou a CIA como o verdadeiro poder por trás da contrarrevolução.

Até a tomada do Palácio Nacional, que aconteceu no dia 22 de agosto de 1978, percorremos León, Chinandega, Granada, Boaco, Jinotega, Yalí, Palacaqüina, Totogalpa, San Rafael del Norte, Somoto, Estelí, onde entramos no dia seguinte à morte de José Benito Escobar, o chefe guerrilheiro que tinha me dado a carta de apresentação para García Márquez. Por toda a Nicarágua a tensão ia crescendo, e sentia-se no ar o cheiro da guerra próxima enquanto ondulavam, cada vez mais livremente, as bandeiras sandinistas.

Em Somoto, uma cidade da fronteira norte, afamada por ser criadouro da Guarda Nacional, havia medo, e a não ser os organizadores locais, ninguém chegou para nos receber. Entramos sozinhos, debaixo do voo dos helicópteros militares, enquanto na praça em frente à igreja celebrava-se uma manifestação contra nós, convocada pelo comandante da Guarda Nacional, com camponeses arrastados do interior. Mas, conforme avançávamos, as pessoas saíam de suas casas para se juntarem à gente, primeiro de forma tímida, depois com decisão, até que havia mais de quinhentas pessoas e conseguimos até mesmo arrebatar alguns dos manifestantes convocados pelo comandante da Guarda.

Dentro da luta surda que acontecia na Frente Sandinista, as outras tendências, adversárias do Terceirismo e hostis ao Grupo dos Doze, ordenaram o boicote a nossas mobilizações. E a esse boicote se somaram, para piorar ainda mais, os próprios terceiristas da Frente Interna; o Gordo Pín, não menos radical, combatia as alianças e, portanto, o Grupo dos Doze.

O Gordo Pín vinha das fileiras estudantis, de onde havia passado para os grupos cristãos. Seu melhor disfarce clandestino era seu aspecto físico, cegueta e um tanto obeso, e podia muito bem passar por um aluno aplicado, carregando com despreocupação a mochila de livros onde levava o tempo inteiro uma granada. Sempre chupando o cigarro com mão trêmula, como se não quisesse outra coisa além de substituí-lo por outro, seu temperamento elétrico não combinava com sua frieza de ânimo, despreocupado diante do perigo ao limite da temeridade. Despertava uma atração magnética entre os que o seguiam, fiéis ao seu discurso obcecado que expunha como se perseguisse o voo de um mosquito diante de seus olhos míopes, distantes atrás dos óculos de armação de tartaruga; e mesmo depois de morto ficaram alguns de seus discípulos, submetidos ao seu feitiço, a ponto de copiar seus gestos e até mesmo a maneira de pegar entre os dedos a ponta do cigarro prestes a se consumir, contemplando-a repetidas vezes.

Um dos motivos da briga com ele foi nossa entrada na Frente Ampla Opositora (FAO), onde estavam a UDEL e os partidos tradicionais, decisão que tomamos com a ideia de que era preciso ampliar as alianças em apoio à luta armada, sem discriminações; se fôssemos parar no Movimento Povo Unido (MPU), onde já estava toda a esquerda radical, como queria o Gordo Pín, não estaríamos somando nada.

Estávamos certos, porque dentro da Frente Ampla Opositora conseguimos rapidamente conquistar a liderança; claro que todo mundo sabia quem representávamos realmente, e em pouco tempo acabei eleito para integrar a Comissão Política de três membros, que depois seria encarregada de negociar com a Comissão Internacional da Organização dos Estados Americanos, a OEA, a partir da insurreição de setembro. Os outros dois escolhidos foram Alfonso Robelo e Rafael Córdoba Rivas. E a partir da FAO contribuímos, além do mais, para que até mesmo os partidos mais conservadores se comprometessem com a convocação de uma greve nacional programada para começar ao mesmo tempo que a insurreição.

Essas divergências dentro da Frente Sandinista, e dentro da nossa própria tendência, causavam tensões, desgastes e desgostos, mas também dava para se divertir com elas. Em Granada, a passeata dos Doze entrou marchando pela rua Atravesada, berço da oligarquia conservadora, entre cartazes que diziam:

BEM-VINDO O GRUPO

porque na última hora o "DOS DOZE" tinha sido arrancado a navalha pelos ativistas terceiristas, instruídos, além disso, a lançar gritos contra a burguesia, que era justamente o que os Doze representavam.

E foi assim que três irmãs solteironas, que estavam na varanda enquanto passavam os manifestantes, ouviram que gritavam com insistência "abaixo a burguesia". E uma delas disse:

— Vamos lá, vamos lá que estão pedindo para a gente descer!

9. O paraíso na terra

Exemplo de compromisso de armas de um padre com a Revolução Sandinista foi o de Gaspar García Laviana, missionário da ordem do Sagrado Coração e pároco do pequeno povoado de Tola, morto em combate na Frente Sul em 1978. Gaspar, um espanhol de Astúrias com vigor de mineiro de carvão, nascido em San Martín del Rey Aurelio em 1941, tinha as melenas de raízes grisalhas e as sobrancelhas espessas, e uma barba rebelde que, apesar da navalha rente, estava sempre crescida de novo. Poeta, além do mais, e capaz dos juramentos mais irreverentes.

Em uma das salas do bunker de Somoza encontramos, na hora do triunfo, as fotografias coloridas de seu cadáver jogado sobre o capim. Feitas de ângulos diferentes, mostram Gaspar vestido de verde-oliva, o lenço vermelho e negro dos sandinistas no pescoço, metade de seu rosto transformado num enorme rombo provocado pela bala de alto calibre; e tornei a ver essas fotos há pouco tempo, com a mesmo angústia, quando me pediram coisas dele para uma exposição em sua homenagem feita na Espanha, em Gijón.

Gaspar, que a gente chamava de *Buda*, apareceu em San José da Costa Rica no final de 1977. Tinha se despedido dos fiéis da sua paróquia, e naquele Natal ia publicar uma carta explicando sua entrega à luta armada, e Humberto Ortega me pediu para preparar o texto. Eu me esmerei para escrever essa carta em linguagem evangélica, porque tinha que parecer a carta de um verdadeiro padre. Li para ele, sentados os dois num catre no refúgio de Humberto, e ele ficou calado, com a cabeça afundada entre as mãos; depois tirou timidamente do bolso umas folhas escritas em letras miúdas, e tornou a guardá-las:

— Não é nada importante — disse, finalmente.
— É só que eu tinha escrito uma outra carta. Eu também sou escritor.

Completamente sem graça, pedi que esquecesse o meu projeto de carta, a dele é que importava, mas ele se negou de forma rotunda. E publicaram a minha. Mas ele era escritor, ele era poeta:

Em meu futuro concreto
os homens viverão
como os gerânios,
de perfume forte
e sombrinhas vermelhas;
e as mulheres,
como amapolas
fecundas.

Amapolas e gerânios
darão seu fruto
onde o vento comum
queira levá-los.

Gaspar foi um símbolo para dezenas de sacerdotes, missionários, religiosas, diáconos e mensageiros da palavra que pregaram a revolução, trabalharam apoiando os guerrilheiros sandinistas nos bairros e nas áreas rurais, transportaram armas, asseguraram refúgios clandestinos e foram, às vezes, combatentes. Um símbolo que se ampliou para milhares de leigos, católicos e evangélicos, ansiosos, na hora do triunfo, por trabalharem pelo surgimento de uma nova sociedade e homem novo, numa leitura da história que cristãos e marxistas faziam juntos.

A doutrina de trabalho eclesiástico de bairro, para o qual o capuchinho Uriel Molina tinha atraído, a partir de 1972, os jovens de famílias de classe alta, era a opção preferencial pelos pobres proclamada pelo Congresso Eucarístico de Medellín, em 1974, sob o impulso do Concílio Vaticano II, iniciado por João XXIII. É verdade que, conforme foram se incorporando à luta armada, quase todos esses jovens tinham deixado de ser católicos praticantes para se transformarem em marxistas e ateus, ou pelo menos agnósticos; mas nunca aconteceu de todos os cristãos comprometidos se transformarem em marxistas. A grande maioria continuou participando na revolução com sua própria fé, e dessa fé impulsionavam um pacto com o marxismo. O marxismo que os dirigentes da revolução, no cúmulo do paradoxo, escondiam.

No trabalho de Uriel Molina nos bairros, no trabalho político de Gaspar em sua paróquia e no exemplo de sua morte; no exemplo do padre Francisco Luis Mejía, assassinado pela Guarda Nacional em Condega; no apostolado dos laicos Felipe e Mary Barreda, sequestrados e assassinados anos mais tarde pela *contra* em San Juan de Limay — em tudo isso ficaria a semente daquela que se tornou conhecida como igreja popular. E, a partir do momento em que sacerdotes e católicos praticantes tinham entrado para o Grupo dos Doze, não restaram mais dúvidas de que o compromisso de cristãos e marxistas por uma mudança social era o mesmo.

Com a chegada do sandinismo ao poder, a Nicarágua se transformou num laboratório vivo para os teólogos da libertação. Mas, ao mesmo tempo, com a chegada de João Paulo II ao Vaticano a época da igreja aberta à mudança revolucionária chegava ao seu fim, conforme já se anunciava com os resultados do Congresso Eucarístico realizado na cidade mexicana de Puebla no começo de 1979. E a Nicarágua também se transformaria, ao longo dos anos 1980, num campo de confronto para concepções antagônicas da igreja, com a hierarquia apoiada por Roma de um lado e os padres rebeldes, apoiados pelo governo revolucionário, de outro.

O choque com a hierarquia da igreja católica foi o menos desejável possível para a direção da revolução, mas também se tornou inevitável, da mesma forma que o choque com os Estados Unidos e o que aconteceu depois com os empresários; e a figura central do conflito permanente da revolução com a igreja foi o arcebispo de Manágua, dom Miguel Obando y Bravo.

Obando vinha de uma família camponesa de La Libertad, em Chontales, uma cidade de gado e minas, onde Daniel Ortega também nasceu. Sua origem e o fato de ter sido formado como sacerdote salesiano em San Salvador não lhe davam tanto prestígio na elite de poder do país como o que tinham, por exemplo, os jesuítas; mas no final dos anos 1960, com a morte do arcebispo González y Robleto, fiel partidário de Somoza, ele foi chamado para ocupar o posto. Obando era na época bispo auxiliar de Matagalpa, e em sua primeira fotografia no *La Prensa*, quando foi publicada a surpreendente notícia da sua nomeação, aparecia montado num burro, dedicado ao trabalho pastoral nas montanhas da sua diocese. Era uma imagem diferente da dos bispos sentados à mesa dos banquetes presidenciais, e a partir dali seu carisma não deixaria de crescer.

Somoza começou a se enganar com ele quando, transcorrida a cerimônia de consagração, mandou de presente um Mercedes Benz último modelo, que Obando cortesmente recusou. A partir de então, passou a dedicar-lhe um ódio singular. Nas duas ocasiões em que se viu na necessidade de chamá-lo como mediador, quando a casa de Chema Castillo foi ocupada, em 1974, e quando foi tomado o Palácio Nacional em 1978, fez isso porque não tinha jeito, e cobrindo o arcebispo de impropérios pelas costas. Somoza só odiou com mais força uma pessoa: Pedro Joaquín Chamorro. E isso, talvez por se tratar de um ódio incubado desde a infância, quando os dois foram colegas de classe no Instituto Pedagógico dos Irmãos Cristãos e se enfrentavam no pátio na hora do recreio por questões políticas, com Pedro Joaquín já se declarando, desde aquele tempo, adversário radical do velho Somoza, o fundador da dinastia.

Comecei a tratar com Obando em outubro de 1978, quando ele facilitou a Cúria Arcebispal para as reuniões da Comissão Política da Frente Ampla Opositora com a missão mediadora da OEA. A igreja latino-americana se movia, naquele tempo, sob o influxo dos ventos renovadores que também sopravam na Nicarágua, e na pequena livraria atendida por uma freira salesiana, ao lado do portão da cúria, comprei meu exemplar encadernado em vermelho da *Bíblia latino-americana*, que através dos textos sagrados fazia uma leitura da realidade que não era nada contraditória com nosso próprio credo sandinista.

Tive mais contato com ele em 1987, depois que foram assinados pelos presidentes centro-americanos os acordos de paz de Esquipulas II, que criavam comissões de reconciliação em cada país, escolhidas pelos próprios governos; designamos Obando presidente da comissão nicaraguense, da qual fiz parte como representante do governo, e nos reuníamos todas as semanas na cúria. Aprendi então a medir seu gênio cauteloso, algo muito próprio da cultura camponesa, sempre estrito em suas desconfianças e atento para não se deixar utilizar. Quando se pede sua opinião, responde sempre com outra pergunta. E debaixo do ar grave que vem da sua posição, guarda uma memória fiel das ofensas recebidas e um senso de humor brincalhão.

A Conferência Episcopal presidida por Obando emitiu em León, em julho de 1979, uma Carta Pastoral justificando a insurreição e outra no mês seguinte saudando o triunfo sandinista. Mas a adesão da Conferência Episcopal ao conceito de socialismo, à essência da proposta revolucionária, foi dada pelos bispos em sua Carta Pastoral de 17 de novembro de 1979, "Compromisso cristão para uma nova Nicarágua", cujo rascunho foi redigido pelo sacerdote peruano Gustavo Gutiérrez, um dos estandartes da teologia da libertação.

Os bispos, que nunca mais tornariam a falar em socialismo, começavam por reconhecer o papel conquistado pela Frente Sandinista na história; reconheciam a luta de classes como o fator dinâmico que deveria levar à justa transformação das estruturas, contrapondo-se ao ódio de classes; e afirmavam: "Vivemos hoje em nosso país uma ocasião excepcional de testemunhar e anunciar o reino de Deus. Seria uma grave infidelidade ao Evangelho deixar passar, por temores e receios, pela insegurança que em alguns cria qualquer processo radical de mudança social, pela defesa de pequenos ou grandes interesses individuais, este exigente momento de concretizar a opção preferencial pelos pobres."

E se o socialismo significava o poder das maiorias, a economia planificada racionalmente, um projeto social que garantisse o destino comum dos bens e recursos do país a favor dos interesses nacionais, a participação do trabalhador no produto de seu trabalho superando a alienação econômica, a crescente diminuição das injustiças e das desigualdades entre cidade e campo — bem, se o socialismo significava isso, não havia nada a ser objetado, diziam os bispos.

Mas ao mesmo tempo advertiam contra a ingenuidade e o entusiasmo cego que favoreceriam a criação de um novo ídolo, diante do qual seria preciso se prostrar. Desta forma, um socialismo utilizado para submeter cegamente o povo às manipulações e imposições de quem arbitrariamente detivesse o poder seria espúrio e falso.

Muito mais tarde, após a derrota eleitoral de 1990, alguns dos teólogos e sacerdotes mais entusiastas em seu compromisso militante reconheceram que não tinham sabido guardar a devida distância crítica diante do poder revolucionário, que acabou os envolvendo apesar de seus abusos. Mas essas foram culpas reconhecidas a frio, longe do cenário candente daqueles primeiros anos de fidelidades sem matizes.

A fronteira entre o ambiente político e o religioso se tornou dual. A igreja começou a defender com zelo seu espaço de influência espiritual, que em última instância também era político, e a revolução começou a disputar esse espaço. A primeira coisa que incomodou a hierarquia da igreja nos primeiros tempos foi a insistência dos dirigentes da revolução em aparecer nos atos de grande presença popular, como a procissão dos homens em Manágua a cada 1º de janeiro, ou nas procissões de Santo Domingo, em Manágua, ou de São Jerônimo, em Masaya, mais parecidas ao carnaval, com o argumento de que onde quer que o povo estivesse, deveríamos estar.

A questão do apoio oficial a uma igreja paralela se transformou na acusação mais sensível contra a Frente Sandinista; e, embora jamais tenha havido esse projeto, os extremos do discurso revolucionário davam credibilidade à acusação, porque falava-se sempre em *igreja popular*, embora jamais como uma entidade isolada, separada. Por isso, em outubro de 1980 a Direção Nacional da Frente Sandinista emitiu um comunicado conciliador sobre a religião, negando qualquer pretensão de interferir nos assuntos da igreja católica ou de tratar de dividi-la.

Os bispos responderam de maneira agressiva, advertindo que os regimes totalitários sempre buscavam um meio de utilizar a igreja. A linguagem já era outra, e na verdade nosso comunicado tinha irritado a ponto de rebelião, principalmente porque defendia a permanência dos sacerdotes católicos nos postos de ministro do governo revolucionário. A pressão dos bispos para que Miguel de Escoto, ministro de Relações Exteriores; Ernesto Cardenal, de Cultura, e Fernando Cardenal, diretor da Cruzada Nacional de Alfabetização, renunciassem era cada vez mais forte. Em junho do ano seguinte foi dada a eles a ordem expressa de deixar seus postos, e como nenhum dos três acatou essa ordem, foram suspensos *ad divinis* de seu ministério sacerdotal.

Depois, tudo despencaria por um despenhadeiro. Em agosto de 1982 a Direção Geral de Segurança do Estado, do Ministério do Interior, criou uma armadilha sexual para o padre Bismark Carballo, assistente de Obando na cúria, e ele foi exibido nu diante das câmaras de televisão quando o suposto marido enganado arrancou-o a golpes para o meio da rua, um enredo de insólita estupidez que causou estupor entre os próprios sandinistas católicos.

Num país que, naquela altura, já estava dividido em dois, só era possível estar a favor ou contra o poder revolucionário. Obando era contra, de maneira beligerante, e rapidamente virou alvo da retórica oficial, num clima de hostilidade mútua e desconfiança crescente sobre as intenções de cada parte. Mas a divisão em dois lados não era apenas ideológica. Era determinada principalmente pela guerra, presente todos os dias na mobilização rumo às frentes de combate, nas emboscadas, nos ataques às cooperativas, nos funerais dos caídos, na escassez crescente e nos primeiros sinais de inflação. E nessas circunstâncias, duplamente tensas, foi anunciada no final de 1982 a visita de João Paulo II.

Pensamos então que, se o papa vinha, é porque se renovava a oportunidade de melhorar a deteriorada relação com a igreja; mas sobretudo pensamos que se conseguíssemos, durante a sua passagem pela Nicarágua, que fizesse um chamado pela paz, algo que ele dificilmente poderia negar, seria necessariamente um chamado para o fim da agressão. A guerra continuava sendo, para nós, fruto de uma política dos Estados Unidos, e não um conflito interno; deter essa política seria trazer a paz. E durante as semanas anteriores à visita laicos e sacerdotes das zonas em conflito, dirigentes populares, camponeses vítimas dos ataques da *contra*, mães dos mortos, não cessaram de declarar através dos meios de comunicação sandinistas sua esperança de que o papa fizesse esse chamado.

Entre as tantas ironias que vivemos, fizemos tudo que esteve ao nosso alcance para que o papa viesse, enquanto tudo indicava que os adversários da revolução estavam conspirando para impedir essa visita. Por isso, em meados de fevereiro de 1983, vazamos para a imprensa, como ação preventiva, que Obando, então em visita ao Vaticano, tinha ido com a missão de dissuadi-lo da viagem. Na verdade, aquela viagem do Papa seria por toda a

América Central, e a exclusão da Nicarágua representaria um revés em nossa luta constante para não sermos isolados. Quando nosso embaixador Ricardo Peters, um antigo sacerdote que durante anos foi repórter da Rádio Vaticano, nos informou que o papa tinha mandado remover todos os obstáculos para a sua visita à Nicarágua, consideramos que havíamos alcançado um triunfo.

O Vaticano insistia em que se tratava de uma visita pastoral, a convite da Conferência Episcopal, e nós insistíamos em que fosse uma visita de Estado. A discussão não era inocente, porque, ao se tratar de uma visita pastoral, as autoridades da revolução estariam afastadas dos cenários de aparição pública do papa, e uma das pretensões é que Daniel o acompanhasse no papamóvel em seu percurso pelas ruas, a partir do aeroporto.

No fim, acertamos que seria uma visita pastoral mas que nós receberíamos o papa como chefe de Estado, e que a Junta de Governo e a Direção Nacional da Frente Sandinista estariam no palco durante a missa campal na praça 19 de Julho, construída para acomodar multidões nos faustosos festejos da revolução. A nossa presença na missa foi um ponto a nosso favor; Daniel não subir no 'papamóvel', um ponto contra.

Para que o papa não precisasse se encontrar com Ernesto Cardenal na recepção do aeroporto, eliminamos o cumprimento aos ministros; e, sem que fosse parte dos acordos, informamos ao Vaticano que o padre Miguel de Escoto estaria fora da Nicarágua, participando da reunião de chanceleres preparatória para a cúpula dos Países Não Alinhados, em Nova Déli.

Foi organizada uma comissão única para a recepção, presidida por René Núñez, secretário de atas da Direção

Nacional da Frente Sandinista e responsável pelo escritório de assuntos religiosos do partido; a essa comissão integraram-se os bispos. Em cada capital estadual houve, além disso, uma comissão similar, com a participação dos párocos, para facilitar a mobilização dos fiéis para Manágua e León, os lugares onde o papa celebraria missas campais.

Desde a celebração do primeiro aniversário da revolução, em julho de 1980, dominávamos a experiência de concentrar grandes multidões, mobilizando pessoas de todo o país. Congregar 300 mil pessoas, que era o público estimado para a missa do papa em Manágua, dependia da coordenação eficaz das estruturas da Frente Sandinista, do governo, do Exército, da polícia e das organizações populares; do uso de ônibus do transporte público, caminhões de carga dos ministérios, empresas do Estado e cooperativas, e do aluguel de todo transporte particular disponível. E assim foi.

Obando ainda estava em Roma quando a missão encabeçada por monsenhor Achile Silvestrini, secretário do Conselho para Assuntos Públicos do Vaticano, chegou a Manágua, no dia 20 de fevereiro. Nós nos reunimos na casa de Daniel Ortega, onde chegamos a um acordo sobre os últimos detalhes; houve um conflito final por causa do mural que ficava atrás do palco na praça 19 de Julho, com as efígies dos fundadores da Frente Sandinista, que a igreja insistia em remover. Mas naquela noite acertamos que ele ficaria.

Tudo parecia se encaminhar bem, sem outros obstáculos, quando no dia 28 de fevereiro aconteceu um fato que viria a recrudescer as tensões. Um grupo de 17 jovens da Juventude Sandinista, mobilizados pouco antes do Natal no Batalhão de Reserva 30-62, foi surpreendido por forças muito numerosas da *contra* em San José de las Mulas, em

Matagalpa, enquanto estava acampado. Os rapazes, muitos deles estudantes do secundário, com uma grande convicção mas sem experiência militar alguma, sequer tinham estabelecido postos de vigilância quando foram massacrados.

Um deles, Carlos Lacayo Manzanares, havia escrito dias antes a seus companheiros de trabalho no hospital Manolo Morales: "Chove todo dia, dorme-se no chão molhado, não há muita comida, estou com os pés rachados de tanto caminhar, com frieira por causa da umidade, tenho lodo por todos os lados, até nos dentes." Mas era a única maneira de ver nascer o homem novo, dizia ele, e ter um país novo. Derrotar a *contra* significava aplainar o caminho ao socialismo. "Miguelito sofria ao ver as crianças desamparadas na rua, e por isso foi lutar, por isso morreu", dizia ao *Barricada*, o jornal sandinista, um irmão de outro dos mortos.

O Exército segurou a notícia para incluí-la em um comunicado geral de guerra, uma espécie de balanço da semana, que trazia baixas do inimigo em outros combates, porque 17 mortos nossos sem uma única baixa da *contra* era demais. Os cadáveres foram levados para a praça 19 de Julho, onde estavam sendo feitos os preparativos para a missa do papa, e receberam uma homenagem popular encabeçada pela Junta de Governo e pela Direção Nacional da Frente Sandinista. Agora sim, parecia impossível que o papa não fosse pelo menos se referir ao sangue daqueles rapazes.

E começou a visita de João Paulo II à América Central, numa atmosfera que não fazia mais do que refletir os extremos da realidade imperante. Apesar de suas petições de clemência, o presidente da Guatemala, general Efraín Rios Montt, membro da seita fundamentalista dos Newborn, não suspendeu o fuzilamento de seis guerrilheiros condenados pela lei marcial por terrorismo; e, em El

Salvador, o anúncio da sua visita ao túmulo de monsenhor Romero, assassinado em 1981 por um complô dirigido pelo coronel Roberto D'Aubisson, do qual tinham participado guardas somozistas, levantou recriminações furibundas da extrema direita.

Quando, na manhã do dia 3 de março de 1983, nos reunimos na sala de cerimonial do aeroporto para esperar a chegada do avião do papa, que vinha de San José, para onde regressava todas as noites para dormir depois da visita de um dia a cada país, pude ler muito rapidamente as duas homilias que ele iria pronunciar na Nicarágua, obtidas através de nossas fontes, e que Daniel Ortega me passou dentro de um envelope.

As palavras que o papa iria pronunciar em León falavam dos laicos e a educação, um tema que os presentes à missa, em grande parte transportados das áreas rurais, pouco entenderiam. A homilia de Manágua tratava da unidade da igreja ao redor de seus pastores, sob as linhas conhecidas do discurso do papa no Congresso Eucarístico de Puebla, e condenava as tendências dissociadoras, começando pela igreja popular; e, embora não deixasse de ser um tema ingrato para nós, não parecia tão perturbador. Não havia, no entanto, nada sobre a agressão que o país sofria, nem sobre a paz; mas pensamos que ele poderia improvisar alguma menção na hora da missa, ou incluí-las nas palavras que diria ao chegar, e cujo teor não conhecíamos.

Quando as turbinas do avião estavam ainda sendo desligadas e o papa se ajoelhou para beijar o solo em meio a um silêncio que permitia que se ouvissem os motores dos jipes da polícia que circulavam pela estrada fechada ao trânsito, achamos que tínhamos ganhado o jogo. Ele havia chegado. Mas não conseguimos perceber que justamente por ele ter chegado havíamos perdido, conforme os acontecimentos posteriores iriam demonstrar.

Daniel, o doutor Córdoba Rivas e eu éramos os membros da Junta de Governo, reduzida a três no ano anterior depois da renúncia de Arturo Cruz e da saída de Moisés Hassan, e o recebemos ao pé da escadinha, e em seguida Daniel o conduziu para cumprimentar os membros da Direção Nacional da Frente Sandinista, localizados ali ao lado, todos de uniforme. Voltou até onde estávamos, sempre acompanhado por Daniel, e subimos com ele na plataforma de cerimônias para escutar os hinos. Nesse breve momento, e enquanto o comandante da tropa a ser passada em revista dava as primeiras ordens, tudo dentro do protocolo habitual nessas cerimônias, ele se virou discretamente para mim e disse:

— Os senhores são jovens. Mas vão aprender, vão aprender.

Parecia uma advertência paternal. Porém, quando ouvimos o papa, em sua mensagem de chegada, saudar todos aqueles impedidos de vir ao seu encontro conforme teriam querido, ficamos irritados, porque o esforço para que as pessoas pudessem se mover de todos os pontos da Nicarágua, coisa que aliás acontecia naquele exato momento, tinha sido sincero, além de muito custoso; e começou a surgir entre nós um sentimento de ofensa. Hoje, ao ler as palavras do papa numa velha coleção do *Barricada*, concluo que aquela saudação, que provocou um acesso de susceptibilidade, estava na verdade dirigida aos enfermos e aos que trabalhavam em ocupações inadiáveis, até mesmo em tarefas de vigilância.

E falou, naquela mesma saudação, dos que padeciam pela violência, viesse de onde fosse, e conclamou ao diálogo, à fraternidade e à reconciliação; e convocou a contribuir para o entendimento "os que dentro ou fora desta área favorecem de um ou de outro modo tensões ideológicas, econômicas ou militares que impedem o livre desenvolvimento desses povos amantes da paz", uma alusão aos Estados Unidos e à União Soviética.

No contexto final da Guerra Fria o papa foi uma peça-chave na estratégia destinada a dissolver o bloco soviético, conforme deixa bem claro o formidável livro de Carl Bernstein e Marco Politi, *Sua Santidade: João Paulo II e a história oculta de nosso tempo*. Era essa a sua missão sobre a terra. Mas hoje é difícil, longe das emoções daquela época, encontrar em suas palavras daquela manhã alguma equiparação da Nicarágua com os países do Leste Europeu, onde ele tinha suas raízes.

No contexto daqueles anos, nós as consideramos agressivas porque nos declarávamos contrários a abrir qualquer espaço de negociação; mas depois, conforme o contexto variou, e enquanto amadurecia o processo de paz de Esquipulas, nós as teríamos recebido com aplausos entusiasmados, porque buscávamos o fim do conflito e nos preparávamos para sentar e dialogar com a *contra*. Mas naquele momento, no meio do enfrentamento e quando a paz significava para nós a derrota militar da *contra*, escutávamos suas palavras como uma provocação diante da qual só podíamos nos calar.

Daniel Ortega não saiu do discurso que havia preparado e que tinha como eixo central, da mesma forma que o que pronunciou na Casa Branca em 1979, a história das agressões dos Estados Unidos contra a Nicarágua; mas nessa ocasião, diante do papa, leu extensos parágrafos de uma bela carta do bispo de León, monsenhor Pereira y Castellón, dirigida em 1912 ao cardeal Gibbons, bispo de Baltimore, em que clamava contra a ocupação norte-americana, sendo um desses parágrafos de especial significado: "Que haja entendimento entre nossa pátria e os Estados Unidos; mas que seja sempre sobre a base da equidade e dos interesses mútuos; que não afete em nada a nossa religião, a nossa liberdade, a nossa autonomia, o nosso idioma; que não trate de deprimir a nossa raça, fidalga e audaz por herança ibérica, irredutível e vigorosa por atavismo indígena, capacitada para todos os esforços, para todos os heroísmos."

O papa escutou, com a cabeça baixa e a expressão fechada. E depois de passar em revista a tropa, aconteceu uma coisa imprevista. Ele pediu para cumprimentar os ministros, entre os quais sabia que estava Ernesto Cardenal; e, apesar das tensões que começavam a crescer em surdina, pareceu um gesto conciliatório. Sua verdadeira intenção, porém, era se encontrar com Ernesto para repreendê-lo, como repreendeu diante das câmaras; e enquanto se aproximava cumprimentando, deve ter vigiado com o canto dos olhos sua imagem inconfundível, de boina, jeans e sua camisa branca de camponês. Quando ele chegou na sua frente, Ernesto se ajoelhou, tirou a boina, esperando a sua bênção.

— O senhor precisa resolver sua questão com a igreja — foi o que o papa disse a ele, sentenciando-o com o dedo indicador.

Naquela altura, já não dava mais para esperar nada de bom. Estávamos convencidos de que ele tinha vindo para nos confrontar. Éramos jovens, tínhamos de aprender. Mas o pior ainda estava por vir.

A multidão reunida desde as primeiras horas na praça 19 de Julho era maior que em qualquer outra ocasião, e à diferença das celebrações revolucionárias havia de tudo; o grupo dos católicos fiéis aos seus bispos, e principalmente a Obando; o grupo dos sandinistas, muito mais nutrido, onde também estavam os simpatizantes da igreja popular; e os católicos que não tinham nada a ver nem com um grupo nem com outro, vindos de todos os cantos e ansiosos para ver o papa, que para muitos era como uma aparição sobrenatural. A disputa para ocupar a parte dianteira da praça havia sido resolvida logo cedo a favor dos sandinistas, em encontrões nos quais a polícia tinha ajudado a empurrar o grupo contrário; além do mais, como uma regra, em todas as concentrações a Segurança do Estado colocava nas primeiras filas as "forças territoriais", integradas por pessoas fiéis, para prevenir atentados.

Debaixo das efígies dos fundadores da Frente Sandinista de Libertação Nacional, pintadas em vermelho e negro, entre elas Tomás Borge, começou a missa. No palco, o calor das duas da tarde se tornava um melaço sufocante. Havia mais de cem sacerdotes no ofício, vestidos com alvas e cíngulos, sentados a poucos metros do lugar da Junta de Governo, atrás de uma balaustrada de madeira, e em suas evoluções, participando do ritual, eu adivinhava hostilidade. Havia já uma predisposição nossa, mas do outro lado também era palpável um espírito de confrontação.

Obando falou primeiro, naquela missa que se faria interminável, e relatou uma história de João XXIII durante uma visita ao cárcere romano de Regina Celli. Um preso, que, ao ver o papa entrando em sua cela, sentiu-se libertado pelo seu olhar. A visita de um papa a uma prisão. Os aplausos ecoavam ao longe, diante daquela alegoria. Eu suava, inquieto, dentro da *guayabera* protocolar. Depois, Obando leu a parábola do Bom Pastor. As ovelhas jamais seguirão um salteador, um ladrão, mas fugirão dele, porque não reconhecem a voz dos estranhos. Outra vez os aplausos, e os primeiros gritos de "Viva o papa!".

E, quando o papa finalmente falou, eu já sabia o que ia dizer, mas não *como* ia dizer: "Não se deve antepor opções temporárias inaceitáveis, inclusive concepções da igreja que suplantam a verdadeira igreja; nenhuma ideologia pode substituir a fé." Eram as mesmas palavras que eu tinha lido, mas pronunciadas com ênfase agressiva, altissonante, que eram ouvidas como uma chuva de pedras através do sistema de poderosos alto-falantes que, em sua homenagem, estreávamos naquele dia.

As pessoas que ocupavam a parte da frente da praça começaram a gritar "Queremos paz! Queremos paz!", e as mães de luto, que carregavam retratos de seus filhos mortos, também gritavam, pedindo uma oração.

O papa se adiantou, iracundo:

— Silêncio! Silêncio! — exigiu.

E em seguida, querendo ser mais conciliador, disse:

— O papa também quer a paz.

Então os gritos de "Queremos paz! Queremos paz!" se multiplicaram cada vez mais, num desafio já aberto, enquanto os do outro lado gritavam, como resposta, "Viva o papa!", numa luta por se fazer ouvir. E, no meio da barafunda de vozes, as dos sandinistas começaram a se destacar mais, conectadas ao sistema de alto-falantes.

A situação se tornou incontrolável e tinha os traços de um verdadeiro motim contra o papa. Eu olhava para onde estavam os jornalistas, e havia centenas de cinegrafistas e fotógrafos. O sinal do Sistema Sandinista de Televisão estava sendo enviado por satélite para o mundo inteiro, e eu sabia que era uma batalha que estávamos perdendo naquele momento, diante das câmaras, com imensos custos para nós. E de fato os danos de imagem foram severos, conforme registramos nas horas seguintes.

Quando enfim a missa terminou e o papa se retirou no meio da grande confusão, que continuava acalorada, os membros da Junta de Governo nos aproximamos, junto com a Direção Nacional da Frente Sandinista, à balaustrada dianteira do altar para cumprimentar a multidão sandinista ensandecida, enquanto o resto do público se dispersava, muitos deles buscando a condução que os levaria para povoados e cidades distantes. E aquilo virou um comício, com as bandeiras rubro-negras ondulando na noite que caía, sob os refletores das câmeras. Também aquele comício, que parecia triunfal, seria parte do grande abalo em nossa imagem ocorrido naquele dia. Para o papa, ter vindo era o suficiente.

Ao chegar ao aeroporto para despedi-lo, o encontramos dentro do Mercedes-Benz que o havia levado até a pista, e lá dentro ele permaneceu até o início da cerimônia, atemorizado, conforme o testemunho do motorista. Daniel quis explicar a ele em seu breve discurso o que significava, para um povo pobre e sofrido, pedir a paz. Ele ouviu, de novo com o cenho severo, a mão no queixo, e suas próprias palavras de despedida também foram breves e estritamente protocolares. Quando o cardeal Agostino Casaroli subiu a escada do avião, sua cara era de luto. Em seu cargo de secretário de Estado havia procurado sempre favorecer as boas relações do Vaticano conosco.

— Espero que isso tenha remédio — eu disse a ele quando lhe estendi a mão, e ele sorriu para mim, sombrio.

As tensões pioraram depois da visita do papa. No fim de agosto daquele mesmo 1983 a Conferência Episcopal se pronunciou contra a criação do Serviço Militar

Obrigatório, crucial para os planos de defesa, diante do recrudescimento da guerra. Era um assunto delicado, e a resposta foi a animosidade contra os templos católicos e a expulsão dos sacerdotes salesianos.

E a cada novo ato hostil da hierarquia religiosa, uma nova resposta: a supressão do espaço de televisão para Obando e sua missa dominical, a intervenção dos bens da Coprosa, uma fundação do episcopado, e a expulsão de outros sacerdotes, inclusive a do bispo de Chontales, Pablo Antonio Vega, acusado de agir a favor da *contra* em sua diocese; depois de ser levado num helicóptero ao posto fronteiriço de El Espino, Vega foi obrigado a entrar em território de Honduras na cabine de um furgão de carga. Para acrescentar mais ironias, mais tarde ele foi o único bispo que, desafiando Obando, aceitou oferecer uma oração no ato de posse presidencial em janeiro de 1985.

O chamado ao diálogo com a *contra* lançado pelos bispos na Semana Santa de 1984 foi visto por nós como a pior das ofensas, e comparado a uma traição. Jamais falaríamos com a *contra*. Primeiro cairiam todas as estrelas do céu, disse Tomás Borge num discurso; e em outro, em León, eu disse que falaríamos apenas pelas bocas dos fuzis.

Quando Obando foi promovido a cardeal, em abril de 1985, não podia haver melhor reflexo da importância política que João Paulo II continuava dando ao papel da igreja na Nicarágua. Era, além disso, o pior momento da guerra. Eu fui me despedir dele quando Obando viajava para Roma, onde receberia seu capelo de cardeal acompanhado do padre Bismark Carballo, que depois de dissipado o escândalo tinha sido alçado a monsenhor. Ele não deixou de estranhar meu gesto de cortesia, porque as relações estavam praticamente rompidas, e me disse em tom de irônica reprimenda que aquela era a primeira vez em muitos anos que punha os pés no salão de protocolo do aeroporto.

Nos anos seguintes, e graças principalmente à mediação do cardeal Casaroli, Daniel e eu fomos recebidos em ocasiões diferentes pelo papa, apesar de os conflitos com a igreja estarem ainda longe de ter desaparecido. Eu o visitei duas vezes, e nunca fez alusão alguma ao ingrato acontecimento de sua viagem à Nicarágua. Na última dessas duas vezes, em novembro de 1988, informei a ele os progressos para o cessar-fogo, com os acordos de Esquipulas assinados e faltando pouco para o diálogo definitivo com a direção da *contra*, e pedi que em sua mensagem do domingo seguinte fizesse um apelo pelas vítimas do furacão *Joan*, que pouco antes havia devastado a zona do Caribe. E ele fez.

Voltou em fevereiro de 1995 e celebrou sua missa campal na praça ao lado do Lago de Manágua, construída para o primeiro grande desfile militar de 1985, quando exibimos todo o nosso poderio de tropas, canhões e tanques, como parte do jogo de imagens dissuasivas da guerra. Ali também tínhamos encerrado a campanha eleitoral de 1990, diante de uma multidão nunca antes reunida na Nicarágua, Daniel e eu de novo candidatos da Frente Sandinista, quando achamos que a vitória estava assegurada.

Vi essa outra missa pela televisão, e achei que tinha menos gente que em 1983, certamente por causa do silêncio imposto na cerimônia, sem gritos nem bandeiras. O papa estava obviamente mais velho e menos enérgico, enquanto oficiava revestido com ornamentos verdes debaixo de um enorme domo de palmeiras trançadas, como os tetos dos ranchos nicaraguenses. Mas, ao encerrar sua homilia, demonstrou que não lhe faltava memória para as ofensas. Como se fosse um golpe meditado durante anos em seus passeios solitários pelos jardins do Vaticano, disse, com ênfase, que esperava que a noite escura do passado não voltasse nunca. E deu de presente um excelente slogan para a campanha de Arnoldo Alemán contra Daniel Ortega, que no ano seguinte seria outra vez candidato da Frente Sandinista à presidência.

E Obando, fiel à teimosia de sua memória camponesa, tampouco esqueceria as ofensas. Depois de terminada a campanha eleitoral de 1996, quando faltava uma semana para a eleição e estava proibido fazer qualquer tipo de proselitismo, ele convocou uma missa, transmitida pela televisão, na nova catedral de Manágua, doada pelo magnata da cadeia de pizzarias Domino's. Arnoldo Alemán era o convidado de honra entre os fiéis, e Obando concedeu a ele a leitura de um dos evangelhos.

Em sua homilia, Obando contou a parábola da víbora, certamente de sua própria autoria, já que não está em nenhuma parte do Novo Testamento. De acordo com esse texto apócrifo, um viajante encontrou uma víbora tremendo de frio na beira do caminho; comovido com suas súplicas, pegou-a e colocou-a debaixo da túnica para aquecê-la, não dando ouvidos às advertências de seus acompanhantes sobre o caráter traiçoeiro das víboras, e assim continuaram a caminhar. A víbora, fiel à sua condição de víbora, acabou picando e matando o viajante infeliz. Moral da história: jamais se deve acreditar na palavra das víboras, por mais mansidão que demonstrem.

Ao longo daquela campanha eleitoral de 1996 Daniel Ortega tinha se apresentado vestido de branco, como havia feito Violeta Chamorro na campanha eleitoral de 1990 em que nos derrotou; e o velho hino de guerra da Frente Sandinista convocando à luta contra o ianque inimigo da humanidade tinha sido substituído pelo *Hino da Alegria*. Em Rivas, além disso, Daniel visitou em sua casa Urcuyo Maliaños, o efêmero sucessor de Somoza, já senil, e se fez fotografar abraçado com ele, buscando arrancar votos liberais de Arnoldo Alemán.

A imensa concentração final da campanha da Frente Sandinista em novembro de 1996, de novo na praça ao lado do Lago de Manágua, agora devidamente batizada com o nome de João Paulo II, tinha assustado os partidários de Alemán, reunidos no encerramento de sua própria campanha na vizinha Praça da Revolução, que era menor: a concentração da Frente Sandinista transbordava pelas duas praças ao mesmo tempo.

A missa transmitida pela televisão e a parábola da víbora tiraram votos de Daniel, mas seja como for ele não conseguiria ganhar a eleição: a Frente Sandinista continuava demonstrando que era capaz de mobilizar multidões de manifestantes nas praças, mas não de eleitores nas urnas. E Obando teve sua revanche apesar do risco de perder a qualidade mais importante da sua vida, que era a de mediador. Daniel tornou a buscá-lo, e pela primeira vez, em 1998, para pedir sua bênção apostólica, para ele e toda a sua família, diante das câmaras de televisão.

Em agosto de 1995, em plena campanha eleitoral, o jornal *Barricada*, que já estava sob a direção de Tomás Borge depois da expulsão de Carlos Fernando Chamorro e sua equipe de jornalistas, reproduziu na primeira página uma entrevista concedida por Obando a uma revista estrangeira, escassamente conhecida na Nicarágua. Nessa entrevista ele falava, entre outras coisas, de uma maquinação executada pela Segurança do Estado para frustrar a missa do papa em 1983 através de grupos de choque espalhados pela praça, e de um atentado contra a sua própria vida, também orquestrado pela Segurança do Estado.

Numa carta irada, o teólogo da libertação Giulio Giraldi, que em sua fé continuava sendo um dos mais fiéis defensores da Frente Sandinista, exigiu satisfações de Tomás Borge. Se ele, que havia sido ministro do Interior e, portanto, responsável pela Segurança do Estado, dava a primeira página com todo aquele estardalhaço para as declarações do cardeal, reconhecia então que tinha existido uma perseguição deliberada contra a igreja, a ponto de boicotar a visita do papa e atentar contra a vida de Obando?

Giraldi nunca recebeu resposta. Mas a nota assinada por Tomás Borge ao pé da entrevista parecia revelar a candidez da sua intenção: nela, declarava sua esperança de que Obando "tivesse o bom-senso" de se mostrar imparcial naquelas eleições.

Um afago. Mas era um caso de amor perdido.

10. O ano do porco

Na manhã do dia 22 de agosto de 1978, estávamos começando uma reunião da Frente Ampla Opositora na sacristia da igreja de Santa Marta, em Manágua, para preparar a greve geral que seria declarada assim que houvesse os primeiros disparos da nova ofensiva da insurreição. Lembro que dois velhos dirigentes comunistas, inimigos mortais, Elí Altamirano e Domingo Sánchez (*Chaguitillo*), tinham acabado finalmente de trocar um aperto de mão, depois de muitos melindres e reticências, quando apareceu na porta a cabeça do padre Edgard Parrales, pároco da igreja, dizendo com gestos que havia um telefonema para mim.

Do outro lado da linha reconheci a voz de Rodrigo, o irmão mais novo de Ernesto e Fernando Cardenal:

— Já compramos os porcos — disse ele — e nesse momento estamos indo buscá-los na *chanchera*.

La chanchera, a pocilga: era assim que desde sempre Edén Pastora se referia ao Congresso Nacional. Tomar o prédio com todos os deputados lá dentro, somozistas e pernilongos (como eram chamados os conservadores colaboracionistas de Somoza, por causa de seu ofício, que era chupar o sangue do erário público), tinha sido uma velha obsessão de Pastora. O aviso em código significava que o ataque já estava em marcha e, portanto, eu deveria sumir de circulação; o próprio Rodrigo passaria imediatamente para me buscar. Só tive tempo de voltar à sacristia e me desculpar, com o pretexto de um assunto familiar imprevisto.

Não havia maneira de sequestrar os deputados sem ocupar o Palácio Nacional inteiro, um edifício do neoclássico tropical que cobria um quarteirão, construído na frente da Praça da República pelo velho Somoza depois do primeiro terremoto de 1931, e onde haveríamos de celebrar, poucos meses depois, o triunfo da revolução.

Na hora escolhida para o ataque, onze da manhã, os corredores interiores que davam acesso às múltiplas salas que sempre fervilhavam de pedintes, litigantes e gente que pagava seus impostos, porque ali também funcionavam as dependências dos ministérios de Governo e da Fazenda; era como uma quermesse: por todos os lados perambulavam vendedores de loteria, comerciantes de tudo que é bugiganga, mulheres vendendo comida e refresco, e dúzias de desocupados e de mendigos; e ao pé da escadaria que levava à *chanchera* havia as barraquinhas de livreiros ambulantes que ofereciam tudo que era tipo de obras judiciárias, textos escolares e romances de segunda mão.

E não faltavam, é claro, os agentes de segurança com suas metralhadoras Uzi cruzadas no peito, e os guarda-costas com suas pistolas, para não mencionar as sentinelas militares que guardavam os portões nos quatro lados do edifício, armados com fuzis e carabinas. Só para Edén Pastora uma operação como aquela não parecia descabelada. E não desistiu até convencer o comando terceirista de levá-la adiante, com ele, naturalmente, na liderança. E aquela manhã de agosto, quando a operação foi realizada à perfeição, significou a tomada de três mil reféns.

Havia peixes grandes no meio desses reféns, da mesma forma que tinha acontecido em dezembro de 1974 na festa da casa de Chema Castillo, e entre eles ninguém menos que Luis Pallais Debayle, presidente do Congresso e primo-irmão de Somoza, surpreendido em plena sessão com todos os deputados, e Antonio Mora Rostrán, ministro de Governo e substituto legal da Presidência da República, capturado em seu gabinete.

Os membros do comando que fez a operação chegaram em caminhões militares, com uniformes de soldados da EEBI, o corpo de elite da Guarda Nacional que era dirigido pelo próprio filho de Somoza, *El Chigüín*, e entraram correndo no edifício pedindo aos gritos que abrissem caminho porque o chefe, ou seja, Somoza, estava chegando, e com isso surpreenderam os guardas a ponto de desarmá-los sem resistência, e trancaram as portas com correntes depois de repelir a bala uma patrulha das Brigadas Antiterroristas que fazia uma ronda de rotina pelos arredores e quis saber o que estava acontecendo.

Na pressa da ação ninguém conseguiu reparar que os caminhões, que não eram militares, tinham sido pintados de um verde demasiado vivo, e que os uniformes não se pareciam entre si, que as armas eram variadas, trazidas de diferentes frentes guerrilheiras do país por serem as que estavam em melhores condições. E que entre os combatentes com os cabelos rapados apressadamente para parecer recrutas do EEBI havia uma mulher, Dora María Téllez, a número dois do comando e responsável política pela operação. Edén era o número zero e Hugo Torres, veterano do ataque à casa de Chema Castillo, o número um.

Além do mais, a EEBI era um corpo temido dentro da própria Guarda Nacional, o que congelou as sentinelas. Nos exercícios de treinamento, que eram ouvidos no vizinho Hotel Intercontinental, um mercenário norte-americano de sobrenome Chaney perguntava aos recrutas: "O que vocês bebem?", e os recrutas respondiam em coro: "Sangue, sangue, sangue!"

Edén Pastora tinha sido enviado da Costa Rica por Humberto Ortega para dirigir a operação, mas os terceiristas da Frente Interna de Manágua, com todas as contradições, não estavam muito dispostos a acatar a decisão, que além do mais tinha sido tomada fora das fronteiras; depois de muitas discussões aceitaram deixar o papel principal para Pastora, mas não o poder de negociação, que foi confiado a Dora María Téllez. Quando o cardeal Obando, de novo mediador, entrou pela primeira vez no edifício e se dirigiu a Pastora para perguntar pelas condições que deveria transmitir a Somoza, ouviu que fosse falar com Dora María. Edén entrou no Palácio com o rosto descoberto, e com o rosto descoberto foi fotografado ao subir no avião, uma foto que deu a volta ao mundo, ao contrário dos outros integrantes do comando que se ocultavam atrás de um lenço vermelho e negro. Seria uma tentativa de contrabalançar seu prestígio ferido, um assunto que, afinal de contas, só dizia respeito a ele. Para o país inteiro, era o herói.

Logo de cara, o comando libertou a maior parte dos reféns: funcionários públicos, visitantes e vendedores, e ficou com os que valiam ouro. Após duas noites em claro, enquanto Obando ia e voltava, as muitas horas sem sono começaram a fazer estrago na tropa guerrilheira. Perdiam a noção do tempo e se esqueciam de onde estavam, e Hugo Torres acreditava ouvir a passagem fragorosa de trens pela praça à meia-noite. Dora María percebeu que precisava negociar rápido e concordou em reduzir a quantidade de dinheiro exigida, que era de 5 milhões de dólares.

Somoza mandou difundir o comunicado que Dora María entregou a Obando, pagou uma soma pelo resgate e libertou todos os prisioneiros sandinistas, entre os quais havia membros de outras tendências, como Tomás Borge; alguns não pertenciam a tendência alguma, como Fernando (*El Negro*) Chamorro, preso por causa do foguete que disparou do Hotel Intercontinental contra a EEBI, ou Leopoldo Rivas, abandonado pelos próprios companheiros na cadeia depois da operação de dezembro de 1974, castigado por sei lá qual delito revolucionário.

Da mesma forma que em dezembro de 1974, depois da ocupação da festa na casa de Chema Castillo, uma multidão, só que agora muito maior, se postou ao longo do percurso do ônibus que levava os membros do comando e seus reféns mais importantes para o aeroporto, e as pessoas corriam atrás, agitando bandeiras, e batiam com as mãos na carroceria, impediam o trânsito nas esquinas, e uma longa caravana de carros e motos ia soando alegremente suas buzinas.

Em uma variante singular, símbolo das novas alianças, os membros do comando e os prisioneiros libertados voariam para o Panamá e para a Venezuela, e não para Cuba; mas na última hora o avião Hércules mandado por Carlos Andrés Pérez teve que voltar vazio para Caracas. As barreiras ideológicas continuavam pesando, e Tomás Borge não quis aceitar o apoio de um presidente social-democrata. Os terceiristas, para remediar a ofensa, mandamos Edén Pastora confiar a Carlos Andrés a guarda da bandeira tomada do salão de sessões do Congresso Nacional, que devolveríamos ao seu lugar quando tivéssemos um parlamento democrático.

A ocupação do Palácio Nacional era apenas a porta que se abria aos novos planos insurrecionais que já estavam em marcha, previstos para ser executados no mês de setembro. Mas o clima de entusiasmo e agitação criado por aquela operação fez surgir reações que ninguém podia deter. No dia 25 de agosto, rapazes armados com pistolas e espingardas de caça, saídos em sua maioria das classes do curso secundário, levantaram barricadas na cidade de Matagalpa, e sua insurreição espontânea provocou a mobilização de poderosos contingentes da Guarda Nacional, num ensaio do que seriam as sangrentas operações de limpeza do mês seguinte.

Tomadas as ruas de Matagalpa, foi necessário adiantar os preparativos da ofensiva antes que a situação saísse de controle em outros pontos do país; e por isso aceleramos também os planos para a greve nacional, dos quais eu mantinha informados os chefes da Frente Interna, o Gordo Pín e Joaquín Cuadra filho (*Rodrigo*).

No dia 8 de setembro de 1978, véspera do dia assinalado para a ofensiva, eu estava reunido com eles na casa do doutor Eduardo Conrado Vado, no bairro Los Robles. Era a hora do almoço, e dona Mariita, sua esposa, acabava de nos servir canelones. O doutor Conrado Vado, velho advogado conservador e também conspirador precavido, tinha saído para dar uma volta no quarteirão para verificar a situação.

— Rapazes — nos disse ao voltar —, eu não quero assustá-los, mas o bairro está cercado há algum tempo pela segurança.

Os canelones ficaram atravessados em minha garganta, mas meus companheiros de mesa continuaram comendo tranquilamente.

— Não deve ser com a gente — disse Pín. — Se fosse, já teriam entrado.

O doutor Conrado Vado foi de novo dar uma espiada, a pedido de Joaquín, enquanto dona Mariita rezava na frente de seus santos. Voltou pouco depois. A situação era a mesma. Os jipes Nissan da tropa de segurança bloqueavam os cruzamentos e os agentes vestidos de civil, metralhadora em punho, continuavam nas calçadas. Para meu assombro, eles prosseguiram tranquilos, e até fizeram troça, mais convictos ainda de que, fosse o que fosse, aquilo não tinha nada a ver com a gente.

Passava das duas da tarde. Eu deveria sair primeiro, porque o veículo que me levaria para a reunião do comitê de greve, conduzido outra vez por Rodrigo Cardenal, passaria às duas e meia em ponto pela frente da casa, onde ia parar o tempo suficiente para eu entrar. Daria mais uma volta se eu não aparecesse, e essa segunda oportunidade seria a última. E, como só naquela reunião eu ficaria sabendo o lugar da próxima, se eu não fosse perderia contato e ficaria isolado dos preparativos da greve.

Naqueles dias, em nenhum momento andei armado, mesmo porque não adiantaria muito se quisessem me matar ou capturar. Assim, debaixo do olhar irônico de Joaquín e do Gordo Pín, saí para esperar o veículo, que chegou pontualmente. Entrei, nos aproximamos da barreira de agentes na esquina e, depois de nos verem pelas janelas abertas, nos deixaram passar.

Assisti à reunião e fui devolvido ao mesmo esconderijo naquele mesmo bairro, que naquela altura já não tinha vigilância alguma. Eu estava morando na casa de um casal muito jovem, pessoas esplêndidas que corriam risco por me abrigar, e faziam isso sem me conhecer, só porque alguém tinha pedido. Ela trabalhava na Lanica, as Linhas Aéreas da Nicarágua, propriedade de Somoza, e ele era engenheiro civil. Eram pais de um menino de óculos grandes que me olhava com afeto e curiosidade, e que dividia seu quarto comigo. Soube mais tarde que eles tinham ido embora para sempre depois do triunfo da revolução.

Bem perto dali também se refugiava Fernando Cardenal, na casa do doutor Rafael Chamorro Mora, cunhado de Alfonso González Pasos, assassinado com parte da família em sua casa de Jioloá, conforme já contei. Eu mal tinha voltado quando Fernando me mandou um bilhetinho contando: haviam capturado Gustavo Arguello Hurtado ali nas vizinhanças. A operação de segurança daquela tarde era para levá-lo do escritório da Companhia Açucareira Monterrosa, propriedade da família de seu sogro.

Gustavo, que tinha asma, morreu nas mãos dos torturadores naquela mesma noite, em que também assassinaram César Amador, filho do neurocirurgião mais eminente do país. Os dois eram terceiristas e estavam alistados para se incorporar no dia seguinte às tropas que atacariam os quartéis da polícia de Manágua, uma ação concebida para distrair o inimigo enquanto o grosso das forças guerrilheiras atacaria os quartéis de Masaya, León, Chinandega e Estelí.

Ao entardecer do sábado 9 de setembro de 1978, entre as seis e as sete da noite, a ofensiva começou de maneira sincronizada. O doutor Cuadra Chamorro tinha ido se refugiar na casa do doutor Conrado Vado, que antes do terremoto havia sido seu vizinho na avenida Bolívar, e lá nos juntamos. Quando ouvimos os disparos distantes, os dois começaram a beber uma garrafa de uísque que não demorou muito para ficar vazia. O doutor Cuadra Chamorro estava empenhado em cair na inconsciência o mais rápido possível, porque sabia que lá fora seu filho estava combatendo. De repente chegou da rua um rumor apressado de vozes, e depois gritos, alguns rapazes passavam carregando seus companheiros feridos, outros batiam nas portas pedindo munição de caça.

Diante da ofensiva, a reação de Somoza foi feroz. As forças guerrilheiras tinham alcançado o objetivo de controlar as cidades e manter o Exército dentro dos quartéis. Era uma luta da qual já participavam juntos combatentes das três tendências da Frente Sandinista. Mas o poder de fogo da ditadura era superior e Somoza escolheu o método de concentrar toda a sua força — blindados, aviação, tropas de infantaria — sobre uma cidade só, começando por Masaya, e uma vez terminada ali a operação de limpeza, que significava bombardeios, incêndios, êxodo massivo e milhares de vítimas, partir para a próxima, León, e depois Chinandega, e por último Estelí, até recuperar todas elas. Em cada cidade reconquistada as tropas de infantaria iam rua a rua, casa a casa, e quando encontravam algum jovem que tivesse marcas de pólvora nas mãos o executavam no ato.

Somoza decretou a lei marcial, fechou o jornal *La Prensa* e impôs a censura nas emissoras de rádio. A perseguição era indiscriminada e muitos dos dirigentes da Frente Ampla Opositora, incluindo os dos partidos de direita, estavam na cadeia, acusados de promover a greve geral que tinha paralisado as atividades econômicas do país. E as embaixadas iam se enchendo de exilados, entre eles meu irmão Rogelio, que pertencia à Tendência da Guerra Popular Prolongada.

Quando explodiu a ofensiva de setembro o jornal *Novedades* nos acusou, Rogelio e eu, de sermos parte da "conjuração criminosa", e uma patrulha da OSN, o departamento de segurança nacional de Somoza, comandada pelo capitão Lázaro García, foi nos buscar em Masatepe. Tinham visto Rogelio entrar na casa de meus pais, onde supunham que eu também estava, e prepararam o ataque instalando um franco-atirador numa das torres da igreja.

Meu primo irmão Francisco Ramírez Beteta, filho de meu tio Alberto, o violinista, tinha entrado nas filas dos paramilitares e nos dias finais da insurreição, quando Masatepe estava nas mãos de milícias populares improvisadas na própria população, foi fuzilado no muro do cemitério junto com outros colaboradores da Guarda Nacional, acusado de cumplicidade na morte de muitos jovens capturados em suas casas.

Daquela vez, Francisco, cujo apelido era *Mordedor* — que em seu ofício de paramilitar soava sinistro — e era como meu tio Alberto o chamava desde menino, atravessou o parque central, saindo do Comando da Guarda Nacional, com o pretexto de comprar cigarros no armazém que meu pai tinha em sua própria casa, e o preveniu do ataque iminente, pois a patrulha estava chegando de Manágua. E graças a esse aviso Rogelio conseguiu fugir pelos fundos e se refugiar naquele mesmo dia na Embaixada do Panamá, e ficou em dívida com o *Mordedor*, por cuja vida não pudemos fazer nada.

Lázaro García revistou a casa, abrindo as portas dos quartos a golpes de fuzil. Encolerizado por não nos encontrar, levou meu pai até a fazenda San Luis, herança de meu avô materno, onde reviraram tudo, e finalmente pôs meu pai de joelhos no terreiro de café, a pistola automática grudada na sua cabeça, ameaçando matá-lo se não revelasse o nosso paradeiro. Meu pai tinha sido prefeito pelo partido liberal de Somoza nos anos 1950, mas isso, naquela altura, não adiantava nada.

— Pois então me mate — disse mansamente. — Não sei onde meus filhos estão. E se soubesse, você acha que eu ia contar?

Então foi solto, e teve de fazer todo o caminho de regresso a pé. Calmo, gentil, obsequioso com estranhos a ponto de exasperar minha mãe, humorista nato, desses que atiram a pedra e escondem a mão, jamais perdeu seu jeito festivo nem sua integridade.

— Eu nunca tinha ouvido um linguajar tão vulgar — me dizia depois, cheio de tristeza, humilhado mais pelas ofensas do que preocupado pelo fato de terem posto uma pistola em sua cabeça.

Durante a insurreição final de 1979, enquanto as colunas sandinistas avançavam de Jinotepe e os restos da Guarda Nacional, desalojada de todas as cidades do sul, se entrincheiraram em Masatepe, ele se negou a abandonar a casa, apesar de todo o perímetro da praça e da igreja ter sido cercado de arame farpado e minado com cargas de dinamite, como prevenção contra um ataque ao comando da Guarda Nacional na cidade. Os helicópteros que descarregavam material bélico no pátio da igreja passavam sobrevoando a casa e se detinham para iluminá-la do alto com seus refletores, tentando amedrontar meu pai e minha mãe.

Quando me procuraram aquela vez em Masatepe, eu estava morando na casa de José Ramiro Reyes em El Mirador de Santo Domingo, um bairro exclusivo e pouco habitado. Atrás dos muros, os ruídos da guerra chegavam longínquos e só se escutava, diáfano, o ondular das águas da piscina escondida na penumbra das árvores. José Ramiro, acionista da Cervejaria Victoria e da engarrafadora da Pepsi Cola, era herdeiro da família mais rica de León, e sua esposa, Ruth Lacayo, também vinha de uma família muito rica, filha do mais notável comerciante importador de Manágua. A dona de um salão de beleza, nossa simpatizante, ia até a casa deles para me fazer um penteado que pretendia disfarçar minha aparência.

O casal Reyes era muito católico e muito comprometido com a luta. Naquele paraíso tão tranquilo, os dois amanheciam grampeando folhetos subversivos que incluíam manuais para fabricar explosivos e armar e desarmar fuzis. E, no quarto que eu dividia com Miguel de Escoto, também dormia Raúl Venerio (*Willy*), um dos chefes da Frente Interna Terceirista e mais tarde comandante da Força Aérea Sandinista. Para os filhos de José Ramiro e Ruth, nós éramos seus tios, e eu era o tio Baltazar. Depois, todos eles também foram embora da Nicarágua.

Contra todas as normas de segurança, compartilhávamos refúgios com guerrilheiros, pois a rede de casas que podíamos conseguir tornou-se precária, por causa do medo, quando foi detonada a insurreição de setembro de 1978. Um exemplo: na casa de Miguel Ángel e Titina Maltez — um casal alegre, de muitas festanças, e muito valente — em Los Robles, estava escondido dom Emilio Baltodano, no mesmo quarto onde às vezes Joaquín Cuadra filho (*Rodrigo*) aparecia para dormir; e debaixo da cama de dom Emílio havia um arsenal de fuzis, carregadores de bala e granadas de mão, e ele ria a gargalhadas nervosas quando contemplava aquilo tudo. Miguel Ángel depois foi capturado e sofreu torturas bárbaras, junto com seus filhos, nos cárceres da OSN.

Eu podia sempre recorrer à casa do doutor Gonzalo Ramírez em busca de abrigo. Ele era um radiologista cujo filho tinha sido assassinado pela Guarda Nacional, e morava em Belmonte, um bairro de médicos. O que eu ignorava é que ele e sua esposa, Violeta, identificados com a Tendência da Guerra Popular Prolongada, eram colaboradores ecumênicos da Frente Sandinista. Enquanto estava no meu quarto, reunido com membros do comitê de greve, no consultório podia muito bem estar acontecendo outra reunião da GPP ou dos Proletários. E eles sempre souberam manter em segredo sua própria conspiração, que só me contaram depois do triunfo.

Foi naquele mês de setembro que o governo de Jimmy Carter entrou em cheio nos acontecimentos da Nicarágua. Logo no começo da ofensiva, o embaixador Mauricio Solaún pediu uma entrevista com o Grupo dos Doze, e nos reunimos numa casa do bairro Bolonia, próxima do Ministério da Defesa, onde uns soldados mais afoitos que alertas vigiavam atrás de sacos de areia. O encontro tinha sido marcado por intermédio do dono da casa, um velho funcionário do Consulado dos Estados Unidos, parente de dom Emilio Baltodano, e estávamos presentes o padre Miguel de Escoto, o próprio dom Emilio e eu.

Solaún apareceu acompanhado por seu conselheiro político, Jack Martins, que combinava perfeitamente com a imagem arrogante do americano feio, o *ugly american* do livro de Graham Greene. Solaún, ao contrário, parecia um professor universitário em ano sabático, um tanto artificialmente informal, com *guayabera* e mocassins, hábil no manejo do charuto, mas sem impostação imperial, graças ao sotaque cubano.

Ele nos disse que os Estados Unidos estavam preocupados com o derramamento de sangue e queriam averiguar nossa posição a respeito de um cessar-fogo. Miguel de Escoto interrompeu-o para perguntar quando os Estados Unidos haviam descoberto que os nicaraguenses tinham sangue. Martins franziu o cenho e Solaún pareceu mais desconcertado que incomodado.

Como um professor em ano sabático que parecia ser, Solaún explicou que a política hegemônica tinha morrido quando Kissinger saiu de cena. Jack Martins quis se vingar e disse que a culpa de Somoza continuar no poder não era só deles, mas também dos nicaraguenses, pois em lugar de combatê-lo estavam sempre batendo na porta da embaixada, pedindo para os Estados Unidos intervirem.

Nisso, disse eu a ele, estávamos de acordo. E se tínhamos concordado em ter aquela conversa era justamente para pedir o contrário, que não se metessem. E isso significava cortar todo apoio militar e material a Somoza; e, com relação à sua opinião sobre os políticos que costumavam bater na porta da sua embaixada, eu também estava de acordo. Era um vício tradicional, difícil de erradicar, e do qual só uma verdadeira mudança na Nicarágua seria capaz de pôr fim.

Solaún reconheceu a responsabilidade dos Estados Unidos na permanência de Somoza no poder, mas insistiu na vontade que tinham de se corrigir; Somoza agora os via como inimigos, e o clima, em suas próprias reuniões com ele, piorava cada vez mais. E terminou perguntando se estávamos dispostos a aceitar uma proposta do presidente da Costa Rica, Rodrigo Carazo, para que uma comissão de países latino-americanos atuasse de imediato com o objetivo de obter um cessar-fogo. Dissemos que sim, e que quanto antes, melhor. Era preciso deter os bombardeios sobre as cidades indefesas e o assassinato massivo da população civil.

A vez seguinte em que me reuni com Solaún foi no dia 15 de setembro de 1978, como membro da Comissão Política da Frente Ampla Opositora, a FAO, que era composta por Alfonso Robelo, Rafael Córdoba Rivas e eu. Nós nos reunimos em seu escritório na embaixada. A situação tinha mudado desde o encontro anterior, pois naquela vez a Frente Sandinista estava tentando infiltrar um contingente guerrilheiro na região de Rivas para distrair as forças da Guarda Nacional, uma operação fracassada. Agora, depois de dominar impiedosamente a situação em Masaya, Somoza estava disposto a reconquistar León. Tornamos a falar sobre a comissão internacional e sobre a urgência de deter os bombardeios. No dia seguinte, e contrariando o nosso ceticismo, o Departamento de Estado emitiu um comunicado condenando as atrocidades cometidas por Somoza e propondo um cessar-fogo.

Mas a "Comissão de cooperação amistosa e esforços conciliatórios" só seria formada um mês depois, por resolução da Reunião de Consulta da OEA celebrada no dia 23 de setembro de 1978, em Washington, por iniciativa da Venezuela. A condenação de Somoza, proposta pelo México, perdeu por apenas um voto. E o subsecretário de Estado Warren Christopher, no que parecia ser um sinal da nova política que Solaún tinha nos anunciado, havia pedido urgência em investigar as denúncias de prisões em massa e detenções, torturas e matanças indiscriminadas de civis, como fatos que violavam a Convenção de Genebra.

A resolução da OEA acabou sendo tardia, pois as matanças já somavam mais de 3 mil vítimas. No mesmo dia em que ela foi divulgada, a Guarda Nacional ocupava a cidade de Estelí, a última a resistir. As ruas ficaram cobertas de cadáveres, a zona comercial foi destruída pelos bombardeios, as fábricas de tabaco foram incendiadas pelos foguetes, e a população fugia para a fronteira com Honduras e para as fazendas e povoados vizinhos, diante da iminência de operação limpeza anunciada pelo rodar dos tanques e pelos pontapés nas portas. O doutor Alejandro Dávila Bolaños, médico humanista e um dos melhores conhecedores das línguas aborígenes, foi arrancado da sala de operações onde atendia uma das vítimas do massacre indiscriminado, e assassinado no meio da rua.

O embaixador William Jordan foi despachado pela Casa Branca num avião da Força Aérea para convencer Somoza a aceitar a mediação, coisa que só conseguiu após várias viagens; a tarefa de discutir com a Comissão Política da FAO ficou nas mãos de outro enviado especial, Malcolm Barnaby, um nome que na minha memória tendo a confundir com o de Barnaby Jones, personagem de um seriado de televisão muito popular naquela época.

Quando vimos Barnaby pela primeira vez, Somoza ainda não aceitava a comissão da OEA sob o argumento de que era uma ingerência, um argumento que, posto na sua boca, não deixava de causar riso. Perguntei a Barnaby o que aconteceria se Somoza persistisse em se negar a aceitar a comissão.

— Vamos exercer sobre ele métodos de pressão que irão surpreender até vocês — disse, ajeitando a gravata-borboleta e sem abandonar seu sorriso confiante.

Poucos dias depois, o Congresso dos Estados Unidos suspendeu 8 milhões de dólares de crédito para Somoza, o que não deixava de ser surpreendente, e o presidente Carter mandou para o litoral nicaraguense do Pacífico um barco da armada dotado de sofisticados instrumentos eletrônicos de escuta, o que também era surpreendente, por ser uma medida estranha e inócua que pretendia passar por demonstração de força.

Somoza finalmente aceitou a comissão no dia 25 de setembro de 1978, mesmo dia em que a greve geral chegava ao fim, mas anunciando ao mesmo tempo uma lista de países que deveriam integrar essa comissão: El Salvador, Guatemala, Argentina e Brasil, todos sob regimes militares, como se essa lista já tivesse sido combinada de antemão. A Comissão Política da Frente Ampla Opositora protestou, e no dia seguinte Barnaby se reuniu conosco para nos dizer, ao nos dar razão, que não permitiriam mais brincadeiras de Somoza. No retorno do embaixador William Jordan, que estava em Washington, Somoza seria notificado de que os Estados Unidos tinham decidido desempenhar um papel "ativo e principal" dentro da comissão; ou seja, entrar no jogo, o que também era um aviso para nós.

Washington tampouco aceitaria precondições para a negociação: nem Somoza podia exigir permanecer no poder até 1981, como vinha insistindo, nem nós poderíamos exigir o fim da lei marcial e o restabelecimento da liberdade de imprensa, que considerávamos necessário para abrir as discussões.

No final, perguntei a Barnaby o que os Estados Unidos pretendiam com aquela negociação, uma vez que já não havia um propósito humanitário. Ele me respondeu com um circunlóquio acadêmico: os Estados Unidos não tinham um plano preconcebido; éramos nós, os nicaraguenses, que deveríamos buscar uma solução à qual os negociadores apenas dariam curso. Então eu disse a ele que a solução era a saída de Somoza e o desmantelamento de seu sistema de poder. Se a comissão vinha procurar o contrário, íamos perder tempo.

Somoza recebeu de Jordan a graça de anunciar, ele mesmo, a lista final dos países integrantes da comissão: os Estados Unidos, a República Dominicana e a Guatemala. Como prêmio à sua flexibilidade, o Congresso norte-americano imediatamente lhe restituiu os créditos suspensos. Como resposta, a Comissão Política da Frente Ampla Opositora declarou rompidas as negociações que nem tinham começado, denunciando que os Estados Unidos estavam de novo jogando o velho jogo de sempre.

Estávamos reunidos no consultório do doutor Gonzalo Ramírez, e foi Alfonso Robelo quem pegou o telefone para informar Solaún da ruptura; e o fez com tanta veemência que, ao desligar, arrancou aplausos de todos nós. Solaún nos entregou, dias mais tarde, uma carta com a sua assinatura, na qual o governo dos Estados Unidos se comprometia a reter os desembolsos daquele crédito enquanto não fosse promovido um processo de democratização na Nicarágua.

A comissão chegou por fim a Manágua, presidida formalmente pelo almirante Emilio Jiménez, chanceler da República Dominicana, que uma década mais tarde atuaria como assessor da *contra* nas negociações de paz. Os outros dois membros eram Ramón Obiols, o vice-chanceler da Guatemala, que nunca abriu a boca, e o embaixador William Bowdler, pelos Estados Unidos, verdadeiro líder da comissão, com quem eu negociaria não só naquela ocasião como também meio ano mais tarde, nas portas do triunfo revolucionário.

Bowdler, de estatura elevada e tendendo à calvície, bem *babyface* e de um sorriso que mal se percebia, tinha nascido em Buenos Aires e falava um castelhano excelente, com sotaque argentino, coisa que num ianque não deixava de ser divertida; e sua maior experiência diplomática tinha a ver com Cuba, onde havia servido durante cinco anos, até o fechamento da embaixada em 1961; sabia, pois, de revoluções, conforme mencionei antes.

Sua missão, a partir daquele momento, foi a de buscar uma saída para Somoza, mas salvando tudo que fosse possível do sistema, e limitando a influência sandinista num futuro governo. Os Estados Unidos sabiam que se Somoza tinha sobrevivido à ofensiva de setembro de 1978, aquela não seria a última, e precisavam buscar uma negociação que facilitasse a sua renúncia, preservando, como instituição, a Guarda Nacional. Para nós, a pauta era a mesma, só que vista pelo lado contrário: o sistema não deveria sobreviver a Somoza, queríamos toda a influência possível no futuro governo e a Guarda Nacional teria que desaparecer para dar lugar a um novo exército.

No dia 5 de outubro de 1978, os três membros da Comissão Política da Frente Ampla Opositora rejeitamos, num manifesto, o papel mediador da comissão da OEA, uma medida que, de uma forma ou de outra, seria impossível de evitar. No manifesto, advertíamos que mediação significava intervenção política, como no caso da República Dominicana depois da invasão dos Estados Unidos em 1964; e cabe agora lembrar que Somoza tinha cooperado com ela, mandando um contingente da Guarda Nacional comandado pelo coronel Enrique Bermúdez, mais tarde chefe supremo da *contra*. Exigimos também a suspensão de toda ajuda militar a Somoza antes das conversações, algo sem eco na época, mas que Carter acabaria decidindo fazer no começo do ano seguinte.

Tampouco aceitamos sentar-nos frente a frente com a delegação de três ministros que Somoza havia designado, encabeçada pelo doutor Julio Quintana, ministro de Relações Exteriores. Mantivemos essa exigência, e a comissão mediadora se reunia conosco na Cúria Arcebispal de Manágua e depois ia se reunir com os representantes do governo na Chancelaria.

Aquelas conversas indiretas não conseguiriam chegar a lugar algum, porque os dois verdadeiros atores do confronto só procuravam ganhar tempo e se fortalecer. Somoza tinha anunciado a intenção de duplicar o efetivo da Guarda Nacional, que passaria a 15 mil homens, para enfrentar uma nova ofensiva; e a Frente Sandinista se empenhava em preparar essa ofensiva, a última de todas, reunindo o maior número possível de armas para os combatentes que continuavam a se incorporar massivamente em suas filas.

A negociação dependeria, naquele momento e no futuro, das definições no terreno militar. E como dentro da FAO se ampliava a crença de que a capacidade de combate da Frente Sandinista tinha sido liquidada após a ofensiva de setembro, Bowdler pôde se aproximar de seus objetivos.

Ele nos apresentou um plano de quatro pontos que incluía a renúncia de Somoza e sua saída do país com toda a família; a nomeação de uma Junta Provisória de três membros, a reestruturação da Guarda Nacional e a realização de eleições para uma Assembleia Constituinte. E esse plano pareceu tão atraente para meus companheiros da Comissão Política da Frente Ampla Opositora, que eles aceitaram a sugestão de Bowdler de submetê-lo à outra parte como se fosse uma iniciativa própria. Somoza, que se sentia forte outra vez, jamais iria se submeter a um plano como aquele; ao se prolongar a negociação, porém, o único beneficiado seria ele, porque recuperava terreno político.

Tudo se tornava inaceitável. No dia 25 de outubro, o Grupo dos Doze decidiu abandonar a Frente Ampla Opositora, denunciar a negociação e procurar asilo político. O encarregado de Negócios do México, Gustavo Iruegas, notificou nosso asilo ao governo de Somoza na mesma noite em que tínhamos entrado em sua residência no bairro de Las Colinas, e a reação do chanceler Julio Quintana no telefone foi de confusão e desalento, da mesma forma que Bowdler reagiu ao ser informado. O circo foi desmontado porque, sem o Grupo dos Doze, a Frente Sandinista deixava de estar representada, e qualquer acordo que fosse firmado entre a FAO e Somoza não poria fim à guerra.

O presidente López Portillo, que em maio do ano seguinte — 1979 — romperia relações diplomáticas com Somoza para forçar seu isolamento, tinha deixado vago, meses antes, o posto de embaixador em Manágua. Gustavo Iruegas e Susy, sua esposa, cumpriam com esmero a missão interina, tão delicada que poderia tê-los atropelado, jovens do jeito que eram; inteligentes, sensíveis e decididos, estavam identificados conosco, e não foram poucas as vezes em que avançaram muito além dos limites de sua função diplomática.

Certa noite precisei abandonar em segredo a residência oficial, porque era imprescindível me encontrar com Joaquín Cuadra filho (*Rodrigo*), algo insólito em termos de asilo político. Se me capturassem ou me matassem, Gustavo não teria como explicar o que eu estava fazendo na rua. Escondido no fundo de um veículo, fui para a reunião no consultório do dentista Óscar Cortés, mais tarde nosso embaixador na Suécia, que ficava no bairro Los Robles. Regressei por volta da meia-noite, pulando a cerca do jardim. Tenho certeza que tanto Gustavo como Suzy ficaram sabendo, mas não disseram nada.

Numa casa vizinha, que também pertencia à Embaixada do México, viviam asilados pelo menos duzentos jovens, com quem eu me encontrava todos os dias, em grupos, para dar aulas de história da Nicarágua. O cardápio diário no café da manhã, no almoço e no jantar era sardinha em lata que chegavam do México de avião, e mais de uma vez ouviu-se, no meio dos jovens, o grito de "Viva a Frente Sandinista!"

Nosso asilo durou mais de um mês. Comecei a escrever um livro sobre as atrocidades de Somoza durante a repressão de setembro, usando como material o registro das transmissões de rádio da Guarda Nacional e os depoimentos recolhidos pela Comissão Permanente de Direitos Humanos. O livro, que seria publicado pela editora Siglo XXI, no México, também falava do processo de negociação do qual eu havia participado. Mas nunca terminei esse livro.

Somoza se negava a dar-nos o salvo-conduto para irmos para o México. Estava claro que naquele momento o melhor negócio para ele, de acordo com os termos anglófilos que costumava usar, era nos manter encerrados, longe da negociação que, como era previsível, começava a se inclinar a seu favor. E assim, no dia 6 de novembro de 1978, ele fez a contraproposta de um plebiscito que seria organizado por ele, sob a sua lei eleitoral: se ganhasse, ficava; se perdesse, ia embora. Não podia haver nada mais ardiloso, mas Bowdler achou que aquela ideia não era tão ruim assim, e levou-a para a mesa de discussões.

Naquela altura, tudo estava no terreno que Somoza queria, e diante da resistência da Frente Ampla Opositora ele concordou que o plebiscito fosse feito sob supervisão internacional. Com isso, o plano foi aceito. E como prêmio à boa vontade da FAO, no dia 7 de dezembro ele suspendeu a lei marcial e revogou o "código negro", como era chamada a lei de censura à imprensa. No entardecer do dia 8 de dezembro, um *marine* que integrava a segurança da Embaixada dos Estados Unidos entregou aos jornalistas um comunicado da comissão mediadora, anunciando que naquele dia, pela primeira vez, os representantes de Somoza e da FAO tinham se sentado frente a frente na mesma mesa de negociação.

Já que Somoza não nos concedia o salvo-conduto, nós abandonamos o asilo diplomático e no dia 18 de dezembro voltamos às ruas para denunciar o plebiscito e, mais uma vez, o somozismo sem Somoza que estava sendo armado. Em termos políticos, a nossa também era uma guerra de guerrilha. Mas foi o próprio Somoza quem se encarregou de liquidar o plebiscito. Sentiu que já não corria perigo algum, e no dia 12 de janeiro de 1979 ignorou tudo que tinha sido combinado. A resposta de Carter foi a suspensão de toda ajuda militar e a retirada de metade do pessoal da embaixada em Manágua.

Meu papel na Nicarágua havia terminado, pelo menos naquele momento. Tulita veio da Costa Rica e juntos abandonamos o país, com um procedimento que demonstrava, embora em pequena medida, que o barco de Somoza fazia água. Como estava proibido que me concedessem visto de saída, paguei uma propina ao próprio chefe da Migração, um alto militar necessariamente próximo a Somoza, e sem contratempo algum tomamos o avião de regresso a San José.

11. Os rios de leite e de mel

O doutor Emilio Álvarez Montalván, o mais respeitado dos ideólogos conservadores da Nicarágua, disse, certa vez, depois que tínhamos sido derrotados nas eleições de 1990, que o sandinismo havia trazido pela primeira vez para a cultura política nicaraguense a sensibilidade pelos pobres.

Esta é, na verdade, uma das heranças indeléveis da revolução, muito mais que as miragens ideológicas que na época nos deslumbraram, os excessos burocráticos e as carências do marxismo praticante, a inexperiência e as improvisações, as poses, as imitações e a retórica. Os pobres continuam sendo a marca humanista do projeto que foi se despedaçando pelo caminho, em sua viagem das catacumbas até a perda do poder e da catástrofe ética; um sentimento soterrado ou adiado, mas de alguma maneira vivo.

Ao se identificar com os pobres a revolução foi radical em seu sentido mais puro, e sob sua ânsia de justiça, capaz das maiores ingenuidades e arbitrariedades, perdendo muitas vezes a perspectiva do que era possível e do que podia ser apenas desejável ou justo. O desejável e o justo precisavam desafiar a realidade; e na esfera da realidade estava a economia, como parte da obsolescência a ser superada, mas também estava o tecido das relações sociais, marcadas por séculos de tradição cultural. E foi justamente aí que se engendrou a maior resistência às mudanças ansiadas; uma resistência que não avaliamos em todo seu poder, porque bastava se empenhar em acabar com a pobreza para crer que as velhas crenças ficariam enterradas.

A imagem que tínhamos diante de nós era a dos miseráveis sem nada, os pobres absolutos que Leonel Rugama convocava em seus poemas. Os mineiros de Siuna acabados pela silicose, os camponeses nas profundezas das montanhas de Jinotega, que não tinham sal, ou nos vales perdidos de Matagalapa, onde a avitaminose produzia cegueira noturna, ou os peões dos acampamentos das plantações bananeiras de Chinandega, que dormiam em caixotes do tamanho de uma casa de cachorro, ou as legiões de caçadores de tesouros nos depósitos de lixo de Acahualinca, junto às águas negras dos esgotos na ribeira do Lago de Manágua, mães com seus filhos, netos com suas avós, disputando com os urubus alguma coisa para comer.

A Arcádia dos primeiros meses estava tingida de uma inocência sem malícia, e a emoção coletiva acalentava a consciência no delírio e no sonho, na ansiedade e na esperança, uma emoção que ganhava peso político e que não haveria de se repetir jamais. A emoção de sentir-se comprometido com uma ação de mudança, até o final.

E até o final queria dizer tudo ou nada. Ninguém teria empunhado um fuzil para fazer meia revolução. Destronar Somoza tinha como consequência necessária a revolução, não a transição pacífica à qual outros setores da sociedade aspiravam. E uma proposta de mudança radical necessitava de um poder radical, capaz de se defender e de se livrar de riscos. Era, além do mais, um poder para sempre. Tampouco se triunfa com as armas para conquistar um poder de curto prazo, quando se trata de varrer a história. E, nessa circunstância, os moderados começam a virar suspeitos.

Além de reduzir pela metade a jornada de trabalho no campo e duplicar o salário mínimo, os donos das fazendas foram obrigados a acrescentar carne, leite e ovos na dieta dos trabalhadores, algo que os inspetores do trabalho jamais conseguiram fazer valer; o preço do transporte popular foi mantido congelado até os subsídios se tornarem intoleráveis; elevamos as pensões dos aposentados, abrimos centenas de creches, as crianças foram vacinadas contra a poliomielite em campanhas massivas, instalou-se a Cruzada Nacional de Alfabetização e a reforma agrária começou logo no primeiro dia.

No entanto, na hora de distribuir a terra expropriada da família Somoza e de seus cúmplices, e a que depois foi confiscada dos latifundiários, nos afastamos do sentimento que nos dizia que essas terras deveriam ser entregues com títulos de propriedade individual aos camponeses sem terra, os grandes abandonados da história. Impuseram-se, em vez disso, os mandamentos ideológicos, e nasceram as Unidades de Produção Agropecuária (UPE), nas quais, de acordo com a teoria, os camponeses viveriam e trabalhariam com bons salários e teriam clínicas, escolas, creches para os filhos; mas a terra, da mesma forma que as destinadas às cooperativas, seria propriedade do Estado, para que nunca mais se criasse uma nova classe pequeno-burguesa rural.

Foi um erro que acabou custando sangue, porque a revolução, ao violar a mais sagrada de suas promessas, produzia o primeiro de seus grandes desencantos. As cooperativas caíram sob os ataques dos *contras*, determinados a destruí-las, mas muitos camponeses sem terra se juntaram a eles na guerra, ou se transformaram em base de apoio, resistentes na hora de se unirem às UPE; e outros muitos pequenos e médios proprietários rurais fizeram a mesma coisa, inseguros, primeiro, ao ver as expropriações sobre os latifundiários, e expostos, depois, a passar pela mesma situação porque as desapropriações começaram a chegar ao degrau seguinte dos donos de terras, principalmente nas zonas mais afastadas.

Quando esse rumo foi mudado, na tentativa de tirar bases de apoio da *contra* entregando títulos de propriedade aos camponeses, a medida tampouco foi eficiente, pois pesaram outra vez os pruridos ideológicos e se determinou que esses títulos não poderiam ser herdados ou vendidos. As filas da *contra* continuaram crescendo, e naquela altura seus chefes militares na Nicarágua eram proprietários rurais modestos, muitos deles sem vínculo algum com o somozismo, e que tinham substituído antigos oficiais da Guarda Nacional.

Em 1984 eu estava em Jinotega, numa assembleia realizada numa escola secundária, quando apareceram na porta, procurando por mim, uns donos de sítios do município de Pantasma, acompanhados pelo delegado departamental da Junta de Governo, Carlos Zamora, e pelo delegado da Reforma Agrária, Daniel Núñez.

Quando a assembleia terminou nos reunimos numa das salas de aula, e eles começaram a me apresentar uma lista de queixas por atropelos e abusos de que estavam sendo vítimas, junto com dezenas de famílias camponeses no município. Um deles tirou a camisa e me mostrou as marcas dos arames com que havia sido amarrado num catre durante vários dias. Tinha sido acusado de ser somozista, junto com os outros, e chorava só de lembrar, porque achava que, mais que as torturas, aquela acusação era humilhante. Carlos Zamora confirmou as denúncias, da mesma forma que Daniel Núñez, impotentes os dois para fazer qualquer coisa porque a repressão era dirigida pelo incipiente aparelho do partido no município.

Quando voltei para Manágua consegui que fosse feita uma investigação rigorosa, e os resultados descobertos foram ainda piores. O secretário político da Frente Sandinista em Pantasma, que era muito jovem e, além disso, muito alheio à vida dos camponeses, tinha ordenado não apenas torturas mas também execuções. No fim acabou condenado à prisão junto com vários de seus subalternos, num dos julgamentos exemplares daqueles tempos; mas já era demasiado tarde, porque a repressão em Pantasma levou centenas de camponeses a passar para o lado da *contra*.

Era como entrar nas páginas do romance *O senhor das moscas*, de William Golding. Rapazes treinados nos rudimentos das ideias marxistas haviam assumido postos de responsabilidade partidária em áreas rurais, que não conheciam, já que vinham das cidades do litoral do Pacífico, e mediam a conduta daquela gente simples utilizando esquemas ideológicos aprendidos em manuais. Os termos que se usavam — camponês rico, burguês, pequeno-burguês, explorador — confundiam e assustavam. Nas montanhas distantes, era explorador quem tivesse qualquer coisa — um caminhão, um armazém, um sítio — e todo explorador entrava na lista dos inimigos que deveriam ser neutralizados.

A mensagem revolucionária, transmitida com persuasão deficiente, ou debaixo de ameaças ou com demasiada retórica, impunha promessas, parâmetros de conduta política e formas de organização muito distantes da realidade diária dos camponeses, que queriam mudar sua vida para melhor — queriam terra, escolas, clínicas, bons preços para suas colheitas, mas não aceitavam que seus costumes fossem invadidos, nem sua maneira de ser, nem sua crença.

Por mais miseráveis que fossem, a proposta coletiva chocava com sua forma de ver a vida.

Em sua luta, a revolução soube entender o mundo camponês; mas não quando chegou ao poder. Famílias inteiras que tinham colaborado com os sandinistas nos santuários da guerrilha e que tinham sido brutalmente reprimidas por Somoza, de Kilambé a Iyas, de Sofana a Dudú, de Kuskawás a Waslala, conforme o padre Fernando Cardenal tinha exposto diante do Congresso dos Estados Unidos em 1976, agora davam proteção e auxílio à *contra*. E o discurso da *contra*, longe de complicações teóricas, era insidioso mas simples: eles querem tomar a sua liberdade, querem tomar os seus filhos, querem tomar a sua religião, você vai ter de vender sua colheita para eles e para mais ninguém, e vão tomar de você essa pouca terra que você tem, e, se você não tem terra alguma, não vai ter jamais.

Uma vez contei que durante a campanha eleitoral de 1984 a cena principal de um comício, num domingo, no porto de San Carlos, em Río San Juan, era a entrega simbólica de um fuzil, que um camponês da comarca de Jesús María ia me fazer. Até pouco antes ele estava com a *contra*, e tinha se rendido ou sido capturado.

Quando foi anunciado, eu vi o rapaz subindo no palco e aproximando-se de mim debaixo do sol relampejante, vestido de farrapos, descalço, com um velho fuzil que em vez de correia tinha uma cordinha pendurada no ombro. Entendi na hora que entre nós havia um abismo muito difícil de ser superado. As razões pelas quais ele havia se alçado contra a revolução, deixando sua família num desamparo ainda maior, eram distantes e diferentes das que tinham me levado a entrar nessa mesma revolução, que pretendia resolver todos os problemas da sua vida.

Não apenas eu, que escrevia romances, era um intelectual: todos os que vestiam uniformes de comandante também eram, e também faziam discursos e teorizavam. Todos nós, lá em cima, pensávamos a revolução em termos de teoria ou de ideal, e essa concepção tentava ser aplicada ou imposta à sociedade, às pessoas de carne e osso como o camponês humilde e acovardado que me entregava sua arma. Nós lhe propúnhamos uma viagem incompreensível do primitivo ao moderno, mas ele se negava, e havia empunhado uma arma para se opor.

E outro abismo se abria diante dos indígenas miskitos, sumos e ramas, da costa do Caribe, tão desconhecida para os que moravam no litoral do Pacífico que não a chamávamos de costa do Caribe e sim do Atlântico. Nós pretendíamos integrá-los da noite para o dia na revolução e em seus valores revolucionários, na vida moderna, no bem-estar. Era um paternalismo ideológico, diferente do de Somoza, que nunca tinha feito experiências bem-intencionadas, mas nós também ignorávamos sua cultura e suas línguas a ponto de nos entendermos com eles através de intérpretes, e não conhecíamos nada de suas crenças religiosas e de suas formas de organização social, da mesma forma que conhecíamos muito pouco da população negra assentada na mesma costa do Caribe.

Mais tarde foi feita uma Lei de Autonomia que deixava finalmente estabelecido o direito das etnias a desfrutar de suas riquezas naturais e receber educação em suas próprias línguas, e reconhecia sua identidade cultural e suas formas de propriedade comunitária. Mas a lei não foi regulamentada nunca, e a região do Caribe caiu de novo no abandono, exposta ao tráfico de drogas e às rebeliões armadas crônicas.

Os sentimentos nos diziam que as maiores fatias do bolo deveriam ir para os que sempre tinham ficado com as migalhas, e naquele momento tínhamos em mãos o poder vindicativo de confiscar. Na medida em que o setor público crescesse, cresceriam também os excedentes a serem transformados em moradias, escolas e centros de saúde. E também a economia em seu conjunto: para que o PIB crescesse 20% em 1981, bastava expropriar 20% de empresas privadas, disse o padre jesuíta Javier Xorostiaga, assessor do Ministério de Planejamento, numa daquelas intermináveis reuniões. E em cada aniversário da revolução, durante aqueles primeiros anos, escolhíamos uma lista de empresas cujo confisco era anunciado em praça pública.

Porém, por uma questão de prudência ou alguma esperança de alianças sempre latentes e jamais correspondidas, algumas das famílias mais poderosas não passaram pela guilhotina das expropriações. Em julho de 1979 tínhamos amanhecido discutindo na Casa de Governo o confisco do Engenho Santo Antonio, a empresa-estrela do país, propriedade da família Pellas, enquanto lá fora o chefe guerrilheiro que exercia a autoridade no município de Chichigalpa, sede do engenho, esperava instruções. Acabamos resolvendo não expropriar porque consideramos que seria um passo demasiado audaz, apesar da febre do momento, e a expropriação só seria consumada em 1988. Pelas mesmas razões, uma fábrica de óleo de cozinha da família Chamorro, localizada em Granada, à última hora foi substituída numa daquelas listas por outra, da família Prego, menos conspícua e, portanto, mais vulnerável.

Com o triunfo da revolução, o Estado teve em seu poder uma coleção de empresas dos mais variados tipos e tamanhos, tiradas das mãos dos que caíam sob o peso do

Decreto 3, ditado para confiscar a família Somoza e seus cúmplices e tendo como princípio que se tratava de bens ilegítimos. Primeiro, a partir dessa espécie de Fideicomisso Nacional, e depois a partir da Área de Propriedade do Povo (APP), o Estado passou a administrar tudo que aparecia naquela lista de Somoza de A a Z, e mais: de fazendas de gado, engenhos de açúcar, cafezais, salinas, uma companhia aérea e uma fábrica de sapatos a indústrias têxteis e de cimento, cinemas, serralherias, padarias, agências de viagens, funerárias, motéis para casais furtivos, táxis, e até uma barbearia que foi confiscada de um alcaguete do bairro de Monseñor Lezcano, em Manágua.

Naquele momento os confiscos foram políticos, e, como havia somozistas de todos os calibres na lista de cúmplices e protegidos, atingiram propriedades de todos os tamanhos, e com isso criou-se uma contradição entre o perfil ideológico da revolução, destinada a exaltar os pobres e destronar os ricos, e o peso justiceiro que era exercido contra o sistema somozista da cabeça aos pés, embora lá embaixo houvesse gente que não tivesse nada além de um pequeno sítio, um ônibus, um armazém, um terreno ou a própria casa.

Depois, entraram na lista de expropriáveis não apenas os somozistas mas também os burgueses, agora sim sob uma marca de classe, embora nem sempre precisa, e foi decretada a Lei dos Ausentes, para quem abandonasse o país por mais de seis meses; e foram ensaiados os golpes seletivos anunciados a cada aniversário da revolução.

Mas, da mesma forma que acontecia no mundo camponês, essas medidas iam criando incertezas, geravam mais conflitos e atrapalhavam a produção. E nem sempre eram justas. Empresários culpados de se apropriar de maneira fraudulenta das divisas que recebiam para a compra de insumos, ou de inflar o frete do transporte de matérias-primas para ficar com o excedente, jamais foram processados ou expropriados, por medo das consequências políticas que, por sua vez, provocávamos ao confiscar de quem tinha menos sorte. E havia ainda o problema das empresas estrangeiras. No dia 13 de outubro de 1979 foi decretada a nacionalização das minas, e a cerimônia, à qual Daniel e eu assistimos, foi celebrada em Siuna, um dos enclaves mais antigos das companhias mineiras norte-americanas. Convidei Julio Cortázar e sua mulher, Carol Dunlop, a nos acompanhar, e voamos num velho DC-3 da Força Aérea Sandinista; na viagem de regresso, Julio escreveu a lápis, num saquinho para enjoo, um bilhete que tenho emoldurado em meu estúdio: "Sergio: jamais terminarei de agradecer a oportunidade que você me deu, de viajar com uma vassoura num avião. Se você não acredita, a vassoura está a poucos passos do lugar onde Carol está sentada."

Nem tudo era tão surrealista. Para a Nicarágua, "mina" sempre quis dizer tuberculose, como no esquecido romance *El tungsteno*, de César Vallejo. Os miskitos e os sumos e os emigrantes do Pacífico tinham deixado, anos a fio, os pulmões nas galerias, ganhando salários de fome que eram pagos em tíquetes que só valiam nas lojas da própria mina, eram despedidos quando ficavam incapacitados para o trabalho e, embora pareça fantasioso, também eram demitidos quando morriam. Causa da demissão: morte do trabalhador. Era o que aparecia escrito nos boletins ao final do expediente. E a companhia mineradora pagava à família Somoza um dízimo de dez dólares por cada quilo de ouro exportado.

Três dias depois de voltar de Siuna, recebi na Casa de Governo o representante da Rosario Mining Company, uma das empresas expropriadas. Ele tinha chegado naquele mesmo dia de Nova York, e entrou no meu gabinete com passo veloz e ar aborrecido, como alguém que tivesse sido tirado à força de suas ocupações. Tinha cara felina e o escasso cabelo tingido de um louro desbotado. Atrás dele, seus advogados vigiavam, mais parecidos a guarda-costas.

— Estão cometendo um erro — disse ele. — Sem a gente, vocês jamais vão conseguir operar as minas.

O que eles deixavam para ser operado eram equipamentos decrépitos com moinhos do século XIX, máquinas de museu e galerias com temperatura de forno crematório, que nos empenhamos em modernizar. E, no auge mais duro da guerra, dezenas de rapazes regressaram da Polônia e da Bulgária, diplomados como engenheiros de minas, quando os planos de crescimento mineiro já tinham afundado, e terminaram sendo comerciantes no Mercado Oriental, ou motoristas de taxi, sem ofício ou profissão, da mesma forma que os pilotos dos aviões MIG que jamais chegaram.

O desenvolvimento econômico era um sonho continuado difícil de submeter a normas que lhe dessem congruência, e a guerra acabava sempre interrompendo tudo, ou adiando tudo. Os planos envelheciam antes de terem sido postos em prática, e o desígnio da economia centralizada se tornou uma ideia solta no ar.

Porque entre desordens e sobressaltos, burlas e rebeldias, a planificação socialista sobre o Estado e as empresas do Estado jamais foi possível, e menos ainda sobre as empresas privadas. As ideias se apegavam ao dogma, porém ficavam longe da realidade. E, diante dos fracassos, chegou-se a pensar também num híbrido entre planificação central e economia de mercado, não menos irreal, seguindo a tese do afamado professor polonês Michał Kalecki, que um de seus discípulos, o economista britânico Valpy Fitzgerald, que tinha vindo do Instituto de Estudos Sociais de Haia com apoio da cooperação holandesa, nos propunha dentro da Casa de Governo.

Quando foram liquidadas as alianças que existiam no momento do triunfo, a reforma estatal de dezembro de 1979 criou uma pesada burocracia em nossas contas para facilitar a planificação central. Mas a consequência maior foi que o poder de decisão sobre a economia ficou repartido entre membros da Direção Nacional da Frente Sandinista de Libertação Nacional, nomeados em ministérios-chave sob os quais se fundiram outros.

Eram feudos onde o poder era defendido à custa dos demais, e pior, à custa do governo em seu conjunto, cada um entregue a uma guerra subterrânea para abarcar atribuições, recursos e representação política; uma guerra na qual também entrava quem só gastava, como o Ministério do Interior e o da Defesa. Depois das eleições de 1984, a Presidência pôde consolidar melhor o poder institucional, que, curiosamente, visto da perspectiva da Direção Nacional da Frente Sandinista, passava a ser um poder de fato, por sua legitimidade institucional. Afinal, na Casa de Governo tínhamos os carimbos, a atribuição de baixar decretos e referendar as leis e a chave dos recursos financeiros.

Já nos últimos anos, o novo ministro de Planejamento, Alejandro Martínez Cuenca, com diploma da Universidade de McGill, tentou nos mostrar as vantagens da disciplina monetária e a necessidade de combater a inflação; mas a guerra, as razões políticas e as improvisações continuaram a escalavrar qualquer plano. Foi o que aconteceu em 1987 com a mudança de moeda, uma iniciativa alucinante digna do *Guinness*, que antes de ser executada num único dia pôde ser preparada em segredo, apesar de ter envolvido milhares de pessoas, e que deveria ter sido seguida, de acordo com os planos traçados, por um severo ajuste monetário, pelo saneamento das carteiras bancárias e por uma estrita austeridade no gasto público, objetivos esses que jamais foram cumpridos.

Naquela altura, tínhamos a assessoria do doutor Lance Taylor, um economista norte-americano do Instituto Tecnológico de Massachusetts, o MIT, e conforme se pôde ver estávamos persuadidos das bondades do ajuste, andando por um caminho paralelo ao do Fundo Monetário Internacional, onde aliás não tínhamos direito a pedir recursos por causa da nossa insolvência mas que nos vigiava de perto e nos estimulava. No entanto, nenhum plano de ajuste seria possível naquele momento, e já não por reservas ideológicas diante da dureza das medidas, mas porque essas mesmas medidas se chocavam com a realidade da guerra.

O lema que fraturou a espinha dorsal da economia foi "tudo para as frentes de guerra". Era preciso abastecer, mobilizar e alimentar aquele exército popular que chegou a ter 120 mil homens, sem contar a estrutura da retaguarda; e era preciso construir e manter caminhos e instalações militares, sendo que a obra mais cara foi a do aeroporto para os MIG. A defesa consumia metade do Orçamento Nacional, e além disso o salário integral dos mobilizados era pago, da mesma forma que os salários de quem os substituía em seus postos de trabalho, nos dois casos a cargo das entidades públicas ou das empresas empregadoras.

As pedras da funda de Davi disparadas contras a cabeça de Golias se acabaram, e começamos a emitir notas com denominações mais altas, para depois carimbar as mesmas notas com valor mais alto ainda, as notas sujas e gastas nas mãos das pessoas que as chamavam de *porcaria*, e que após a operação de desmonetização foram substituídas por outras, impressas na Alemanha Oriental, e que num instante tiveram o mesmo destino. Também digno do *Guinness*: no final da década, a Nicarágua tinha a inflação mais alta do mundo.

Entre todos nós, quem tinha a imaginação mais fértil era Jaime Wheelock, ministro de Agricultura e Reforma Agrária, e também responsável pela indústria florestal e pelos recursos de pesca. Uma imaginação contrária à austeridade e à cautela metódica do ministro de Planejamento, Henry Ruiz (*Modesto*), sendo que os dois faziam parte da Direção Nacional da Frente Sandinista. A mira de Jaime estava posta na modernização radical, debaixo da síndrome de transformação instantânea de que todos nós padecíamos, e seus projetos sempre foram ambiciosos, sem previsão de custos ou de rentabilidade.

Vacas canadenses confinadas em estábulos dotados de ordenhadeiras automáticas para produzir vinte litros de leite por dia; 30 mil hectares de tabaco Burley, que demandavam a madeira de bosques inteiros para construir os armazéns onde as folhas seriam secadas; 4 mil tratores soviéticos para as cooperativas e os centros estatais de produção; uma represa em Malacatoya para levar água através de vários quilômetros até os canaviais do Engenho Victoria de Julio, construído por Cuba, mais sistemas sofisticados de irrigação por aspersores comprados a crédito no Brasil e na Áustria. E um complexo de indústria florestal que ficou a meio erguer na selva, as centenas de caixotes de máquinas italianas transportadas até o acampamento pelo rio Prinzapolka, entre balas, porque era uma zona de guerra, e que depois da derrota eleitoral foram saqueados a golpes de machado, os motores desossados e as peças vendidas como ferro-velho no mercado negro de Manágua.

Catedrais em plena selva, como o teatro de ópera que Fitzcarraldo, o personagem do filme de Werner Herzog, pretendia erguer em Iquitos, no Peru. Uma lista de desmesuras da qual não devo excluir meu próprio projeto de uma ferrovia de bitola larga entre a costa do Pacífico e a do Caribe, anunciado com pompa, e da qual foram construídos escassos sete quilômetros, porque não contou jamais com financiamento algum. O projeto meu que sobreviveu, porém, foi a editora Nueva Nicarágua, que amparei contra todos os ventos e vendavais, e que deixou um legado de mais de trezentos títulos.

A revolução não podia jamais caminhar por etapas, era preciso queimá-las e cumprir sua ambição de modernidade. Qualquer opinião dizendo que 30 mil hectares de tabaco representavam uma escala impossível de gerenciar; que 4 mil tratores demandavam uma logística de manutenção que ia além da nossa capacidade; ou que um litro de leite dos vinte que as vacas de raça produziriam era dez vezes mais caro que o litro produzido pelas vacas locais, qualquer observação dessas seria uma heresia. Ninguém podia alegar que o país deveria antes passar do *espeque*, o sistema pré-hispânico pelo qual o milho é semeado grão a grão, ao arado puxado por bois, e isso seria suficiente para produzir mais que o dobro; ou que o custo da energia necessária para mover os aspersores de irrigação era impagável. Esses aspersores foram entregues de graça, depois da derrota eleitoral, aos reclamantes de terras confiscadas; aspersores, máquinas, cercas, depósitos, tratores, caminhões, todo o investimento de anos da revolução distribuído entre os mesmos de antes, e a outros que, em voracidade, eram iguais aos de antes.

Diante do bloqueio comercial dos Estados Unidos com reservas monetárias suficientes para apenas uma semana de importações, sem abastecimento seguro de petróleo nem de matérias-primas, e com o pagamento da dívida externa suspenso, o esforço para sobreviver tinha de ser medido dia a dia. As divisas faltavam tanto, que o assunto se tornou questão de Estado, que passou a administrar as reservas, e a cada semana eu examinava com o presidente do Banco Central o que podia e o que não podia ser autorizado, inclusive recursos destinados a gastos médicos no exterior, manutenção de estudantes e aluguel de filmes. Foi assim que conheci Álvaro Mutis.

Ele costumava vir à Nicarágua para cobrar, em nome da Columbia Pictures, as remessas que o Sistema Sandinista de Televisão não conseguia honrar a não ser em córdobas, a nossa moeda desvalorizada, e também as contas antigas e acumuladas das salas de cinema, que naquela altura, e também por falta de divisas, só exibiam filmes de antes do Dilúvio. Alguém disse a ele que só eu poderia autorizar que a dívida fosse paga, e toda vez que Mutis voltava passávamos longas tardes conversando no meu gabinete da Casa de Governo, entre risos que devem ter sido ouvidos nos confins das ruínas de Manágua. Jamais conseguiu levar um único dólar, mas em compensação se transformou, segundo confissão dele mesmo, no único monarquista sandinista da face da Terra.

Os recursos externos se tornavam cruciais para sobreviver. Tivemos sempre o apoio da Comunidade Econômica Europeia, da maioria dos países da Europa Ocidental, e do Canadá, México, Argentina, Brasil, Venezuela, em créditos facilitados e fornecimento variado; e, claro, de Cuba. O peso maior, porém — petróleo, lubrificantes, fertilizantes, matérias-primas, veículos, equipamentos agrícolas, peças de reposição, alimentos enlatados, cereais, principalmente trigo —, descansava sobre os ombros da União Soviética, da Alemanha Oriental e da Bulgária; e se pedíamos arroz, que não produziam, saíam para comprar nos mercados internacionais. Mas uma ajuda dessa magnitude já não teria mais como continuar frente às novas circunstâncias criadas a partir da chegada de Gorbachev ao poder, em 1985.

Em 1987, e antes que Kasimirov chegasse com sua ordem de despejo, um especialista do Gosplan, o Ministério de Planejamento soviético, veio a Manágua liderando uma equipe de economistas cuja missão era preparar um documento de recomendações que nos ajudasse a enfrentar o descalabro. Bem à imagem do burocrata prudente e calado dos contos de Tchekhov, ele não quis abrir o jogo enquanto seu trabalho não estivesse concluído. E em sua reunião de resumo com todo o Conselho Nacional de Planejamento, presidido por Daniel Ortega, estabeleceu duas coisas e nada mais. Primeiro: era necessário liberalizar a economia e controlar os gastos, sendo estritos no cálculo econômico; e, segundo, os comandantes deveriam abandonar imediatamente as tarefas de governo e deixá-las em mãos de técnicos competentes.

— O senhor está pedindo que fiquemos com um papel protocolar? — perguntou Daniel, muito surpreso. — Eu não sirvo para esse papel.

Sempre que se responde a perguntas hipotéticas, corre-se o risco de dar necessariamente respostas hipotéticas. Teríamos gerado prosperidade, se não fosse a guerra de agressão? A guerra destruiu a riqueza do país e seu potencial, nada menos que 18 bilhões de dólares de acordo com a estimativa do pedido de indenização que submetemos à Corte Internacional de Justiça. Mas creio que, mesmo sem guerra, as substâncias filosóficas do modelo que procurávamos aplicar teriam conduzido, de um jeito ou de outro, a um colapso econômico, a menos que ocorresse uma evolução pacífica do sistema rumo a uma economia mista real, o que por sua vez teria demandado uma abertura política maior. Mas no fim, sob a pressão das circunstâncias, essa evolução já estava acontecendo, e a soma de concessões a que a guerra nos obrigou levou a essa abertura e deixou na retórica muito do projeto dos primeiros anos.

Tínhamos os instrumentos estratégicos da economia em nossas mãos, o domínio da terra cultivável, as empresas-chave do setor industrial e da agroindústria, a exploração mineral, pesqueira e florestal, os bancos e o comércio exterior, as comunicações, a energia e boa parte do transporte público; mas o modelo de acumulação, baseado na ideia do Estado dono, não foi viável desde o princípio.

Muito poucas das empresas do setor público daquele grande conglomerado conseguiram rentabilidade, e os investimentos em fábricas e equipamentos, que foram de centenas de milhões de dólares provenientes de empréstimos externos, não tiveram uma congruência real em termos produtivos. E tampouco funcionaram em termos competitivos. Uma fábrica de embalagens de papelão instalada em León pelos franceses, por exemplo, jamais conseguiu fabricar as caixas para embalar banana, mariscos e carne com os preços dos concorrentes salvadorenhos, apesar de seus clientes serem, forçosamente, outras empresas estatais.

E os empresários do setor privado, que nunca deixou de ser apreciável, foram tratados sempre sob ameaças, o que não os dava segurança alguma, e ao mesmo tempo com paternalismo, o que inviabilizava qualquer eficiência. Suas dívidas atrasadas acabavam sendo perdoadas não por motivos econômicos, mas políticos, para tentar sua adesão, coisa que jamais conseguimos, como eu já disse, e dessa forma os bancos comerciais foram levados à falência. Rompidas as regras do jogo tradicional, e sem uma proposta confiável, os empresários não estavam interessados em sua maioria no jogo leal, e sim em proteger seus capitais fora da Nicarágua, obter o maior número possível de vantagens, como as que o tipo de câmbio proporcionava na compra de máquinas e insumos a preços irrisórios; e em levar tudo que fosse possível em créditos dos bancos, sabendo que terminariam sendo perdoados.

No entanto, a maior insegurança criada foi no setor da propriedade. O consenso nacional ao redor do confisco dos bens da família Somoza não foi suficiente no caso de todos os outros que se seguiram; e o processo ocorreu com bases jurídicas tão pobres que até hoje aparecem fazendas e terrenos inscritos em nome da família Somoza nas velhas páginas do Registro Público.

Essa insegurança refloresceu como nunca a partir da mudança no poder em 1990. Baixadas no período da transição, as Leis 85 e 86, que transferiam a milhares de beneficiários casas, terrenos e campos agrícolas, demoraram a ser reconhecidas como legítimas pelo novo governo, desatando-se um conflito de anos ao redor das titulações; e as apropriações fraudulentas durante a *piñata*, que afetaram fazendas, empresas agropecuárias, comerciais e industriais; as devoluções aos confiscados, muitas vezes decididas em relação a terras que tinham sido divididas; a *piñata* seguinte, dirigida à privatização de empresas públicas, que originou rebeliões de trabalhadores contra as cúpulas sindicais metidas na partilha; e mais as reclamações dos antigos proprietários sobre terras entregues aos que haviam dado baixa no Exército e na *contra*, agora aliados na missão de se defender, foram fatores que, somados, abriram um campo inesperado de disputa.

A partir de 1990, milhares de camponeses receberam títulos de propriedade que a revolução tinha, enfim, decidido entregar sem a proibição de serem vendidos ou herdados; mas a situação deles é cada vez mais precária numa realidade econômica que tende à reconcentração da terra, pois sem uma política estatal que lhes assegure créditos e mercados eles se veem obrigados a vender seus títulos a velhos e novos latifundiários, e a preços irrisórios. Mais da metade das fazendas está outra vez em poder de seus antigos donos, e as cooperativas de produção agrícola têm agora somente 2% da terra cultivável.

O sonho mais antigo da revolução, a reforma agrária, está sendo derrotado, sinal inconfundível de que a riqueza se reacomoda de novo, em termos estruturais, à realidade dos anos anteriores a 1979. Com a diferença de que muitos dos que alimentaram aquele sonho são agora parte dessa reacomodação.

Assim, se vestem com as roupas dos personagens de Balzac em *A comédia humana*. Alguns haviam dirigido o povo atrás das barricadas, para depois se transformar em magnatas fabricantes de vinho; e outros, que antes eram toneleiros, tornaram-se donos de bosques de madeira e terras de arar.

12. Finalmente, no palácio!

A unidade das três tendências sandinistas foi firmada no dia 7 de março de 1979 no Panamá, no apartamento de William e Mercedes Graham no bairro El Cangrejo, depois de se chegar a um acordo básico em Havana. As circunstâncias da luta impunham a unidade. A presença de Fidel Castro como patrono do acordo já bastava para torná-lo irresistível; e o peso da sua influência foi decisivo, além disso, para que os terceiristas aceitassem a formação de uma Direção Nacional da Frente Sandinista de Libertação Nacional paritária, com três membros de cada uma das três tendências, independentemente da força de cada uma.

O Terceirismo já tinha precisado negociar sua própria unidade em janeiro daquele mesmo ano, numa reunião conhecida entre nós como *Congressinho*, celebrada na base militar de Río Hacha, no Panamá, sob os olhos vigilantes de Omar Torrijos. Havia delegados de todas as frentes de guerra, que tinham saído da Nicarágua por trilhas e veredas, e durante os dias em que estivemos isolados falou-se muito, principalmente das diferenças entre a Frente Sul, de Edén Pastora, e a Frente Interna do Gordo Pín. Edén tinha sido nomeado, por pressões do governo da Costa Rica, chefe do Exército Sandinista, um cargo que na verdade não existia, e que os chefes da Frente Interna não aceitavam nem mencionar.

No dia em que foram assinados os acordos entre as três tendências, Humberto Ortega me pediu que tivesse uma reunião com Henry Ruiz (*Modesto*), que eu não conhecia, e nos encontramos no apartamento de William e Mercedes na Cidade do Panamá. A ideia era que eu vencesse a resistência de Henry com o Grupo dos Doze e, principalmente, em relação a mim, mas a verdade é que não encontrei reticência alguma. Desde aquele nosso primeiro encontro aprendi a conhecê-lo como alguém enigmático e reservado, véus através dos quais nem sempre é fácil entender sua grande franqueza. Ele me disse uma frase que não sei se improvisou ou se tinha preparado:

— O problema das alianças não é com quem elas são feitas, e sim pelas costas de quem elas são feitas.

Passados os anos ele entraria, como eu, na lista dos vilões, desde que se atreveu a desafiar Daniel Ortega nas eleições para secretário-geral da Frente Sandinista no Congresso Extraordinário de 1994, o mesmo em que fui defenestrado, entre outros motivos, por ter apoiado sua candidatura.

Às vezes o visito em sua casa no bairro Los Robles, cada vez mais escura e austera, agora sem seguranças na porta e nas mãos de uma empregada solitária, e não deixo de me perguntar como fará para sobreviver, longe dos negócios de que se ocupam muitos de seus velhos companheiros de armas. Mais que nenhum outro, ele é o símbolo da revolução que não foi.

Poucos dias depois daquele acordo de unidade, os membros da Direção Nacional da Frente Sandinista foram para San José, e fizemos um simulacro de assinatura nas instalações da Istmo Films. A foto em que aparecem com as mãos juntas e erguidas Humberto Ortega, Daniel Ortega,

Victor Tirado, Tomás Borge, Jaime Wheelock e Henry Ruiz foi feita ali, cada um com seu disfarce de sair às ruas naquele tempo — bigodes, boinas, óculos escuros.

Um grupo de amigos, escritores e cineastas, entre os quais estavam Carmen Naranjo, Antonio Iglesias, Samuel Rovinski, Óscar Castillo e eu, tínhamos fundado a Istmo Films com um empréstimo do Banco da Costa Rica. O único filme rodado foi *Viva Sandino!*, um documentário de longa-metragem sobre a Frente Sul que precisou ser corrigido muitas vezes no processo de edição, porque, na opinião de Humberto e Daniel Ortega, Edén Pastora aparecia demais.

Depois de convencionada, a unidade continuou sujeita a conflitos. Com a Direção Nacional da Frente Sandinista formada, era preciso escolher os membros da Junta de Governo. Ainda guardo a minuta de uma conversa por rádio entre Jaime Wheelock, que estava em Tegucigalpa, e Humberto Ortega, que falava na minha presença. Jaime se queixava da decisão de incluir Daniel na Junta de Governo sem nenhuma consulta aos demais, pois o acordo entre eles previa que todos os membros da Direção Nacional deveriam ficar fora do governo; e a Frente Sandinista, em seu conjunto, estaria representada por Baltazar (que era eu). A presença de Daniel carregava a mão a favor dos terceiristas e ia despertar a "raiva anticomunista" dos inimigos da Frente, alegava Jaime; e, do jeito que a Junta tinha sido armada, mais parecia a aliança de uma tendência da Frente Sandinista com um novo setor da burguesia. Era uma queixa extemporânea e sem muito efeito possível, e Humberto sabia disso; e sabia, além do mais, que as correlações de força continuavam pesando. E terminou dizendo que estava de acordo, como quem mostra compreensão diante de uma desgraça.

Lá pelo mês de maio, ao despontar das chuvas, a insurreição não podia mais ser detida. Estava chegando a *runga* final, segundo a palavra inventada na gíria juvenil das barricadas. Somoza continuava matando jovens pelo simples fato de ser jovens, e os cadáveres apareciam todas as madrugadas na Cuesta del Plomo, o morro do chumbo, perto das margens do Lago de Manágua, e patrulhas entravam disparando nos templos para assassinar os estudantes que protestavam, como tinha acontecido na igreja de El Calvario, em León. Para os jovens, se armar tinha a ver, naquele momento, com a sobrevivência.

Em abril de 1979, durante a Semana Santa, as forças que em setembro tinham se retirado de Estelí comandadas por *El Zorro*, e que permaneciam nos morros vizinhos, desceram para a cidade numa ação de propaganda armada prevista para durar poucas horas, mas as pessoas, animadas com sua presença, não as deixaram ir embora, e cheias de entusiasmo armaram barricadas, e com isso voltaram a ocorrer intensos combates com a Guarda Nacional. Agora, não tardariam em descer de novo. Cada noite os tiroteios se desatavam em todas as cidades; os paramilitares, os agentes de segurança e os alcaguetes eram executados dentro de suas casas, e a plena luz do dia os guerrilheiros emboscavam nas ruas as patrulhas das Becat (Brigadas Especiais contra os Atos Terroristas) e recuperavam os fuzis e a munição dos soldados mortos.

Agora sim, o número de combatentes havia deixado de ser uma quimera. Somavam mais de 6 mil, e os pequenos aviões aterrissavam nas estradas de noite mesmo, guiados pelo lume dos candeeiros, para entregar armas e munições. Até hoje existe, no pedaço de estrada que beira a cidade de Masaya, um bar chamado Aeroporto 79, em memória da façanha dos pilotos que desciam debaixo do fogo das metralhadoras disparadas da fortaleza de El Coyotepe, deixavam sua carga e tornavam a levantar voo incólumes. Um daqueles pilotos morreu em 1983, quando já estava nas fileiras da ARDE, a Aliança Revolucionária Democrática comandada por Edén Pastora: seu avião foi abatido pela defesa antiaérea sandinista quando quis bombardear o aeroporto Augusto César Sandino, em Manágua.

A rede de rádio que conectava o Comando Central de Palo Alto, na Costa Rica, com todas as frentes e as colunas volantes, e também mantinha as frentes conectadas entre si, foi a obra-prima de um técnico que conhecíamos pelo nome de *Toupeira*. Ou seja, o que vive oculto, debaixo da terra. A rede possibilitou a condução estratégica de toda a fase final da guerra, passo a passo, e permitiu também ligar os avanços no terreno militar à negociação política. As vozes dos chefes guerrilheiros que entravam distantes pelos altofalantes do transmissor e reportavam a Palo Alto últimas informações pediam abastecimento, e quando havia tempo para brincadeiras se falavam entre si, e na minha memória continuam sendo ouvidas entre as interferências do rádio: *Escritório chamando Oficina, Rocío chamando Palo Alto*. Escritório era Manágua, e Oficina podia ser León, Miramar, Estelí, Rocío, Matagalpa, Buenavista, Jinotega, Trópico, Tegucigalpa. E foi através dessa rede que todos votaram para confirmar a integração definitiva da Junta de Governo.

Quando a Rádio Sandino convocou a insurreição final no dia 29 de maio de 1979, através de um texto escrito por Jaime Wheelock, a Casa Branca não acreditou na magnitude da ofensiva, e muito menos acreditou que seria a final. O presidente Carter estava ocupado com assuntos mais importantes, conforme confessou seu assessor Bob

Pastor: as sequelas da queda do xá do Irã e o novo poder dos aiatolás; a reunião de cúpula com Brejnev em Viena, onde a questão da Nicarágua não fazia parte da agenda; a aproximação com a China e a crise do petróleo nos Estados Unidos, com longas filas nos postos de gasolina. Além disso, os relatórios da CIA tinham informado que Somoza iria resistir mais uma vez.

Mas o mundo inteiro olhava para a Nicarágua, e podia acontecer qualquer coisa. Num daqueles dias apareceram em San José uns árabes misteriosos e muito bem vestidos, com a oferta de nos fornecerem um avião cheio de armas, que escolhemos sem muita fé num catálogo cheio de fotografias que eles nos apresentaram. Havia canhões antiaéreos de quatro bocas, lança-foguetes múltiplos (os famosos "órgãos de Stálin"), metralhadoras de ataque, bazucas, fuzis automáticos. Para cada tipo de armamento combinamos um código: sedas, tafetás, cambraias, brocados, opalinas, como se se tratasse de um pedido de tecidos para um bazar; e tínhamos esquecido do assunto quando no escritório de propaganda instalado na Istmo Films recebemos um telex confirmando a chegada da mercadoria num Boing 707 fretado no Oriente Médio, que deveria aterrissar no aeroporto Juan Santamaría, em San José da Costa Rica, três dias mais tarde, vindo de Beirute.

Conseguimos autorização para o avião pousar e organizamos um esquema para descarregar as armas, mas em seguida ficamos sabendo através das agências de notícias que ele tinha sido obrigado a aterrissar no aeroporto do Cairo, onde o carregamento foi apreendido. Como não era difícil de adivinhar, a CIA havia conseguido abortar a operação. E mais tarde ficamos sabendo que as peças de artilharia e os lança-foguetes pertenciam ao sistema de defesa dos acampamentos da Organização para a Libertação da Palestina, a OLP, no Líbano, que ficaram seriamente desguarnecidos.

Teríamos conseguido descarregar aquele avião porque a Costa Rica era o nosso centro de operações políticas, conspirativas, de abastecimento e de propaganda, e também era a retaguarda da Frente Sul. No aeroporto Juan Santamaría e no de Llano Grande, em Guanacaste, aterrissavam os aviões com material militar vindo de Cuba e da Venezuela através do Panamá; e havia um avião de Omar Torrijos, cujo apelido era *Caixinha*, por causa de sua estranha forma quadrada, que cumpria regularmente essa função. É possível que essa aliança internacional de governos de características tão diferentes, decididos a facilitar a queda de Somoza, nunca mais volte a se repetir.

Entre dificuldades, improvisações, reuniões conspirativas que duravam o dia inteiro, o insólito já não assustava ninguém. Assim, chegou da Espanha um atirador de arco e flecha para oferecer seus préstimos, e convenceu Ernesto Cardenal que sua arma era a mais silenciosa entre todas, e portanto, incomparável para as emboscadas. E apareciam voluntários de todos os cantos do mundo, como nos anos da Guerra Civil Espanhola, para se incorporarem à Frente Sul, onde lutaram alemães, espanhóis, mexicanos, costa-riquenhos, panamenhos, colombianos, chilenos, argentinos, peruanos, dominicanos, uruguaios, venezuelanos, cubanos.

E também chegavam médicos para se juntarem às brigadas de saúde, como o doutor Ernst Fucks, um afamado neurocirurgião que, atraído pela luta na Nicarágua, havia abandonado seu consultório na Kurfurstendamm de Berlim, e que alojamos em minha casa de Los Yoses antes da sua partida para a Frente Sul. Foi quando surgiu a lenda de Sacco e Vanzetti. Seu nome de guerra passou a ser Vanzetti, pois ele ouviu que o comandante guerrilheiro Richard Lugo era chamado de Sacco, porque — e só por isso — antes de cada combate se transformava num saco de nervos. Vanzetti, e assim ficou sendo para sempre, mora em Manágua e continua operando os pacientes pobres do Hospital Lênin Fonseca, carente de instrumentos e, muitas vezes, de fio de sutura.

Na minha casa de Los Yoses eu guardava, no alto de um armário e dentro de uma mala que ninguém vigiava, o tesouro da revolução. Dali era tirado o dinheiro para tudo que era tipo de gastos urgentes, da compra de armas em oferta a medicamentos e mantimento, combustível e passagens aéreas; e suponho que em algum momento essa mala tenha chegado a abrigar mais ou menos um milhão de dólares.

No dia 18 de junho de 1979 foi anunciada a formação da Junta de Governo, quando a ofensiva já deslanchava e as colunas guerrilheiras avançavam conquistando terreno e cidades e aldeias e povoados. Fomos reconhecidos por todo mundo na Nicarágua: os partidos tradicionais da Frente Ampla Opositora, os da União Democrática de Libertação, a UDEL, as empresas privadas, os grupos de esquerda do Movimento do Povo Unido, o MPU, e os combatentes das três tendências sandinistas que já estavam unidas. Era a primeira vez na história do país que surgia um governo que contava com o consenso. E isso sem precisar da aprovação dos Estados Unidos.

Foi então que William Bowdler tornou a aparecer, cordial como sempre, e como se na vez anterior não tivesse acontecido nada que pudesse nos distanciar. Instalou-se em San José, onde estava a Junta de Governo e onde o governo Carter sabia que estava o grosso da Direção Nacional da

Frente Sandinista e o Quartel-General de condução da guerra. Quanto a Somoza, quem se encarregaria dele em Manágua seria o recém-nomeado embaixador Lawrence Pezzullo. E pudemos nos reunir de novo, como dois experimentados jogadores de xadrez que encontravam as peças de negociação exatamente na mesma posição do tabuleiro que tinham ficado em novembro de 1978, sete meses antes. Eles sabiam que os dias de Somoza se aproximavam do fim, mas insistiam em preservar a Guarda Nacional e em salvar o que fosse possível do sistema. Nós, pelo contrário, queríamos a desaparição do sistema, e isso significava que a Guarda Nacional não poderia sobreviver e os bens da família Somoza e de todos os seus cúmplices deveriam ser confiscados. Eram pontos que faziam parte, desde sempre, do programa da Frente Sandinista de Libertação Nacional e que, apesar da divisão interna, haviam se mantido invariáveis para todas as tendências; permaneceram nos comunicados do Grupo dos Doze e agora apareciam na plataforma da Junta de Governo divulgada em San José.

Só que daquela vez, quando nos sentamos de novo para negociar, as circunstâncias tinham mudado radicalmente e os movimentos no tabuleiro também mudariam. A Guarda Nacional se encontrava agora na defensiva, num cenário demasiadamente múltiplo e extenso, e Somoza já não podia utilizar o recurso de dominar, uma após outra, as cidades rebeladas. Seu problema crucial era o abastecimento, como também era para nós, e desse ponto específico iria depender a duração da guerra. O governo Carter não podia interferir na união de governos latino-americanos que facilitavam armas e munições para as forças sandinistas, por mais que Cuba fizesse parte daquela história. Tampouco podia se atrever a retomar o apoio bélico a Somoza, que tinha de buscá-lo na Guatemala e em países muito distantes como a Argentina, governada na época pelos militares, e Israel. (Israel não esquecia que o velho Somoza havia ajudado Ben Gurion com armas, nos tempos da criação do Estado judeu; mas, no dia 14 de junho de 1979, um barco israelita carregado de armas e munições com destino à Nicarágua teve de regressar em alto-mar, por causa da pressão dos Estados Unidos.)

Pela primeira vez não era possível aos Estados Unidos alegar interesses de segurança nacional sem que desmoronasse a retórica da política de direitos humanos de Carter. Os Estados Unidos tinham todo poder do mundo mas não podiam usá-lo, e precisavam improvisar sua estratégia a cada amanhecer. A nós, só restava avançar.

A nova reunião de consulta da OEA foi aberta no dia 21 de junho de 1979 em Washington, um dia depois que o jornalista norte-americano Bill Stewart foi assassinado em Manágua pela Guarda Nacional. A cada dez minutos a cena da execução aparecia nos canais de televisão, e o sentimento de repúdio a Somoza já era imenso nos Estados Unidos.

Apesar disso, o secretário de Estado Cyrus Vance, que foi o primeiro a falar na reunião, propôs o envio de uma força interamericana de paz para assegurar a transição na Nicarágua, num parágrafo que o próprio Carter havia introduzido, à mão, no seu discurso, e que só me trazia à memória as velhas intervenções militares dos Estados Unidos. Nós estávamos na sala de sessões para nos opormos. O chanceler da Junta de Governo, o padre Miguel de Escoto, havia sido inscrito como membro da delegação do Panamá.

Era uma proposta morta de antemão, e sequer foi submetida a votação. O México e o Equador já tinham rompido relações com Somoza, e os países do Pacto Andino reconheciam a Frente Sandinista como força beligerante. A resolução adotada com apenas dois votos contrários, o da Nicarágua e o do Paraguai, deixou estabelecido que o regime de Somoza, e não apenas a sua pessoa, era a causa fundamental da crise, tal como nós alegávamos; e pedia, além disso, a instalação imediata de um governo democrático que convocasse eleições o mais rápido possível.

Antes das reuniões com Bowdler, que costumavam ser realizadas na casa de Claudia Chamorro, onde Violeta estava hospedada em San José, eu me encontrava com Humberto Ortega no Quartel-General de Palo Alto para discutir a situação militar. Desse conhecimento detalhado do desenvolvimento da guerra dependia minha estratégia de negociação: podia ser flexível se estivéssemos estagnados, ou endurecer se avançássemos ou se tivéssemos conquistado um novo território. Numa página do meu caderno de anotações eu havia desenhado um mapa da Nicarágua, em que marcava o progresso das nossas posições.

No dia 28 de junho de 1979, durante uma visita oficial da Junta de Governo ao Panamá, feita a convite do presidente Aristides Royo, tivemos outra reunião com Bowdler na casa de Gabriel Lewis, um amigo próximo de Torrijos e seu embaixador em Washington, na qual também esteve presente o embaixador dos Estados Unidos no Panamá, Ambler Moss. No dia seguinte, um porta-voz do Departamento de Estado anunciou que tinha sido entregue a nós a proposta de um plano em quatro fases, elaborado em Washington — o que não era verdade, e nós desmentimos de imediato. O plano, depois vazado para o *New York Times*, continha a essência da estratégia do governo Carter:

Renúncia de Somoza (que já estava no bolso deles).

Formação de uma Junta de Reconciliação Nacional (que não era a nossa).

Nomeação de um gabinete amplo (com maioria de não sandinistas).

Diálogo entre o novo governo e a Junta da Frente Sandinista (que era a nossa).

— A renúncia de Somoza está aqui — nos disse Bowdler em seguida, apalpando o bolso do paletó. — Vocês só precisam pôr a data.

E estava mesmo. Pezzullo, que até aquele momento era embaixador dos Estados Unidos no Uruguai, havia sido despachado às pressas para Manágua, e do aeroporto foi direto para o bunker de Somoza, escoltado por um tanque. Não era o momento para protocolos e cerimônias de apresentação de credenciais, e ele recorda que sua missão lhe pareceu, naquele instante, mais do que estranha: desembarcando num país desconhecido com a missão de forçar a renúncia de um ditador que se defendia a ferro e fogo; e tudo isso à frente de um pessoal diplomático que pouco podia ajudar ou aconselhar, pois tinha se trancado dentro dos muros da embaixada.

Para sua surpresa, Somoza declarou a ele, na reunião seguinte, que estava disposto a renunciar, mas só se fosse de imediato, pois temia ser assassinado pelos próprios oficiais da Guarda Nacional. Pezzullo pediu que ficasse em compasso de espera, com o argumento de que era necessário conduzir a transição através de passos ordenados.

— Tenha paciência — disse a ele. — E quanto à sua vida, eu sei que o senhor sabe se cuidar muito bem sozinho.

A verdade, porém, é que Pezzullo não tinha a menor ideia de quais deveriam ser os próximos passos, que dependiam necessariamente das negociações conosco em San José.

Bowdler insistia na ampliação da Junta de Governo. E, além disso, que deveríamos aceitar um oficial "limpo" como chefe de uma Guarda Nacional reciclada, ou pelo menos como contraparte para a integração de uma nova força militar. Numa daquelas ocasiões em que ficamos sozinhos na casa de Claudia Chamorro, ele me perguntou se eu tinha interesse em conhecer o coronel Inocente Mojica, que naquela altura morava na Guatemala ocupando o posto de diretor da Cocesna, o organismo encarregado do controle do tráfego aéreo na América Central. Respondi que sim, sem dar maior importância à proposta, mas naquela mesma tarde levou-o à minha casa. Mandaram buscá-lo num jato particular. O coronel Mojica não me pareceu muito brilhante, e estava bastante assustado com o papel que pretendiam confiar a ele.

No fim, chegamos a aceitar que haveria um Estado-Maior conjunto integrado por oficiais "limpos" da Guarda Nacional e por um número idêntico de chefes guerrilheiros. O ministro da Defesa seria o coronel Bernardino Larios, que havia desertado das fileiras do Exército. Pezzulo entregou então a Somoza uma lista de altos oficiais, entre os quais ele deveria escolher o novo chefe da Guarda Nacional que iria negociar conosco a formação do Estado-Maior conjunto. Somoza escolheu o coronel Federico Mejía, e promoveu-o a general.

Bowdler propunha ampliar o número de membros da Junta de Governo para sete, com o objetivo de tirá-la da influência sandinista. Estavam tão desorientados em Washington que na sua proposta de novos nomes para a Junta estava o do doutor Mariano Fiallos Oyanguren, reitor da Universidade Nacional e ligado, secretamente, a uma das tendências da Frente Sandinista. Mais tarde ele seria, e por muitos anos, presidente do Conselho Supremo Eleitoral.

Para nós, a questão do número de membros da Junta não representava problema algum, desde que conseguíssemos manter uma correlação favorável; e acabamos aceitando uma lista de novos candidatos na qual apareciam o próprio Mariano, dom Emilio Baltodano, do Grupo dos Doze, e o presidente da Cruz Vermelha, dom Ismael Reyes. Mas Violeta Chamorro se opôs energicamente, e ameaçou renunciar com o magnífico argumento de que não aceitava ingerência estrangeira.

Vendo que Bowdler fracassava, Carter chamou Torrijos para uma reunião secreta na Casa Branca, celebrada no dia 3 de julho de 1979, e propôs a ele que apoiasse a ampliação da Junta de Governo com nomes escolhidos em comum acordo entre os Estados Unidos, o Panamá e a Costa Rica. As discussões também incluíram a questão do novo Exército. *Chuchú* Martínez recorda que num dos intervalos Torrijos tinha ido até o escritório de Bob Pastor para descansar, quando apareceu, vindo de San José, Marcel Salamín, um de seus colaboradores mais próximos. Marcel informou a ele que havia se reunido comigo, e que tínhamos fechado posição em apoio a Violeta; não havia como ampliar a Junta.

Torrijos viajou de volta para o Panamá comprometido a apoiar a proposta de Carter, mas sabendo da nossa recusa; tenho a impressão de que ele não depositou muitas esperanças, nem entusiasmo, no desempenho de uma missão da qual também não gostava. Ainda assim, fiel à sua palavra, mandou a San José seu negociador estrela dos tratados do Canal do Panamá, Rómulo Escobar Betancourt, com a missão de nos convencer.

Rômulo vinha das fileiras do Partido Comunista — um *ñángara*, como os comunistas panamenhos eram chamados em seu país, da mesma forma que os ricos aristocráticos eram chamados de *rabiblancos*. Eu o conhecia desde os tempos em que ele era reitor da Universidade do Panamá, e numa das alegres festas em sua casa me contou a história da sua amizade de juventude com o Che Guevara. O Che, que fazia a lendária viagem da Argentina que iria terminar no México, e de lá para Cuba com o desembarque do *Granma*, não tinha onde se hospedar no Panamá, e Rómulo levou-o para a sua casa. A mãe, que o acolheu bem desde o primeiro momento, todas as manhãs prevenia o Che, pelas costas de Rómulo:

— Escuta aqui: toma cuidado com meu filho, porque ele é comunista.

E no dia em que o Che seguiu viagem rumo à Costa Rica, Rómulo foi se despedir dele na estação rodoviária, alta madrugada. A cidade estava embandeirada para receber, naquela manhã, a rainha Elizabeth II, da Inglaterra. De tarde, ao regressar da universidade, para seu assombro encontrou-o em casa.

— É que só se vê uma rainha uma vez na vida, e eu não podia perder essa oportunidade — foi tudo que disse o Che.

Logo cedo, na manhã de 8 de julho de 1979, começou a discussão com Rómulo na casa que dom Emilio Baltodano ocupava com a família no bairro de La Nunciatura. Estava reunida a Junta de Governo, mais o Grupo dos Doze, e a batalha se prolongou até a tarde. Diante da inflexibilidade que todos nós demonstrávamos, após a recusa de Violeta Chamorro, Rómulo, exasperado, batia em retirada.

— Então, vou informar ao general Torrijos que os senhores são tão ingratos que não querem fazer nem mesmo essa pequena concessão a ele, que tanto os ajudou — disse, queimando seu último cartucho.

Não houve resposta, e ele se despediu, desolado diante de seu fracasso como negociador, mas demonstrando alívio ao ver terminada uma missão que, para ele, era tão ingrata como para o Torrijos.

Faltava, porém, o embate final. No dia 11 de julho, o presidente Carazo telefonou muito cedo e me disse que queria ver-nos de maneira urgente naquela mesma manhã, em sua casa na praia de Puntarenas; por várias fontes soubemos que também estariam lá Torrijos, dom Pepe Figueres e Carlos Andrés Pérez.

Fomos a Junta de Governo, e também Humberto Ortega e Tomás Borge. Os assentos tinham sido dispostos numa ampla roda no corredor que dava para o mar, e junto a Carazo nos esperavam o vice-presidente, José Miguel Alfaro, e o ministro de Segurança, Johnny Echeverría, que era personagem-chave no transporte das armas. E efetivamente estavam lá dom Pepe Figueres e Carlos Andrés Pérez, mas não Omar Torrijos, que mandou seu assessor Jorge Ritter. E Bowdler, o embaixador enviado pelo presidente Carter.

A voz preponderante sobre a ampliação da Junta de Governo foi a de Carazo, embora seus argumentos tenham sido, o tempo inteiro, formais; Carlos Andrés alegou pragmatismo, mas de repente se chocou com a posição de Violeta Chamorro e perdeu força. Então, nós apresentamos o nosso plano de paz:

Renúncia de Somoza.

Instalação do Governo de Reconstrução Nacional, composto por todos os setores de oposição a Somoza.

Os países membros da OEA reconhecem o novo governo.

O novo governo anula a Constituição e promulga o Estatuto Fundamental.

O novo governo determina à Guarda Nacional o cessar das hostilidades e o imediato aquartelamento.

O Exército Sandinista torna efetivo o cessar-fogo, mantendo suas posições.

Setores dos dois exércitos são designados para supervisionar o cessar-fogo.

Os oficiais, suboficiais e soldados que quiserem poderão se integrar ao novo Exército Nacional, ou voltar à vida civil; ou sair do país, se não estiverem sendo processados criminalmente.

Carazo reconheceu que o plano era baseado na resolução da OEA e propôs que fosse remetido ao secretário-geral, Alejandro Orfila, com uma carta assinada pelos membros da Junta. Apoiado no balcão do bar, redigi o rascunho da carta com base nas notas escritas por Carazo, li o texto, e o assunto se encerrou. No dia seguinte, Bowdler apareceu com uma garrafa de vinho e um presente para Fradique, o filho de Claudia. E pela primeira vez nos reconheceu como cabeça do novo governo:

— Senhores membros da Junta — nos disse ele, estendendo a mão.

Para retribuir sua cortesia, arranquei a folha de meu caderno onde estava escrita a lista dos ministros e dei a ele. Ali figuravam o coronal Bernardino Larios como ministro da Defesa e Tomás Borge como ministro do Interior; o único nome trocado na hora do triunfo foi o de Pablo Antonio Cuadra, que aparecia como ministro da Cultura, e foi substituído por Ernesto Cardenal. Bowdler me ligou naquela mesma tarde para me dizer que aquele gabinete os agradava. Na realidade, não houve outro mais pluralista na história da Nicarágua, embora só tivesse durado até o fim do ano, quando a Direção Nacional da Frente Sandinista resolveu se meter de cabeça no governo e jogou as alianças fora.

Depois da reunião de Puntarenas trabalhei com Bowdler no plano de transição, que no dia 17 de julho de 1979, data da saída de Somoza da Nicarágua, já estava pronto e aprovado pelos dois lados. Era como o roteiro minucioso de uma obra de teatro:

O general Federico Mejía, pela Guarda Nacional, e o comandante Humberto Ortega, pela Frente Sandinista de Libertação Nacional, reúnem-se em Puntarenas para acertar os detalhes do plano de transição militar e organizar o comando conjunto.

Somoza renuncia diante do Congresso Nacional e abandona a Nicarágua.

O Congresso Nacional nomeia então um presidente interino, que dura até a chegada da Junta de Governo a Manágua, acompanhada pelos embaixadores do Pacto Andino diante da OEA.

O presidente interino espera no aeroporto de Manágua, e quando o avião da Junta de Governo aterrissa entrega a faixa presidencial a monsenhor Obando y Bravo.

O presidente interino sai em outro avião, e monsenhor Obando y Bravo entrega a faixa presidencial à Junta de Governo.

A Junta de Governo decreta o cessar-fogo e nomeia um comando militar conjunto.

A Junta de Governo prossegue com o resto do Plano apresentado em sua carta à OEA.

Ninguém tinha se lembrado de comunicar a Obando qual seria o seu papel, e, quando procuraram por ele, estava em Caracas, para onde tinha ido no dia 15 de julho junto com um grupo de dirigentes dos partidos da Frente Ampla Opositora, a bordo de um avião militar mandado a Manágua pelo presidente Luis Herrera Campins. Essa viagem teve a ver com uma tentativa — tardia — de articular uma força política que servisse de contrapeso à Frente Sandinista dentro do futuro governo, rescaldo dos planos norte-americanos que a negociação tinha deixado para trás; e o governo social-cristão da Venezuela, não sei se por algum estímulo recebido de Washington, tentava ressuscitar essa ideia.

Obando acabava de chegar a Caracas quando o presidente Herrera Campins, avisado do desenlace dos acontecimentos, pediu-lhe que fosse urgentemente para a Costa Rica, onde precisávamos dele para levar adiante o programa de transmissão de poder. Ele chegou a San José na noite do dia seguinte, poucas horas antes de que a renúncia de Somoza fosse lida perante o Congresso reunido quase à força no Hotel Intercontinental de Manágua, pois os deputados temiam não encontrar transporte disponível para Miami.

Em vez de ir para a Embaixada da Venezuela, onde era esperado por nós da Junta de Governo e pelos embaixadores do Pacto Andino, Obando ficou no hotel Cariari e mandou em seu lugar o padre Bismark Carballo e seu assistente Roberto Rivas, com o recado de que estava muito cansado depois de passar tanto tempo em aviões.

Já era a madrugada do dia 17 de julho de 1979. Terminávamos de explicar aos enviados de Obando o alcance de seu papel quando ouvimos a distância a sirene da Rádio Monumental, que só se ouvia quando ocorriam grandes acontecimentos. Somoza estava indo embora da Nicarágua. Nosso anfitrião, o embaixador da Venezuela, mandou abrir champanhe, e entre brindes e abraços aquilo parecia uma celebração de ano-novo.

A cerimônia de despedida da Junta de Governo no aeroporto Juan Santamaría estava marcada para as dez da manhã. Eu estava em casa fazendo a mala quando o presidente Carazo, que mantinha estacionado na calçada um furgão de comunicações, me telefonou para dar a notícia. Urcuyo se negava a renunciar. E me aconselhou com veemência que fôssemos imediatamente para Manágua.

Pedi tempo para consultar os outros membros da Junta, e Violeta Chamorro e Alfonso Robelo foram para a minha casa. Daniel Ortega tinha ido para León dois dias antes. Localizamos Bowdler por telefone, e ele se mostrou surpreso com a atitude de Urcuyo. Eu disse que tudo aquilo parecia um plano armado pelo governo dos Estados Unidos, e que a melhor prova disso era ele fingir que não sabia de nada. Bowdler negou de maneira rotunda e pediu para que esperássemos que Pezzulo fosse exigir satisfações de Urcuyo em Manágua. Enquanto isso, Humberto Ortega ficou sabendo que o general Mejía não apenas faltaria à reunião programada para Puntarenas, como tinha emitido um comunicado conclamando a Guarda Nacional a continuar a luta até o fim.

Conforme o dia avançava, crescia a incerteza, e no começo da tarde o presidente Carazo apareceu na minha casa para insistir na nossa partida. Então Violeta, Robelo e eu, diante da impossibilidade de viajar para Manágua, decidimos ir naquela mesma noite para León.

Carazo pensava naquele momento, e conversamos sobre isso depois de terem se passado tantos anos, que, se a Junta quisesse consolidar sua autoridade política, deveria assumir todos os riscos necessários para estar em Manágua de imediato, como única forma de encaminhar um destino civil para o país. E, em sua opinião, o fato de irmos para León, embora ainda não fosse suficiente, remediava parte de suas preocupações. Era a mesma coisa que pensavam, embora de uma perspectiva diferente, os membros da Direção Nacional da Frente Sandinista, que tinham se apressado a entrar, todos eles, na Nicarágua, exceto Humberto Ortega, que de San José se encarregava da condução da guerra.

No final daquela mesma tarde Bowdler voltou a se comunicar comigo para pedir um pouco mais de tempo até que funcionassem as pressões que eles estavam exercendo sobre Urcuyo, mas já não lhe demos ouvidos. Respondi que considerávamos rompido o compromisso sobre a transmissão de poder. E naquela noite voamos rumo a León.

Na manhã do dia 18 de julho de 1979, a Junta de Governo foi oficialmente instalada no auditório da Universidade de León, na presença do reitor, doutor Mariano Fiallo Oyanguren, e do bispo, monsenhor Manuel Salazar, e ali mesmo proclamamos León como capital da Nicarágua. Ocupamos poltronas entalhadas, de espaldar alto, reservadas às autoridades acadêmicas, e Tomás Borge, com ar protetor, foi nos apresentando um a um, diante de um público composto em sua maioria pelos jornalistas da imprensa estrangeira, que ao saber de nossa presença em León tinham se deslocado de Manágua atravessando as linhas de combate.

O auditório solene, com seus grandes vitrais de cristal e seu balcão de ferro fundido, estava na minha vida desde sempre. Dali tínhamos saído em uma manifestação estudantil na tarde de 23 de julho de 1959, carregando bandeiras, quando fomos massacrados pela Guarda Nacional; ali tínhamos estabelecido no mês seguinte o posto de comando durante a ocupação da universidade, exigindo a expulsão dos militares que estudavam lá, enquanto Manolo Morales punha à prova seus 150 quilos de peso numa greve de fome ao lado de Francisco Buitrago, que morreu na guerrilha de Bocay em 1963; ali celebrávamos os radioteatros nos quais Jorge Navarro cantava com sua voz de acordeão, ele, que jamais quebrou seu voto de pobreza e que também morreu em Bocay; ali eu dava um curso sobre o *boom* da literatura latino-americana, em outubro de 1967, quando veio da rua a notícia da morte do Che na Bolívia, transmitida pelo rádio. Ali eu tinha recebido meu diploma de advogado em 1964, ao lado da minha mãe, vestido com uma toga alugada.

Nas ruas havia redemoinhos de gente que aparecia para nos saudar, e tudo era uma festa no meio do luto: no auditório Ruiz Ayestas, do outro lado da rua, dentro da área ocupada pela mesma universidade, era velado Fanor Urroz, um dos lugares-tenentes de Dora María Téllez, morto nos combates do dia anterior pela libertação de Nagarote, no caminho para Manágua. Alguém me disse que ele era genro de Raúl Elvir, um poeta amigo, companheiro de longas jornadas noturnas nos bares de León em meus anos de estudante, e que sabia mais que qualquer um sobre pássaros da Nicarágua. Eu o vi entre os familiares, vestido de branco, como sempre, e me aproximei para abraçá-lo.

Naquela tarde fomos a Chichigalpa participar no primeiro comício ao ar livre. Daniel Ortega, antes de chegarmos, já havia entregue na fazenda La Máquina, próxima de León, o primeiro título de reforma agrária aos camponeses de uma cooperativa improvisada. Em Chichigalpa encontramos as pessoas se dirigindo como formigueiro para o estádio de beisebol, onde o ato foi celebrado. Todos nós falamos, um depois do outro, num longo comício de muitos números musicais que acabou ao anoitecer, quando os outros voltaram para León e eu segui com Jaime Wheelock para Chinandega, para recepcionar uma coluna guerrilheira que chegava de Somotillo.

A tropa de jovens camponeses formou-se no estacionamento do hotel Cosigüina, fechado por causa da guerra, e discursamos para eles adivinhando seus rostos na escuridão. Depois mandamos buscar o gerente do hotel, para que entregasse as chaves e eles pudessem dormir entre lençóis nos quartos com ar-condicionado. Naquele momento, o poder que nascia da irrealidade servia para atitudes como essa.

Na manhã de 19 de julho, enquanto estávamos tomando café na cozinha, alguém disse gritando que fôssemos até o aparelho de televisão ligado no corredor. Na tela, o general Sandino tirava e punha seu chapelão, sua única imagem de cinema tirada de um velho cinejornal Movietone, enquanto no fundo soava a canção *La tumba del guerrillero*, de Carlos Mejía Godoy, e apareciam então cenas dos caminhões carregados de rapazes vestidos de verde-oliva que avançavam pela estrada de Masaya agitando bandeiras e brandindo fuzis, as pessoas nas ruas para recebê-los em algaravia, e ouviam-se os gritos, as buzinas, os tiros intensos disparados para o ar.

Em meio a todo aquele alvoroço, Henry Ruiz nos chamou pelo rádio, do aeroporto de Manágua, onde já estava acampada a Frente Norte: Bowdler, que tinha chegado lá, queria cumprir a cerimônia de transmissão de comando. Eu ri do absurdo, não havia o que ser transmitido, mas, como Henry insistia, finalmente cedemos, a começar por Daniel; e então rimos os dois, por ser justamente Henry Ruiz, entre todos nós, quem se preocupasse em cumprir o compromisso com os ianques.

Com essa missão, Violeta Chamorro e eu viajamos para Manágua naquela mesma tarde a bordo de um aviãozinho pilotado por Modesto Rojas, que tinha feito muitos voos de abastecimento noturno a partir de San José. A atmosfera ia mudando de tonalidade ao pôr do sol, do violeta ao açafrão, até se diluir naquela claridade opalina que o poeta Rubén Darío chamava da luz de lâmpada de aposento. O vulcão Momotombo erguia-se sobre as águas cinzentas do lago enquanto as luzes de Manágua começavam a acender na distância brumosa, e para os lados do sul se borravam os contrafortes da serra. Também aquilo era irreal.

O Quetzacóatl II, o avião mandado pelo presidente mexicano López Portillo para transportar o gabinete de governo revolucionário de San José para Manágua, já tinha aterrissado, e encontrei minha mulher no saguão do hotel Camino Real, recém-desembarcada no meio dos passageiros. Havia um ambiente de baile que está a ponto de começar.

De Bowdler não havia nem rastro, e muito menos de Obando, embora ele estivesse de volta desde a noite anterior. Resolvemos então, conforme a sugestão de Henry Ruiz, deixar a cerimônia para depois do ato que seria feito na praça, e no amanhecer do dia 20 de julho de 1979 Violeta e eu, agora com Moisés Hassan, voamos de regresso a León, para que pudéssemos entrar juntos, os cinco, em Manágua. A caravana em que faríamos o percurso triunfal pela estrada já nos esperava no Parque Jerez, e o bispo, monsenhor Salazar, fazia parte dela.

Foi então que, depois do ato de celebração da vitória na praça, encontrei Regis Debray, no Palácio Nacional, vestido de safári. Em seguida subi a escadaria e entrei no salão, onde monsenhor Obando y Bravo esperava para a cerimônia de transmissão de posse, cumprida, afinal, às pressas. E Bowdler se aproximou de mim, sempre lépido e sorridente, e me disse com seu sotaque argentino que não deixava de me divertir:

— Finalmente, no palácio!

13. A goela de Saturno

A hora de sentar para dialogar com a direção da *contra* chegaria, mais cedo ou mais tarde. Se antes o eixo da estratégia política era a intransigência, buscando uma vitória militar, agora tudo confluía para a busca da negociação, porque após uma década de conflito armado estávamos exaustos.

A economia havia entrado num pântano. Com a espiral inflacionária sempre em ascensão, tínhamos cada vez menos divisas para importar; a agricultura se mantinha em baixa por falta de crédito e insumos, e crescia a escassez de produtos básicos, limitados por uma caderneta de racionamento. O espaço político interno era sempre crítico, e nos aproximávamos das novas eleições, em 1990, que outra vez teriam credibilidade relativa. Mas, sobretudo, as reservas de onde tirávamos jovens para o serviço militar estavam praticamente esgotadas e já não era possível repor com novos recrutas os que cumpriam seu período obrigatório de dois anos; pesavam, além do mais, as contínuas deserções.

O Serviço Militar Patriótico (SMP) chegou a se transformar no elemento mais traumático daquela década e determinou a derrota eleitoral da Frente Sandinista de Libertação Nacional em 1990. As mortes já eram excessivas. Justamente durante aquela campanha eu me encontrava em Malpaisillo, num comício na praça diante da igreja, quando me passaram um bilhete pedindo que eu mencionasse a morte em combate, no dia anterior, de um garoto da localidade. Pedi em meu discurso um minuto de silêncio, e ao descer do palanque pedi aos ativistas locais que me levassem para visitar a mãe do rapaz. Eles, surpresos, me desaconselharam, mas eu insisti.

A ideia ingênua de que todas as mães viam a morte de seus filhos na guerra como um sacrifício necessário estava desaparecendo, e os ativistas sabiam muito bem disso. Eles tinham que recrutar, se responsabilizar pelo impacto que os mortos causavam em suas localidades, e além disso precisavam garantir votos. E essas duas coisas eram extremos irreconciliáveis, como os resultados eleitorais acabariam por demonstrar.

A casa humilde, com um jardim e uma cerca na frente, por onde a gente entrava, estava cheia de vizinhos que ficaram em silêncio ao me ver aparecer. Encontrei a mãe na cozinha. Não era uma mulher velha, mas, acabada pelas privações, já encurvada e seca, parecia ser. Sua reação foi hostil, de uma hostilidade dura, doída. Seu outro filho estudava em Cuba para ser técnico agropecuário, e sem deixar de fazer o que estava fazendo, atiçando o fogo, mudando uma coisa do lugar, disse que precisava que o trouxéssemos de volta para o enterro. Quis explicar a ela que não era tão fácil em tão pouco tempo, mas ela se manteve inflexível:

— Vocês conseguem tudo — disse ela.

Então eu prometi, e cumpri. O rapaz veio para o enterro, e antes de regressar a Cuba passou pela Casa de Governo para me agradecer. Mas aquele não passava de um caso entre milhares. A própria guerra, composta de ausências, separações, sofrimentos e mortes, e a falta de uma perspectiva de fim para as pessoas que padeciam sob o peso fatal dela eram o nosso grande adversário eleitoral, e não conseguiríamos derrotá-lo.

As primeiras tentativas de diálogo com a direção da *contra* aconteceram na República Dominicana, em dezembro de 1987, e depois no começo de 1988, na Costa Rica e na Guatemala, sempre com a intermediação do cardeal Obando, que atuava como correio entre as duas representações porque nós ainda nos negávamos a um encontro frente a frente. A direção da *contra*, baseada em Miami, não era, por sua vez, uma contraparte fácil, porque, apesar do peso determinante que a CIA exercia sobre seus membros, as dissidências e disputas internas tiravam coerência de suas posições e ela tampouco tinha influência real sobre as forças militares que agiam na Nicarágua.

No começo de março de 1988, o Exército Popular Sandinista fez uma operação de grande envergadura, chamada de "Danto 88", destinada a destruir o Quartel-General da *contra* no território de Honduras. As tensões se agravaram e os Estados Unidos mobilizaram a 82ª Divisão Aerotransportada, o que nos levou a convocar o Conselho de Segurança da ONU. E foi justamente nesse clima de tensão que se abriu, no dia 22 de março, a primeira negociação direta com a direção da *contra* em Sapoá, posto fronteiriço com a Costa Rica, tendo como testemunhas o cardeal Obando e o secretário-geral da Organização dos Estados Americanos, o diplomata brasileiro João Clemente Baena Soares.

A reunião terminou com um acordo conseguido na última hora e que incluía um cessar-fogo de sessenta dias, a anistia para os rebeldes e a garantia do governo para sua reinserção na vida civil e nas atividades políticas do país. A direção da *contra*, por seu lado, se comprometia a receber somente ajuda humanitária do governo dos Estados Unidos ao longo de todo o processo que deveria culminar com o desarmamento definitivo de suas forças.

Essas conversas continuaram no mês de abril de 1988, agora no hotel Camino Real, em Manágua, quando se procurou definir as zonas de reconcentração das forças da *contra*, para que fossem posteriormente desarmadas; mas, após muitos contratempos e interrupções, finalmente chegou-se a um colapso nas negociações. Humberto Ortega representou o governo em todas elas, como ministro da Defesa, e tinha plenos poderes para negociar; porém, o chefe militar da *contra*, coronel Enrique Bermúdez, jamais compareceu e depois, estimulado pelos Estados Unidos, ignorou os acordos.

Nós negociávamos já com a convicção de que não tínhamos possibilidade de uma vitória militar. Mas os *contras* tampouco conseguiam ganhar a guerra e sua situação era mais precária que nunca. O Congresso dos Estados Unidos tinha voltado a suspender seu apoio militar e financeiro, até então pesado, e os acordos de Esquipulas, subscritos pelos presidentes centro-americanos, tendiam a tirar da *contra* qualquer legitimidade política. Para os governos da Guatemala e de El Salvador, que enfrentavam guerrilhas, o desarmamento da *contra* criava um precedente positivo. E, além disso, nós estávamos ganhando a batalha da opinião pública dentro dos Estados Unidos, no momento em que a era Reagan chegava ao fim.

Nas circunstâncias de esgotamento em que havíamos chegado, e com as advertências dos soviéticos a respeito do futuro do apoio econômico, as eleições de 1990 vinham a ser a peça-chave para apressar o fim negociado da guerra. Embora estivéssemos dispostos a concessões cada vez mais profundas no terreno político, a paz significava, para nós, o desarmamento da *contra* e o fim definitivo das hostilidades por parte dos Estados Unidos.

Nesse sentido, víamos as eleições como a melhor maneira de conseguir uma situação de estabilidade que nos permitisse iniciar, enfim, a reconstrução do país. Os sinais de inconformismo, a resistência crescente diante do serviço militar, as calamidades econômicas — tudo isso nós considerávamos situações passageiras que o fim da guerra iria remediar.

Desde o começo de 1989 meditamos muito sobre a importância que as eleições ganhavam, e numa tarde do mês de janeiro, enquanto íamos para uma assembleia num bairro de Manágua, Daniel dirigindo seu jipe e eu ao seu lado, concordamos que seria conveniente adiantá-las para fevereiro de 1990, mesmo que fosse preciso alterar a Constituição, que as fixava para novembro.

O melhor cenário para esse anúncio foi a Reunião de Cúpula de Presidentes Centro-Americanos celebrada em San Salvador, em fevereiro de 1989. O chamado de adesão à democracia representativa tinha se transformado numa constante das declarações daquelas reuniões, como um estilete que os presidentes dos demais países sempre queriam cravar no sandinismo; mas isso também ocorria porque a maioria deles era fruto de sistemas eleitorais ainda frágeis, depois de muitos anos de governos militares, e tratavam de se proteger enquanto era tempo. E se quisermos outro paradoxo entre tantos, através das eleições que haviam aberto caminho aos governos civis na Guatemala, em El Salvador e em Honduras, buscava-se justamente evitar que prosperassem na região revoluções como a da Nicarágua.

Naquela altura o processo de paz tinha conquistado uma dinâmica própria, que não era a mesma que os Estados Unidos procuravam impor. Os presidentes discutiam frente a frente, em longas reuniões sem protocolo, e se viam obrigados a ser francos para encontrar saídas reais para um conflito que minava todos os países por igual. Numa daquelas reuniões sem fim, Daniel Ortega tinha reconhecido para o presidente Napoleón Duarte que o abastecimento de armas através da Nicarágua para os guerrilheiros da Frente Farabundo Martí, de El Salvador, realmente existia; e justamente porque existia, disse Daniel, deveria ser tomado como um fator da negociação global.

Uma negociação entre cinco países demandava necessariamente concessões mútuas, que afetavam cada um em particular e todos em conjunto. Nesse contexto, o projeto original da revolução acabou modificado, como também seria mudado graças a outros fatores. Fazer parte da região impunha à nossa própria realidade um viés inevitável, que não poderíamos ignorar; a América Central continuava sendo um sistema de vasos comunicantes, como ao longo de toda a sua história, e a Nicarágua estava conectada a esse sistema.

Nesse sentido, o processo de paz se consolidava em toda a região, e a Nicarágua era a peça essencial, embora a proposta original do presidente Óscar Arias, da Costa Rica, que abriu caminho para os acordos de Esquipulas e valeu para ele o Prêmio Nobel da Paz, excluísse justamente a Nicarágua, ausente da primeira reunião de cúpula convocada pelo seu governo. Foi o presidente da Guatemala, Vinicio Cerezo, quem fez que aquele erro fosse corrigido.

No dia 3 de agosto de 1989, numa reunião com todos os dirigentes dos partidos de oposição que se estendeu até o amanhecer no Centro de Convenções Olof Palme, em Manágua, assinamos um acordo pelo qual eles obtinham uma significativa lista de garantias para participar das eleições de 1990, e nós obtínhamos seu apoio unânime para desarmar a *contra*. Com esse acordo na mão, Daniel Ortega se apresentou na Reunião de Cúpula de Presidentes Centro-americanos em Tela, Honduras, onde foi aprovado um plano de desmantelamento da *contra*, a ser executado sob a vigilância da OEA, e que foi recebido com pouca simpatia por Washington.

De sua parte, os dirigentes da Frente Farabundo Martí de Libertação Nacional, de El Salvador, viram o plano como um mau precedente, e temeram que a Nicarágua chegasse a apoiar outro similar em seu país. Ao contrário: apesar de todos os riscos implícitos para a credibilidade do governo sandinista, eles receberam apoio massivo em sua ofensiva no fim de 1989, que de novo pretendia ser a ofensiva final e os levou a ocupar setores importantes da cidade de San Salvador.

Os governos centro-americanos aceitavam conviver com um governo sandinista eleito e reconhecido pela oposição; mas a administração de Bush pai, que tinha começado em janeiro de 1989, mesmo sabendo que uma vitória militar dos *contras* era impossível, recusava aquela convivência. Financiar os partidos da UNO, a União Nacional Opositora, e manter viva ao mesmo tempo a ameaça militar dos *contras* até o final seria, para os Estados Unidos, a maneira de influir no resultado das eleições de 1990.

Se o governo Bush admitiria um entendimento com o governo sandinista caso tivéssemos ganhado as eleições, é algo que ficou no terreno das hipóteses. Mas, enquanto isso, eles fariam tudo que estivesse ao seu alcance para que não vencêssemos, numa circunstância de extrema tensão onde até mesmo os atos de força dos Estados Unidos, levados a cabo por outras razões, tinham consequências diretas na Nicarágua. Assim foi no final de dezembro de 1989 com a invasão do Panamá, um país próximo demais.

O Exército Popular Sandinista rodeou com tanques soviéticos a Embaixada dos Estados Unidos em Manágua, porque a nossa embaixada no Panamá tinha sido rodeada por tanques norte-americanos, e assim uma provocação levou a outra. Forçar a crise ao extremo para poder negociar com vantagem, na beira do desastre, era uma das regras de ouro da diplomacia do sandinismo; mas agora estávamos em plena campanha eleitoral, e a maneira dos eleitores entenderem cada ação nossa se tornava decisivo.

Nas pesquisas feitas duas semanas depois, em meados de janeiro de 1990, tínhamos perdido dez pontos na intenção de votos, e crescia o número de indecisos. A pior mensagem eleitoral era a de uma guerra iminente com os Estados Unidos, que a própria invasão do Panamá já estava transmitindo. Mas como na pesquisa seguinte nos recuperamos um pouco, não levamos aquele sinal a sério.

Nosso maior problema político continuava sendo o das incompatibilidades. O confronto aberto não cabia no cenário eleitoral, e muito menos em nossa mensagem de campanha, que se baseava na oferta da paz. As pesquisas nos diziam que a paz era o que as pessoas mais queriam, e era o que oferecíamos; mas a Frente Sandinista era um partido anti-imperialista que não podia deixar de exibir a vulnerabilidade de seu conflito com os Estados Unidos, e, em consequência, reagia a esse conflito.

Além disso, embora nossa principal oferta fosse a paz, foi transmitida uma imagem agressiva de Daniel Ortega, recebido em todas as praças com a canção guerreira *El gallo ennavajado*, que se transformou no hino da campanha. Não poderia haver símbolo pior que o de um galo de briga. E as pesquisas posteriores deixaram claro o sentimento dominante nas urnas: 96% dos eleitores tinham certeza de que jamais seríamos capazes de deter a guerra, e 56% dos votantes da própria Frente Sandinista achavam a mesma coisa.

Sabíamos, pelas pesquisas de opinião, da importância eleitoral da paz, mas era mais forte o velho sentido messiânico do poder, que conectava a ideia da revolução popular, com toda a sua parafernália ideológica, ao apoio incondicional dos pobres. Afinal, os pobres nunca seriam capaz de cravar um punhal em si próprios. E, quando as pesquisas de opinião nos disseram o contrário, que também perdíamos apoio nos setores mais humildes da população, tratamos de corrigir as pesquisas.

Stan Greensberg, o analista de pesquisas que mais tarde seria uma das estrelas da campanha eleitoral de Bill Clinton, veio trabalhar conosco nas últimas semanas. As sondagens continuavam revelando tendências pouco sólidas a nosso favor, e o segmento crescente dos indecisos tornava-se um mistério. Então, passamos a examinar a opinião dos indecisos sobre as qualidades dos candidatos: qual dos dois, Daniel Ortega ou Violeta Chamorro, era mais capaz, tinha mais experiência, domínio da economia e dos temas internacionais? E pedimos a Greensberg que extrapolasse as opiniões positivas para Daniel, que sempre acabavam sendo majoritárias, para somá-las às intenções de votos a seu favor, e com isso ele passava para a dianteira.

No fim, a verdade é que quase todos os indecisos votaram contra nós, não com base em juízos de valor sobre os candidatos, mas no critério sobre qual dos dois seria capaz de pôr fim à guerra: se Violeta, vestida de branco, ou Daniel na sua figura de galo de briga.

No final de janeiro de 1990 discutimos as pesquisas com os secretários políticos da Frente Sandinista do interior, que atuavam ao mesmo tempo como chefes de campanha em seus territórios. Em Masaya, por exemplo, perdíamos, da mesma forma que em Diriamba ou em Matagalpa, reconhecidos bastiões sandinistas. Nenhum deles deu crédito às pesquisas e cada um defendeu seu trabalho de campanha com o mesmo argumento: conheciam os eleitores de casa em casa.

No dia 21 de fevereiro de 1990, aniversário do assassinato de Augusto César Sandino, fizemos nossa concentração de encerramento de campanha na praça ao lado do Lago de Manágua. Nunca antes havia se reunido no país tamanha multidão, e aquela prova de força terminou de nos convencer da nossa vitória. Tal como estava assinalado no roteiro, Daniel e eu caminhamos até o fim da passarela que saía do palanque e entrava multidão afora, e ali, entre gritos e aplausos que se perdiam na distância, apertamos nossas mãos como sinal inequívoco de que o triunfo estava assegurado. Vendo as imagens pela televisão, os dirigentes da União Nacional Opositora, a UNO, nossos principais adversários, tampouco tiveram dúvidas de que iam perder.

No final das contas, o que marcou a derrota de 1990 foi o peso da guerra. E certamente começamos a perder aquela eleição a partir do momento em que a convocamos. Muito se disse, depois, que Daniel estava pronto para anunciar no discurso daquele dia a revogação da lei de Serviço Militar Patriótico (SMP), e que retrocedeu no último instante por causa do tamanho da multidão que transbordava a praça. Isso jamais aconteceu. Dentro da estratégia de guerra, o Serviço Militar Patriótico não era uma variante política mas militar, e a opinião de Humberto Ortega, quando o tema foi discutido, tinha sido que um anúncio dessa natureza poderia provocar deserções massivas e ao mesmo tempo estimular a *contra* a tentar conquistar terreno.

Era, de novo, uma contradição, porque num momento eleitoral o SMP se transformava necessariamente em variável política, como as pessoas o estavam vendo. Esperavam o anúncio como demonstração de que era possível confiar na vontade de paz da Frente Sandinista, e voltaram para casa sentindo que a guerra ia continuar. E o governo dos Estados Unidos, através de seus porta-vozes, se encarregava de deixar claro que ela realmente iria continuar se a Frente Sandinista ganhasse.

Se o triunfo da revolução, em 1979, havia criado uma atmosfera irreal na qual entramos ofuscados pela surpresa e pela ansiedade incontida de futuro, a derrota de 1990 criou outra atmosfera igualmente irreal. Antes não queríamos acreditar que tínhamos ganhado, com medo de despertar. Agora não queríamos acreditar que tínhamos perdido, e queríamos despertar.

Na noite da eleição, essa atmosfera de irrealidade começou a se fechar sobre a sede da nossa campanha, a Casa da Campanha. Tínhamos preparado um sistema de contabilização de votos que nos daria uma mostra aleatória dos resultados com base nas informações de nossos fiscais de mesa, e um pouco depois das oito pedi uma antecipação a Paul Oquist, que havia desenhado o sistema. Mas ele queria completar a mostra com base em 5% dos votos, e ainda não tinham entrado dados suficientes.

Nisso chegaram o presidente Jimmy Carter e sua esposa Rosalyn, com o grupo de observadores do Centro Carter; vinham de um percurso pelas mesas de vários bairros de Manágua, e suas caras eram de consternação. Jennifer McCoy me disse que no bairro Monseñor Lezcano perdíamos esmagadoramente. Carter se limitou a fazer algumas perguntas que não tinham nada a ver com a questão dos resultados, e todos se despediram.

Não tive mais paz. Os relatórios de nossos fiscais continuavam demorando a entrar, e por volta das nove da noite pressionei Paul para que preparasse uma mostra de pelo menos 3%. Ficou pronta depressa. E quando li na tela do monitor o primeiro resultado, indicando que a UNO estava na dianteira com 53% dos votos, perguntei a ele se podíamos considerar aquilo irreversível. Ele concordou com ar grave. Então telefonei para Daniel, na Casa de Governo.

— O senhor está me parecendo preocupado, doutor — disse ele em tom brincalhão.

— Acho melhor você vir para cá imediatamente — respondi.

Quando tudo ficou claro para nós dois, convocamos uma reunião urgente da Direção Nacional da Frente Sandinista na casa L, na Loma de Tiscapa, a residência de Somoza e de sua amante Dinorah Sampson até o último dia, e que era utilizada por Humberto Ortega como escritório privado. O ambiente era de confusão e em muitos rostos o que se via era incredulidade.

— São muito poucos votos, precisamos esperar — disse, cético, Carlos Núñez, o presidente da Assembleia Nacional.

— É preciso aceitar que perdemos — respondi. — Essa tendência não tem volta.

Em todo caso, telefonei para a Casa da Campanha. Paul já tinha a mostra de 5% dos votos e a projeção continuava a mesma.

Por mais coisas que o manejo do poder nos tivesse ensinado, a fraude eleitoral não estava entre as lições aprendidas. A ninguém ocorreu violentar os resultados, nem ignorá-los. O consenso foi aceitar a derrota e preparar, a partir daquele instante, a transição de forma ordenada. O jogo tático se transformava em jogo leal.

Carter era o melhor emissário diante de Violeta Chamorro e dos representantes da UNO, já que sequer existia uma ponte entre as duas partes depois de uma campanha extremamente rude e polarizada. Pedimos a ele uma reunião urgente, e ao mesmo tempo decidimos reforçar os quartéis com militantes sandinistas, aos quais foram entregues armas, como prevenção caso a *contra*, animada pelos resultados, tentasse uma ofensiva para ocupar as capitais dos territórios em conflito.

A reunião aconteceu por volta das onze da noite, na Casa da Campanha. E de novo, como em setembro de 1979, quando chegamos triunfantes à Casa Branca, Daniel e eu estávamos diante de Jimmy Carter, que desta vez tentava nos consolar:

— Quando eu perdi a eleição achei que era o fim do mundo — disse ele a Daniel. — Mas não foi o fim do mundo.

Lá fora, num terreno onde havíamos instalado um sistema de alto-falantes e refletores para celebrar a vitória, as pessoas continuavam se reunindo e *El gallo ennavajado* soava a toda. O Conselho Supremo Eleitoral em pouco tempo começaria a dar os primeiros resultados parciais, que coincidiam com as nossas projeções e com as da UNO.

Antes da meia-noite Carter estava de volta. Havia transmitido nossa mensagem a Violeta Chamorro em sua casa e a partir daquele momento começava o processo de transição que seria negociado sob o seu patrocínio. Nossos partidários estavam abandonando o terreno, os refletores já tinham sido apagados, e todos se dispersaram de volta para as suas casas cheios de incertezas, vestidos com suas camisetas e seus bonés da campanha.

Semanas depois foi assinado o Protocolo de Transição, que assentou bases de estabilidade num período de grande potencial explosivo para a Nicarágua. Estabeleceu a transição ordenada do governo, a institucionalização do Exército e das forças de segurança e o desarmamento organizado da *contra*; e regulamentou as transferências de propriedade, que no final se tornaram a maior fonte de conflitos.

O Protocolo, porém, dividiu a UNO, e os mais radicais dentro da aliança triunfante acusaram Antonio Lacayo, genro de Violeta e seu ministro da Presidência, de ter se vendido à Frente Sandinista. Um entendimento daquela natureza, difícil de ser obtido dentro das tensões imperantes, se chocava com a vontade dos que pretendiam a desaparição do sandinismo. Mas se o sandinismo não tinha vencido as eleições, tampouco a *contra* tinha vencido a guerra; e se impunha a convivência.

Em minhas longas conversas com Daniel, naquele ambiente de abandono que ia se criando na Casa de Governo, falamos do tema da propriedade, como já contei, e também falamos do próprio poder. Uma tarde, ele entrou em minha sala, coberto por um grande desgosto:

— Vamos perder o poder — me disse —, já estamos perdendo, e não percebemos.

Era como se pela primeira vez conseguisse refletir sobre as consequências da derrota eleitoral. Mas acho que aquele foi só um momento de dúvida, dentro de sua determinação obsessiva por conservar um poder que no fundo, e de acordo com um antigo esquema, não considerava realmente perdido.

O aparato de poder sandinista, tal como tinha vindo se afiançando, era composto por elementos que se articulavam entre si: o governo, o partido, o Exército, as forças de segurança, os organismos de massa. Era um esquema hegemônico, que a guerra tinha ajudado a consolidar e no qual o partido pretendia ocupar a posição principal.

Talvez como um modo de se gratificar a si mesmo, Daniel Ortega assegurava que a derrota eleitoral só significava a perda de um dos elementos de poder, o do governo, enquanto os outros poderiam continuar girando ao redor do partido. E bastava começar a governar de baixo para cima, aplicando a pressão popular, sem importar o quanto ela fosse violenta, para que conseguíssemos impor nossos interesses. Foi assim que, poucas semanas depois de instalado o governo de Violeta Chamorro, foram convocadas greves, levantadas barricadas nas ruas e os choques se incrementaram, e com isso foi possível ganhar demandas sindicais. Foi um método que jamais contou com apoio popular, e logo perdeu eficácia.

Daniel atuava, além disso, com a convicção de que qualquer reclamação dos trabalhadores era justa em si mesma, sem necessidade de parar para medir a viabilidade da luta empreendida e suas consequências políticas. Esse era um método que se baseava nas velhas intransigências revolucionárias, quando contra Somoza valia tudo; mas o governo de Violeta sequer tinha em suas mãos uma força repressiva, e sua fragilidade se transformou, no final das contas, em sua fortaleza.

Eu achava que, ao contrário, o governo era o elemento-chave de poder, porque representava a legitimidade, e que sem ele todos os outros elementos iam se desarticular; e o primeiro a sofrer as consequências seria o próprio partido, que se alimentava economicamente do governo e já não conseguiria sustentar sua burocracia, que além do mais era inútil, estando na oposição.

De resto, Humberto Ortega conseguiu permanecer em seu cargo após uma dramática queda de braço que acabou de dividir a UNO; mas foi ele o primeiro a entender a necessidade de colocar o Exército debaixo do guarda-chuva da institucionalização, única maneira em que poderia sobreviver. Saiu da Direção Nacional da Frente Sandinista, porque nas novas circunstâncias ninguém conseguiria entender que ele fosse ao mesmo tempo chefe do Exército e dirigente de um partido, e menos ainda do partido sandinista; em seu zelo por demonstrar independência, muitas vezes entrou em choque com Daniel e se indispôs com os quadros da Frente Sandinista, que chegou a acusar de terroristas por promover badernas pelas ruas.

Tomás Borge não teve a mesma sorte como ministro do Interior, e em seu lugar foi nomeado um civil, Carlos Hurtado, muito próximo a Antonio Lacayo. E a Polícia Sandinista, surgida — como o Exército — de uma costela da revolução, foi a que mais sofreu na hora de defender as instituições ameaçadas pelas forças de choque da Frente Sandinista. Nesses enfrentamentos, chegaram a ser mortos policiais que tinham sido chefes guerrilheiros, o maior dos contrassensos daquele drama que era encenado atrás das barricadas, mas desta vez sem heroísmo algum.

Os organismos de massa, também surgidos da costela da revolução, as federações sindicais, de produtores agropecuários, de profissionais liberais e de técnicos, as associações de camponeses, de mulheres, de jovens, procuraram sua independência como forma de ganhar legitimidade, e passaram a escolher seus dirigentes em vez de continuar aceitando que fossem indicados a dedo, lá do alto.

As primeiras semanas depois da transmissão de poder foram cruciais para perceber o futuro que nos esperava. A Frente Sandinista não estava preparada, como um todo, para assumir o papel de partido de oposição dentro do sistema democrático, porque não tinha sido desenhada para isso. Sua estrutura vertical era inspirada nos manuais leninistas, nas imposições da guerra e no caudilhismo, a nossa mais antiga herança cultural.

Foi celebrada então uma Assembleia de Quadros em El Crucero, na serra de Manágua, justamente para discutir o futuro da Frente Sandinista como partido. Henry Ruiz e Luis Carrión, membros da Direção Nacional, e Dora María Téllez e eu, entre muitos outros, encabeçamos uma posição que naquela altura conseguiu ampla maioria: tomar distância da *piñata* e exigir que os responsáveis pelas malversações prestassem contas de seus atos; assegurar o funcionamento da Frente Sandinista como partido democrático e abandonar o uso de qualquer violência. Mas essas resoluções jamais foram executadas.

A insistência na violência afetou profundamente a Frente Sandinista. O fim da guerra tinha despertado um novo estado de ânimo na sociedade, que se entregou de peito aberto a consumar a reconciliação. Como eu já disse a guerra tinha rasgado o país de cima a baixo, dividindo todos os estratos sociais e as famílias, que na Nicarágua continuam sendo a instituição primordial.

Milhares de refugiados voltavam através das fronteiras de Honduras e da Costa Rica, os expatriados regressavam de Miami, os desmobilizados das duas forças militares, a nossa e a dos *contras*, retornavam para as suas casas, e nas comarcas camponesas e nas cidades sentavam-se à mesma mesa os chefes militares da *contra* e do Exército. Duas irmãs, Rosa e Marta Pasos, filhas do doutor Luis Pasos Arguello, um dos juristas renomados do país, tinham sido respectivamente porta-voz do Exército em Manágua e porta-voz da Direção da *contra* em Miami. Agora também se encontravam. A tolerância e a recuperação dos afetos era algo que o país desfrutava, e nessa atmosfera os chamados à violência de rua eram estranhos, a não ser para os mais fiéis à ortodoxia.

Depois de assimilar o trauma da derrota, eu tinha chegado a me sentir aliviado. Saía do governo e não tinha nenhum cargo no partido, e portanto fiz planos para retomar minha vida de escritor e comecei por aceitar um convite da Universidade de Oviedo para participar de um ciclo sobre criação literária.

Acontece que, de acordo com a Constituição, como candidato derrotado à vice-presidência eu tinha sido eleito suplente de Daniel Ortega na Assembleia Nacional, já que ele, como candidato derrotado à presidência, automaticamente era eleito deputado. A decisão da Direção Nacional da Frente Sandinista foi que Daniel ficasse como presidente do partido e eu assumisse sua vaga e passasse a ser o líder da bancada sandinista. Os papéis que dessa maneira assumimos ajudaram a marcar a separação de pontos de vista, e mais tarde a divisão de posição entre nós dois.

Para mim, foi uma experiência nova e complexa. Entre os deputados eleitos havia chefes guerrilheiros e velhos quadros sandinistas que chamávamos de históricos, muitos deles de trato difícil; outros, de grande relevância no governo e que antes da derrota não pensavam assumir suas cadeiras e careciam, como eu, de experiência parlamentar;

e aqueles ainda que vinham da legislatura anterior, fiéis ao comandante Carlos Núñez, membro da Direção Nacional da Frente Sandinista e até então presidente da Assembleia, acima de quem eu me via situado de repente. Por sorte, entre os eleitos estava meu irmão Rogelio, melhor político que eu e capaz de se dar bem com todo mundo.

A primeira coisa foi estabelecer regras democráticas nas tomadas de decisão; começando pelo meu próprio cargo de líder da bancada, que foi submetido a votação. Elegemos uma direção para a bancada, com Dora María Téllez como vice-líder. Discutíamos à exaustão os assuntos da agenda parlamentar antes de decidir no voto qual posição seria assumida em plenário, e todos os acertos, acordos e alianças também eram discutidos e votados.

Dentro da Frente Sandinista aquele era um procedimento novo, porque a única regra conhecida era a regra vertical; e o fato de que pela primeira vez na história do país a Assembleia Nacional passasse a ser o centro de gravidade política deu à bancada, e às suas atuações, um peso próprio, afastando-a do aparato do partido que, sob a direção de Daniel, tinha se lançado às ruas para desafiar o sistema que, enquanto isso, nós cultivávamos dentro do recinto parlamentar.

É que de repente nos encontrávamos no salão das sessões com os líderes da *contra* que tinham vindo de Miami e agora eram deputados, e com os antissandinistas recalcitrantes que só queriam nos ver sumir. Mas abrimos o diálogo, e dessa convivência nasceu um clima político diferente para a Nicarágua.

O governo se viu, desde o primeiro dia, sem maioria parlamentar. Violeta Chamorro não pertencia a nenhum partido, e sua candidatura tinha sido objeto de muitas disputas dentro da coalizão da União Nacional Opositora, onde havia desde velhos comunistas até conservadores do passado. Essa coalizão, frágil por si só, rompeu-se após a assinatura do Protocolo de Transição, e foi criada desde o primeiro dia uma aliança majoritária entre os deputados que ficaram apoiando o governo e a nossa bancada.

Mas no meio do caminho haveríamos de entrar numa aliança diferente com o outro setor de deputados da UNO, para conseguir a reforma da Constituição, naquela altura contra a vontade do governo e da própria Frente Sandinista, e no centro de uma severa crise institucional que envolveu todos os poderes do Estado.

As reformas constitucionais, promulgadas no fim de 1985, impuseram a proibição da reeleição presidencial consecutiva, a sucessão do presidente por seus parentes mais próximos e também eliminaram a possibilidade de um parente do presidente ser chefe do Exército. Liquidavam assim a velha tradição autoritária do país, baseada nos governos familiares, e que a Constituição de 1987, a nossa, havia deixado intacta.

A disputa pelas reformas acabou pondo fim à aliança que tinha se aberto entre Antonio Lacayo, Humberto Ortega e mim, representando, respectivamente, o governo, o Exército e a Assembleia Nacional. Essa aliança, que foi além do marco da Frente Sandinista e não poucas vezes atuou contra o que pensava a Direção Nacional, deu frutos enquanto nós três pudemos nos manter unidos ao redor da busca da democratização, da estabilidade e do fortalecimento das instituições. Facilitou o desarmamento da *contra* e a transformação do Exército, que passou a ter caráter nacional, sem sobrenomes partidários, e deu um marco institucional à Polícia Nacional. E, por último, serviu para buscar solução aos problemas da propriedade, que continuavam sendo muitos, e para ordenar o processo de privatização, apesar de todos os abusos que foram cometidos em ambos os casos.

A aliança rompeu-se não apenas pela cerrada oposição de Antonio Lacayo às reformas constitucionais, que se fossem aprovadas fulminariam sua própria candidatura presidencial por ele ser genro da presidente Violeta Chamorro. Também teve a ver com a insistência de Humberto Ortega em ficar como chefe do Exército de forma indefinida, quando entrou em choque com Violeta, que no fim impôs a sua saída; e teve a ver, enfim, com a ruptura dentro da Frente Sandinista de Libertação Nacional, da qual eu era ator.

Eu havia entrado para a Direção Nacional da Frente Sandinista a partir do Primeiro Congresso, celebrado em julho de 1991. Deu-se, naquela ocasião, um intenso debate sobre a forma de eleição interna. Nós, que procurávamos desde aquela época a renovação, propusemos que fosse individual e não através de uma lista fechada sob encomenda. Essa lista fechada significava que a velha Direção Nacional da Frente Sandinista poderia ser reeleita em bloco, sem necessidade de que cada um de seus membros obtivesse votos em separado; e foi o que terminou sendo imposto.

No fim, e depois de muita discussão, acabei entrando nessa lista fechada junto com René Núñez, fiel à velha guarda e durante o tempo todo secretário da Direção Nacional. Ele substituía seu irmão Carlos, que havia morrido pouco antes; nós dois completamos o número sagrado de nove, porque Humberto Ortega não se candidatou.

A maior oposição à minha entrada veio de Daniel Ortega. Não apenas porque já estávamos em campos adversários, mas porque ele continuava defendendo a posição ideológica de que aquela deveria continuar sendo uma Direção Nacional composta exclusivamente pelos sobreviventes dos tempos das catacumbas, e eu não fazia parte deles.

A fidelidade ideológica a um mundo que não existia mais continuava sendo uma obsessão da velha guarda. Nasceu então a tendência renovadora dentro da Frente Sandinista, encabeçada por mim, como contraparte à tendência ortodoxa liderada por Daniel Ortega. Ele tentou convocar um Congresso Extraordinário para resolver a disputa; nesse congresso, que aconteceu em maio de 1994, fomos derrotados pela máquina burocrática e fui eliminado da Direção Nacional.

Não levaria muito tempo para que eu também perdesse meu cargo de líder da bancada sandinista, que Daniel reclamou para si próprio, e rapidamente me vi debaixo das baterias que o partido reservava para seus piores inimigos. O padre Miguel de Escoto, naquela altura um ortodoxo exaltado, foi durante cinco dias seguidos à Rádio Ya para me cobrir de vitupérios especialmente escolhidos. Depois, pela mesma rádio começaram a atacar com a insídia dos quadrilheiros minha filha María, como contei no começo deste livro. Era uma conspiração urdida nas sombras pelos meus próprios companheiros de toda uma vida.

Havia chegado o momento de dizer adeus. No mesmo dia em que a Rádio Ya se lançava a toda hora contra María, convoquei uma entrevista coletiva em meu escritório do bairro Las Palmas e, na presença de Tulita e de meus três filhos, que tinham vindo me acompanhar mais uma vez, anunciei minha saída da Frente Sandinista de Libertação Nacional.

Aquilo tudo também parecia irreal. Sentado diante de um enxame de microfones na mesa de sessões onde a bancada sandinista havia promovido todos os seus debates, eu tinha às minhas costas o retrato do general Sandino pintado pelo mestre Arnoldo Guillén.

Ligeiramente inclinado, o rosto fino debaixo da aba do chapéu Stetson, Sandino empunha nesse retrato um rebenque com cabo de prata, e debaixo do paletó aparecem as pontas de um jogo de caneta tinteiro e lapiseira. Era como se estivesse ali outra vez para se despedir de mim. Ou para me receber.

Não posso dizer que não me sentisse comovido. Pela memória do passado, por tudo que ficava para trás. E pelas ofensas, agora que Saturno me erguia do chão para me jogar na goela.

Epílogo

Dia desses fui a Indianápolis para falar na Universidade de Butler sobre o ofício literário, mas antes a jornalista Diana Penner, do *Indianapolis Star*, havia me entrevistado por telefone, perguntando de cara como me sinto agora, que sou professor visitante na Universidade de Maryland, em College Park, e Oliver North tem um programa em uma rádio da Virgínia, nós dois como partes contrárias de uma mesma história e hoje em dia vizinhos. "O senhor" — me diz ela — "perdeu as eleições presidenciais em 1996, e North fracassou como candidato a senador em 1984."

Ela me perguntou rindo, e respondi também rindo. A vida, eu disse a ela, é como o palco de um teatro. Os atores entram e saem, às vezes com roupagens diferentes. E, na política, quem determina os papéis é o público. Nas últimas eleições, não me deram papel algum. Espero que para sempre.

Mas ela também me perguntou se, a esta altura, eu achava que a revolução tinha valido a pena, e respondi com o que disse no princípio desse livro: me perturba a simples ideia de poder ter nascido um pouco antes, ou um pouco depois, e ter perdido essa revolução. Porque, apesar de todos os desencantos, ela continua me dando gratificações.

Recordo que numa tarde de junho de 1998 eu estava assinando exemplares de meu romance *Margarita, está linda la mar* na livraria Cálamo, de Zaragoza, parte de uma viagem de lançamento por toda a Espanha. Meus colegas escritores sabem que cada uma dessas cerimônias é sempre improvável, e que não há pior tortura que sentar-se à mesa previamente preparada pelo livreiro, à espera dos leitores que nem sempre formam uma multidão como a gente gostaria.

Naquela vez vieram muitos, como numa romaria. A cada instante a porta da rua se abria ao som dessas sinetas que anunciam a presença de clientes, e as pessoas iam entrando, em sua maioria casais que tinham marcado encontro na livraria, cada um vindo de um rumo, do trabalho ou de casa, e se aproximavam com crianças pela mão, crianças de uma pele e um sorriso que eu conhecia bem, moreninhos, de olhinhos puxados, um menino meio índio, uma menina de tranças, e de onde senão da Nicarágua? Crianças órfãs de guerra ou abandonadas à própria sorte, crianças de León, de Estelí, de Matagalpa. E que olhavam e sorriam para mim.

Seus pais adotivos tinham acudido ao chamado da revolução para vacinar, ensinar, construir escolas, ajudar nas colheitas, e continuaram acudindo depois da derrota eleitoral, outros, mais jovens, em novas ondas, como cooperantes, uma cultura da solidariedade desenvolvida ao longo de muitos anos e que deitou raízes e suportou todos os ventos, para além dos tempos do sandinismo no governo, e que precisa de muito pouco para reflorescer na hora dos furacões e dos desastres, na Espanha e em tantos outros lugares.

E nos últimos dias deste inverno de Washington tive, enfim, meu encontro com Claudia, a filha de 4 anos que Idania Fernández deixou quando partiu para a Nicarágua, para a luta clandestina de onde não sairia com vida. Veio visitar uns amigos e no dia seguinte precisava regressar para Manágua, porque começariam os cursos na Universidade Nacional, onde ela estuda. Nos encontramos para almoçar no restaurante Wall Street Deli do Wilson Boulevard, muito perto de meu apartamento em Arlington, um desses lugares de frieza impecável onde são servidas comidas rápidas e insípidas a comerciários, operadores de computador e pessoal dos escritórios, que nessa hora descem em bando pelos elevadores dos edifícios de vidro e metal.

Agora sim, eu digo a ela enquanto levamos nossas bandejas para a mesa, vamos falar da sua mãe. E quando o restaurante já vai sendo desocupado e os clientes regressam para os seus cubículos termino de contar o que sei de Idania, o ferimento na mão que sofreu na Frente Sul, nosso encontro no Panamá, o jantar no hotel Panamá Hilton, sua morte em León. E ela então começa com suas lembranças, que não são muitas.

No final de 1978, Claudia morava em Dallas com seus avós maternos, para onde seu avô tinha sido transferido pela firma comercial em que trabalhava em Quito; e recorda que eles a levaram para a Costa Rica, para um encontro com Idania, do qual só resta em sua memória uma imagem difusa, acima de tudo uma voz que fala e umas mãos que a tocam, mas sem rosto nem figura; e depois daquele encontro teve um sonho, me conta agora, onde via sangue derramado, sangue por todos os lados.

Na casa de seus avós em Manágua, com quem vive, não há fotos de Idania, exceto uma que seu avô oculta numa pasta, a foto de Idania crivada de balas num charco de sangue, recortada do jornal *Novedades*. Então me pergunta como ela era, e eu a descrevo. E digo, além disso, que se parecem, morenas as duas, e os mesmos olhos vivazes, e o mesmo sorriso.

Claudia conserva as fitas cassete que Idania costumava mandar para ela com suas mensagens (era o costume de então, explico a ela, se comunicar por fitas cassete), e nesses cassetes também mandava canções que ela mesma cantava, acompanhando-se no violão. E tem também um par de cartas, diz, que vai me mandar de Manágua.

Meu filho Sergio, que veio há uma semana, me trouxe essas cartas, as duas de 1979. A primeira, de 8 de março, foi enviada para Claudia do Panamá, antes de partir; a última está com a data de 18 de março, pouco menos de um mês antes de ser morta, e foi mandada com certeza de León. As cartas clandestinas nunca tinham, obviamente, menção do lugar em que haviam sido escritas, e algumas vezes não tinham nem data.

Na primeira dessas cartas ela trata de explicar as razões de sua decisão de se entregar à luta, e depois, no final, acrescenta: "Te digo tudo isso para o caso de não te disserem algum dia ou se eu mesma não conseguir chegar a dizer, e é possível que não consiga, porque estou e estamos conscientes de para onde vamos e de como é o inimigo; eu não quero te deixar palavras, promessas nem conselhos. Eu te deixo uma atitude de vida, e nada mais."

Na última carta, já das catacumbas e quando sabia que corria todos os perigos, porque sabia como era o inimigo, Idania, estranhamente, já não fala da morte. Sua mensagem está cheia de esperança, e entre expressões de carinho maternal tenta se aproximar mais do ouvido da menina: "Quando tudo isso passar e estivermos em paz, vou mandar te buscar para que a gente fique juntas e vamos brincar muito. Vamos comprar uma boneca de pano, de Masaya, e vamos levá-la para passear no parque. Vamos nos sentar na rua com outras crianças em Monimbó ou Subtiava e vamos tocar violão para cantar lindas canções de crianças e canções nicaraguenses e canções revolucionárias. Quanto estivermos juntas na Nicarágua tudo vai ser diferente e vamos ser felizes e você vai para escola para que aprenda mais coisas."

Nesse meu encontro com Claudia, quando já estávamos na rua, eu perguntei a ela, um tanto coibido, se achava que o sacrifício de sua mãe tinha valido a pena.

— Eu teria feito a mesma coisa — me disse ela sem pensar duas vezes, as mãos nos bolsos do abrigo de lã.

E copio aqui o resto de suas palavras, que anotei ao voltar para o meu apartamento: "Ela não deu sua vida em vão. Fez isso pelo impulso de seu coração, pelo seu amor sem egoísmo, e pôs o bem-estar dos demais por cima da própria vida. E não importam os resultados, importa seu ideal."

— Principalmente — acrescentou — nesses tempos sem ideais — e sorriu para mim, muito serena.

Afastou-se na direção da entrada do metrô e virou-se para dizer adeus com a mão, sorrindo outra vez. E eu então pensei: que sorte que a revolução continue sendo um menino que vem trazido pela mão no corredor de uma livraria, se aproxima e sorri com o sorriso de Claudia, que é o mesmo sorriso de Idania.

Manágua, dezembro de 1998-janeiro de 1999.
Arlington, fevereiro-abril de 1999.

Cronologia básica

1979

Ofensiva final da Frente Sandinista de Libertação Nacional contra o regime de Anastasio Somoza Debayle (24/5): a Frente Sandinista convoca uma greve geral revolucionária e o locaute empresarial (4/6); é anunciada a formação da Junta de Governo de Reconstrução Nacional, integrada por Violeta Chamorro, Moisés Hassan, Daniel Ortega, Sergio Ramírez e Alfonso Robelo (16/6); Somoza renuncia à presidência da República e foge para os Estados Unidos (17/7); as colunas guerrilheiras da Frente Sandinista entram triunfantes em Manágua e tomam a capital (19/7); a Junta de Governo chega a Manágua, procedente de León; o Estatuto Fundamental da República derroga a Constituição, dissolve a Guarda Nacional e os órgãos de inteligência, e define os poderes do Estado; com a promulgação do Decreto 3 são confiscados todos os bens da família Somoza (20/7); Lei de Emergência Nacional (22/7); é organizada a Central Sandinista de Trabalhadores; nacionalização do sistema financeiro (26/7); nacionalização do comércio exterior (6/8); é ampliado o Decreto 3 a familiares e associados civis e militares da família Somoza (8/8); Estatuto de Direitos e Garantias dos Nicaraguenses e abolição da pena de morte (21/8); é criado o Exército Popular Sandinista (22/8); controle estatal sobre recursos naturais (25/8); é declarada gratuita a educação universitária (30/9); criação do Sistema Financeiro Nacional (31/10); criação do Fundo Nacional de Combate ao Desemprego (29/11); a Lei do Inquilinato reduz os aluguéis e especifica os direitos dos inquilinos (20/12).

1980

É aprovada a tabela de preços máximos para 11 produtos de consumo básico (5/2); Lei de Defesa do Consumidor (22/2); início da Cruzada Nacional de Alfabetização (22/3); Violeta Chamorro renuncia à Junta de Governo de Reconstrução Nacional (18/4); Alfonso Robelo renuncia à Junta de Governo de Reconstrução Nacional (22/4); o governo dos Estados Unidos condiciona empréstimo de 70 milhões de dólares à reconstituição da Junta de Governo (13/5); a Frente Sandinista de Conservação Nacional designa Rafael Córdova Rivas e Arturo Cruz, do Partido Conservador, como novos membros da Junta de Governo (18/5); termina a Cruzada Nacional de Alfabetização, com mais 400 mil alfabetizados, e a taxa de analfabetismo é reduzida de 50% para 12% (18/8); são anunciadas eleições para 1985 (18/8); o presidente Jimmy Carter aprova 75 milhões de dólares de ajuda econômica à Nicarágua (12/9); Anastasio Somoza Debayle é morto em Assunção, no Paraguai (17/9); Ronald Reagan é eleito presidente dos Estados Unidos (4/11); o Conselho Superior da Empresa Privada (Cosep) assegura que o governo deixou de ser pluralista para se transformar em governo de um só partido, a Frente Sandinista, e se retira do Conselho de Estado (11 e 12/11).

1981

Ronald Reagan assume a Presidência dos Estados Unidos (20/1); Reagan suspende a última parcela, de 15 milhões de dólares, dos 75 milhões aprovados pelo governo Carter (21/1); o Departamento de Estado publica o Livro Branco sobre El Salvador, no qual acusa a Nicarágua de participar no tráfico e transportar armas para a guerrilha salvadorenha (23/2); a Junta de Governo de Reconstrução Nacional é reduzida a três membros, Daniel Ortega, Serio Ramírez e Rafael Córdoba Ricas (4/3); os Estados Unidos anunciam que não concederá um empréstimo de 9,6 milhões de dólares à Nicarágua, para a compra de trigo (8/3); a imprensa norte-americana informa a existência de acampamentos contrarrevolucionários nicaraguenses na Flórida (19/3); é constituída a União Nacional de Agricultores e Pecuaristas, formada por pequenos e médios produtores agropecuários (25/4); chega à Nicarágua o primeiro carregamento de trigo procedente da União Soviética (26/5); o governo revolucionário decreta a apropriação pública dos bens abandonados (Lei dos Ausentes); é aprovada a Lei de Reforma Agrária, que limita a propriedade privada por ociosidade, exploração deficiente ou abandono (19/9); é decretado, pelo período de um ano, o Estado de Emergência Econômica e Social (9/9); Lei de Cooperativas Agropecuárias (12/9); os Estados Unidos pressionam para bloquear um crédito do Banco Interamericano de Desenvolvimento (BID), para a Nicarágua (6/11).

1982

Os Estados Unidos vetam um empréstimo de 500 mil dólares, do BID, para a Nicarágua (19/1); 70 mil brigadistas de saúde participam da jornada maciça contra a poliomielite (7/2); Lei de Segurança Social (11/2); meios de imprensa dos Estados Unidos revelam que o presidente Reagan aprovou um plano de operações encobertas contra a Nicarágua, que inclui 19 milhões de dólares a serem administrados pela CIA (14/2); finaliza o reassentamento de mais de oito mil índios miskitos das margens do rio Coco, fronteira com Honduras, levados para terras do interior (14/2); a Conferência Episcopal da Nicarágua (CEN) se pronuncia contra o reassentamento dos miskitos (18/2); Reagan lança o "Miniplano Marshall" para a América Central e o Caribe, do qual a Nicarágua é excluída (25/5); a Lei de Regulamentação do Comércio e de Defesa do Consumidor faculta ao Ministério de Comércio Interior exercer controle total sobre o comércio da Nicarágua, incluindo produtos importados (7/6); a Nicarágua chama os Estados Unidos para manterem conversações diretas (28/7); a Junta de Governo de Reconstrução Nacional anuncia uma série de medidas para racionar o consumo de derivados de petróleo (31/7); o BID aprova um crédito de 34,4 milhões de dólares para a Nicarágua, mas os Estados Unidos vetam (16/9); a Nicarágua é eleita para o Conselho de Segurança da ONU, apesar da oposição dos Estados Unidos (19/10); por unanimidade, a Câmara de

Deputados proíbe o Pentágono e a CIA de treinarem ou armarem antissandinistas (8/12).

1983

México, Colômbia, Venezuela e Panamá constituem o Grupo de Contadora (9/1); o papa João Paulo II visita a Nicarágua (4/3); a Organização Mundial da Saúde e a UNICEF declaram a Nicarágua "país modelo em saúde" (6/4); o governo Reagan reduz em 90% as exportações de açúcar da Nicarágua para os Estados Unidos (9/5); o Conselho de Segurança da ONU aprova uma resolução que pede o fim do intervencionismo na América Central e apoia o Grupo de Contadora (19/5); a Junta de Governo toma medidas para frear a desestabilização monetária e neutralizar as fontes de financiamento da contrarrevoluçao (29/5); três diplomatas norte-americanos acusados de espionagem são expulsos da Nicarágua, e em represália os Estados Unidos fecham seis consulados nicaraguenses (5/6); os Estados Unidos vetam um empréstimo do BID, de 1,7 milhão de dólares, para a Nicarágua (29/6); o Conselho de Estado aprova a Lei dos Partidos Políticos (17/7); os bispos se pronunciam contra a iniciativa da Lei do Serviço Militar Patriótico (SMP) que a Junta de Governo apresenta ao Conselho de Estado (29/8); o Comitê de Inteligência do Senado dos Estados Unidos aprova o plano de 19 milhões de dólares de Reagan para continuar financiando a contrarrevolução (22/9); o general Paul Gorman, chefe do Comando Sul, convoca os comandantes militares da Guatemala, Honduras e El Salvador para discutir a possibilidade de ressuscitar o Conselho de Defesa Centro-Americano (Condeca) (1/10); é promulgada a Lei do Serviço Militar Patriótico (6/10); terroristas treinados pela CIA atacam o porto de Corinto, na costa da Nicarágua no Pacífico, e destroem os tanques de armazenamento de petróleo (10/10); a Junta de Governo anuncia severas medidas militares, econômicas e políticas para frear a escalada de agressões da contrarrevolução (14/10); o Congresso dos Estados Unidos aprova 24 milhões de dólares adicionais de apoio à contrarrevolução (17/11); os partidos de oposição advertem que não participarão das eleições de 1985 se não forem atendidas as suas condições, entre as quais está proibir o voto aos militares e permitir que votem os nicaraguenses residentes no exterior (24/12).

1984

A Junta de Governo anuncia a antecipação das eleições para 4 de novembro de 1984 (21/2); comandos da CIA minam os principais portos nicaraguenses (24/2); os Estados Unidos decidem enviar uma frota de guerra para o litoral nicaraguense do Caribe (12/3); o Conselho de Estado aprova a Lei Eleitoral (15/3); os Estados Unidos vetam, no Conselho de Segurança da ONU, o projeto de resolução que condena a colocação de minas nos portos nicaraguenses (4/4); a Nicarágua apresenta queixa formal diante da Corte Internacional de Justiça (CIJ) de Haia pela colocação de minas em seus portos e pelo apoio dos Estados Unidos à contrarrevolução (9/4); a CIJ ordena que os Estados Unidos suspendam a colocação de minas nos portos e o apoio à contrarrevolução (10/5); Ata de Contadora para a Paz e a Cooperação na América Central (9/6); os Estados Unidos e a Nicarágua iniciam conversações em Manzanillo, no

México, e que são concluídas no dia 18 de janeiro do ano seguinte, com o abandono da mesa de negociações pelos Estados Unidos (25/6); início oficial da campanha eleitoral na Nicarágua (1/8); a Nicarágua anuncia que assinará, em sua totalidade, a Ata Revisada de Contadora (21/9); o Senado norte-americano aprova os 28 milhões de dólares solicitados por Reagan para a contrarrevolução (4/10); Daniel Ortega e Sergio Ramírez triunfam nas eleições, que contaram com a participação de seis partidos da oposição; no entanto, a União Nacional Opositora e seu candidato presidencial, Arturo Cruz, haviam abandonado a disputa eleitoral (4/11); Ronald Reagan é reeleito nos Estados Unidos, e no mesmo dia ameaça a Nicarágua com uma intervenção militar direta (6/11); voos sobre a Nicarágua feitos pelo avião-espião SR-71 (12/11); os partidos políticos e as organizações de oposição decidem se retirar do Diálogo Nacional, que tinha sido convocado pela Frente Sandinista (30/11); Honduras anuncia um acordo com os Estados Unidos para o estabelecimento de bases militares permanentes em seu território (13/12).

1985

Daniel Ortega e Sergio Ramírez assumem, respectivamente, a Presidência e a Vice-presidência da Nicarágua; é instalada oficialmente a Assembleia Nacional (10/1); são anunciadas severas medidas de ajuste econômico, entre elas as que estabelecem a desvalorização do câmbio, a eliminação de subsídios a produtos de consumo básico, a redução do investimento público, o mercado livre de dólares e um aumento de salário para compensar a desvalorização

(8/2); a Internacional Socialista condena o Plano de Paz que o presidente Reagan tinha divulgado no começo de abril (18/4); o Congresso dos Estados Unidos vota contra o Plano de Paz de Reagan; monsenhor Miguel Obando y Bravo é elevado a cardeal pelo papa João Paulo II (24/4); o governo Reagan decreta um embargo comercial contra a Nicarágua (1/5); são anunciadas novas medidas para aprofundar o ajuste econômico iniciado três meses antes (10/5); a Nicarágua propõe aos Estados Unidos a retomada do diálogo de Manzanillo (17/5); Honduras, El Salvador e Costa Rica rompem a reunião de Contadora, ao se negarem a discutir com prioridade o bloqueio e a agressão militar dos Estados Unidos contra a Nicarágua (19/6); o Congresso dos Estados Unidos ratifica a aprovação de 20 milhões de dólares para a contrarrevolução (25/7); ofensiva diplomática norte-americana na América Latina, para boicotar a próxima reunião de Contadora (9/9); fracassa a reunião de Contadora, quando os chanceleres da América Central se negam a assinar a Ata aprovada em 1984 (8/10); o Parlamento Europeu assegura que a política dos Estados Unidos para a Nicarágua é uma tentativa consciente de conduzir o país rumo à ditadura (24/10).

1986

José Azcona Hoy, presidente eleito de Honduras, admite a existência de acampamentos da contrarrevolução em seu território (11/1); Reagan solicita ao Congresso dos Estados Unidos a aprovação de 100 milhões de dólares para a contrarrevolução, 60 dos quais destinados a assistência bélica (25/2); o governo anuncia um novo pacote de medidas econômicas que afetam os preços do combustível, os serviços públicos e o transporte, além de um novo ajuste salarial (9/3); a Nicarágua informa oficialmente ao Grupo de Contadora que assinará a Ata de Paz no dia 6 de junho, desde que, até essa data, tenha cessado a agressão norte-americana (11/4); a Alemanha Federal anuncia que não retomará a sua ajuda à Nicarágua, suspensa desde 1984 (20/6); a Câmara de Deputados dos Estados Unidos aprovam os 100 milhões de dólares para a contrarrevolução e autorizam a CIA a dirigir operações contra a Nicarágua (25/6); a Corte Internacional de Justiça de Haia condena os Estados Unidos como país agressor contra a Nicarágua, que deverá ser indenizada pelos danos sofridos; os Estados Unidos ignoram a sentença (27/6); o Senado dos Estados Unidos aprova a concessão dos 100 milhões de dólares aos contrarrevolucionários nicaraguenses (14/8); a Câmara de Deputados dos Estados Unidos proíbe o uso de fundos secretos da CIA na campanha contra a Nicarágua (19/9); abatido um avião norte-americano que abastecia os contrarrevolucionários no sul da Nicarágua; é capturado Hasenfus, o único sobrevivente do voo (7/10); a Assembleia Nacional aprova a nova Constituição Política, que deverá entrar em vigência a partir de janeiro de 1987 (19/11); explode o escândalo Irã-Contra (26/11).

1987

O governo dos Estados Unidos avalia impor à Nicarágua um bloqueio naval para impedir o fluxo de ajuda soviética (26/2); é anunciada a aplicação de impostos ao setor informal da economia, e são aumentados os impostos sobre o rum, cervejas, cigarros e refrigerantes (9/4); déficit na produção de açúcar (10/4); termina em Manágua a reunião da União Interparlamentar Mundial, com forte apoio à Nicarágua e Contadora, e condenação da agressão dos Estados Unidos (3/5); ao se aprofundar a escassez de açúcar, azeite, arroz e leite em pó, o governo toma medidas para assegurar o abastecimento aos assalariados (5/5); o governo anuncia novos ajustes econômicos e o reforço da defesa militar (7/6); aumentam os preços do leite, da carne, dos ovos e do arroz (8/7); é estabelecida a redução do consumo de combustíveis, e é suspensa a jornada laboral aos sábados (3/8); os Estados Unidos propõem um diálogo entre o governo da Nicarágua e a contrarrevolução, a troco de adiar uma solicitação, ao Congresso, de 105 milhões de dólares adicionais em apoio aos contras (5/8); a Nicarágua, em troca, propõe aos Estados Unidos retomar o diálogo, o que é rejeitado pelo secretário de Estado, George Schultz (7/8); os presidentes centro-americanos assinam, na Guatemala, o "Procedimento para Estabelecer Paz Firme e Duradoura na Centro-América", conhecido como Esquipulas II (7/8); o governo da Nicarágua convida a Igreja Católica e os partidos políticos a integrarem a Comissão Nacional de Reconciliação (12/8); são anunciadas fortes medidas econômicas e maiores restrições no consumo de combustível (30/8); a Assembleia Nacional aprova o Estatuto de Autonomia das Regiões da Costa Atlântica (3/9); a União Soviética anuncia a entrega de cem toneladas métricas de petróleo à Nicarágua, adicionais às 300 acertadas anteriormente (8/9); o governo decreta anistia parcial que beneficia quem não tenha cometido crimes atrozes (27/9); aumento nos preços dos combustíveis (8/11); o governo e os partidos políticos de oposição assinam os primeiros acordos do diálogo nacional

(25/11); a Corte Internacional de Justiça de Haia dá andamento à demanda da Nicarágua contra os Estados Unidos, e autoriza o país a reclamar uma indenização (26/11); a contrarrevolução ataca povoados da zona mineira da Costa Atlântica, ocasionam grandes prejuízos; o Congresso dos Estados Unidos aprova 8,1 milhões de dólares para a contrarrevolução (22/12).

1988

Plano de racionamento de energia em todo o país, por causa das sabotagens nas torres de alta tensão (15/1); a moeda é substituída de maneira inesperada, e é iniciada uma reforma monetária (14/2); anúncio de novas medidas rigorosas, entre elas a compactação do Estado (27/2); o governo designa o general Humberto Ortega para negociar o cessar-fogo com a Direção da contrarrevolução (3/3); operação "Danto 88" do Exército Popular Sandinista para destruir os acampamentos da contrarrevolução em Honduras; os Estados Unidos mobilizam forças militares para Honduras; a Nicarágua convoca uma reunião de emergência do Conselho de Segurança da ONU (3-15/3); são assinados os Acordos de Sapoá, entre o governo e a contrarrevolução (23/3); a Assembleia Nacional aprova a Lei de Municipalidades (29/6); o governo da Nicarágua expulsa o embaixador dos Estados Unidos, Richard Melton, e outros sete funcionários diplomáticos, acusados de intervir em assuntos internos do país (12/7); o governo dos Estados Unidos expulsa o embaixador da Nicarágua e outros sete diplomatas nicaraguenses (13/7); o Senado dos Estados Unidos aprova 27 milhões de dólares para a contrarrevolução, sendo 11 de ajuda humanitária e 16 de ajuda militar (31/7); a

Assembleia Nacional aprova a Lei Eleitoral (25/8); ao passar pela Nicarágua, o furacão Joan deixa mais de 180 mil famílias desabrigadas, 500 mil hectares de bosques destruídos e 840 milhões de dólares de prejuízo (21/10).

1989

Nova desvalorização da moeda (25/1); medidas para reduzir o déficit fiscal (6/2); anúncio da antecipação das eleições para o primeiro trimestre de 1990 (14/2); conclui a Cúpula de Presidente da América Central em Costa del Sol, El Salvador, com o acordo de elaborar, num prazo de 90 dias, o plano de desmobilização, repatriação e relocalização voluntária dos contrarrevolucionários (15/2); outra desvalorização da moeda (13/4); a Câmara de Deputados dos Estados Unidos aprova a liberação de 47 milhões de dólares em ajuda humanitária para a contrarrevolução nicaraguense, e dotações colaterais a grupos políticos dentro da Nicarágua, num total de 60 milhões de dólares (14/4); o governo da Nicarágua decide expulsar dois funcionários da Embaixada dos Estados Unidos em Manágua por interferirem em assuntos internos do país (26/5); os Estados Unidos dão um prazo de 72 horas para que o ministro-conselheiro e conselheiros da Embaixada da Nicarágua em Washinton abandonem o país (1/6); a Câmara de Deputados dos Estados Unidos aprova uma medida que permite ao governo fornecer ajuda encoberta aos partidos políticos afinados com a política norte-americana (30/6); chega a Manágua a primeira missão das Nações Unidas para observar o processo eleitoral (8/8); começa em Manágua o Diálogo Nacional, com a presença de 21 partidos políticos, que emite um acordo apoiando o desarmamento da contrarrevolução (3/8); termina a Cúpula de Presidentes da América Central em Tela, Honduras, que estabelece um prazo de três meses para que se desarme a contrarrevolução e se desmontem suas bases em Honduras, após a integração de uma Comissão de Apoio e Verificação através da OEA (8/8); nova desvalorização da moeda: o câmbio entre o córdoba e o dólar passa a ser de 21.300 para um (24/8); o ex-presidente Carter vai à Nicarágua como coordenador do Movimento de Mandatários Eleitos Livremente, para observar o processo eleitoral (17/9); Daniel Ortega e Sergio Ramírez são selecionados como candidatos da Frente Sandinista de Libertação Nacional à Presidência e Vice-presidência da Nicarágua (21/9); o presidente George Bush (pai) solicita ao Congresso dos Estados Unidos 9 milhões de dólares, em ajuda direta e indireta, para financiar a campanha eleitoral da UNO, a União Nacional Opositora (21/9); o governo da Nicarágua anuncia um reajuste salarial de 30% (23/9); termina a Cúpula de Presidentes da América Central em San Isidro de Coronado, na Costa Rica (13/12); tropas norte-americanas invadem o Panamá (20/12); a sede da Embaixada da Nicarágua no Panamá é rodeada por forças norte-americanas; o Exército Popular Sandinista cerca, com tanques, a Embaixada dos Estados Unidos em Manágua (22/12).

1990

Nova desvalorização leva o córdoba a valer 46.380 por dólar (22/1); mais de meio milhão de pessoas participam do encerramento da campanha da Frente Sandinista na cidade de Manágua (21/2); o Comando Sul ordena o congelamento das contas bancárias do governo da Nicarágua no Panamá (22/2); altos funcionários da administração Bush reconhecem que uma vitória mesmo apertada de Daniel Ortega contra Violeta Chamorro obrigaria os Estados Unidos a normalizarem suas relações com o governo da Nicarágua (24/2); contrariando todos os prognósticos, a União Nacional Opositora derrota a Frente Sandinista nas eleições (25/2); Daniel Ortega reconhece o triunfo de Violeta Chamorro e assegura que irá respeitar a vontade popular (26/2); o presidente George Bush oferece levantar o embargo contra a Nicarágua e gestionar, diante do Congresso dos Estados Unidos, uma ajuda de 500 milhões de dólares para o país (13/3); as equipes de transição do novo governo, presidido por Antonio Lacayo, e do que sai, encabeçada por Humberto Ortega, assinam o Protocolo de Procedimento da Transferência do Poder Executivo da República da Nicarágua, também conhecido como Protocolo de Transição (27/3); o câmbio oficial passa a ser de 51.200 córdobas por dólar (10/4); é instalada a nova Assembleia Nacional, e a UNO se divide (21/4); Violeta Chamorro assume a Presidência de República (25/4).